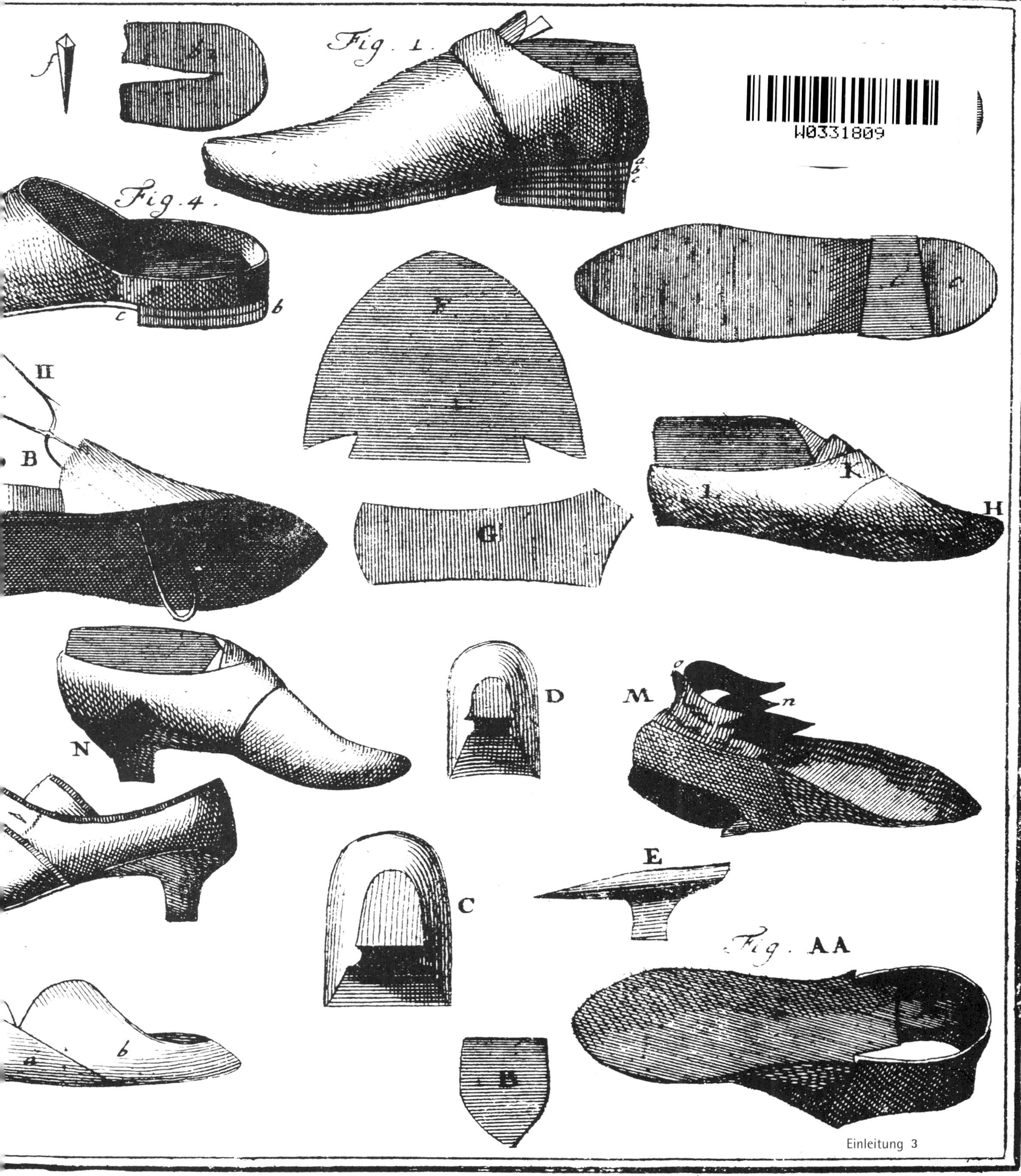
Fig. 1.
a
b
c
f
Fig. 4.
c
b
II
B
F
G
K
L
H
N
D
M
o
n
E
C
Fig. AA
a
b
B

La Chaussure pour homme
faite main

Direction artistique : Peter Feierabend
Responsable de l'édition : Petra Bánsági, Éva Vass
Conseil : László Szöcs
Illustrations : György Olajos
Rédaction : Kirsten E. Lehmann, Claudia Hammer
Layout et maquette : Gerd Türke, Malzkorn, Cologne
Recherche iconographique : Monika Bergmann
Fabrication : Mark Voges
Photogravure : Omnia Scanners, Milan

Titre original : *Herrenschuhe handgearbeitet*

Traduction de l'allemand : Sophie Reynaud (pages 4 à 29),
Thomas de Kayser (pages 30 à 51, 116 à 181, 194 à 216),
Catherine Métais-Buhrendt (pages 52 à 115, 182 à 193)
Réalisation : mot.*tiff*, Paris
Lecture : Roxanne Camporeale, Cologne
Fabrication : Ursula Schümer
Impression et reliure : Neue Stalling, Oldenbourg

Imprimé en Allemagne

ISBN 3-8290-2611-0
10 9 8 7 6 5 4 3 2 1

László Vass & Magda Molnár

La Chaussure pour homme
faite main

Photographies Georg Valerius

KÖNEMANN

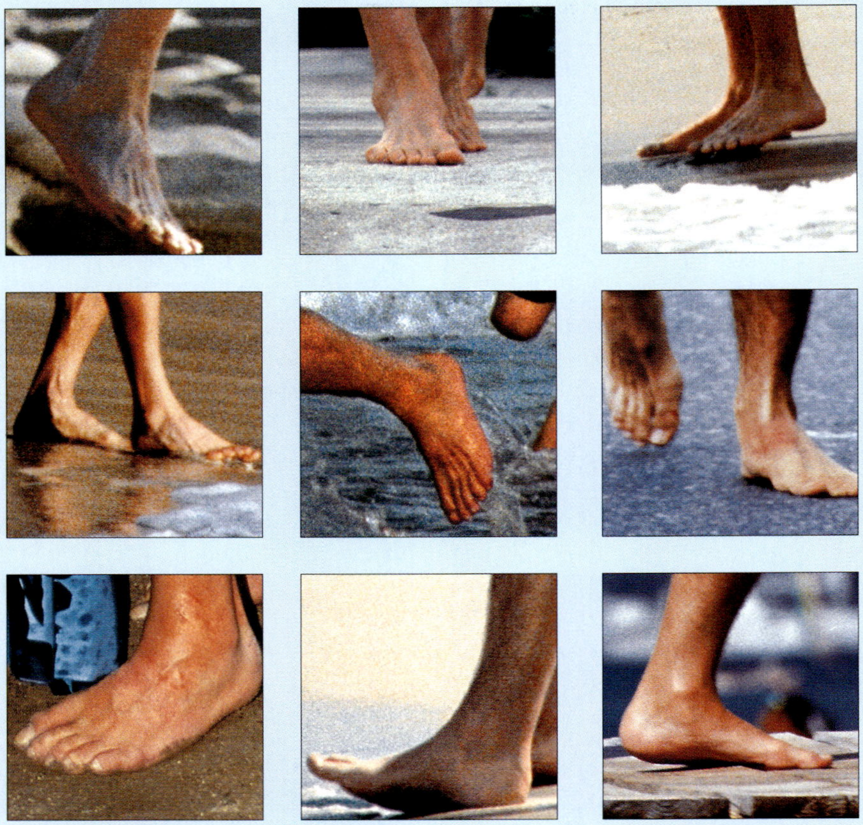

Les pieds des stars sont-ils toujours les mieux chaussés ? Rien ne prouve que toutes ces célébrités – de gauche à droite : Bill Clinton, Clint Eastwood, Michael Hutchence, Sylvester Stallone, Tom Hanks, J.F. Kennedy Jr. , Mickey Rourke, Liam Neason, Jack Nickolson – portent (ou portaient) exclusivement des chaussures faites sur mesure.
On ne sait pas non plus de quel atelier elles proviennent. Pourtant, il n'est pas rare que la chaussure soit l'expression de la personnalité de celui qui la porte.
Quoi qu'il en soit, l'apparition publique de ces messieurs confirme au moins une chose : la chaussure est la composante essentielle de l'habillement masculin.

La chaussure, passeport de l'élégance

Chaque chaussure faite sur mesure et cousue à la main est une création artisanale de grande valeur, capable à la fois de protéger la constitution particulièrement délicate du pied humain contre les désagréments les plus divers, et d'exprimer le goût et parfois même la position sociale de celui qui la porte – car en matière d'élégance, tout commence par la chaussure.

Si certaines personnes choisissent de se faire confectionner des chaussures sur mesure, c'est essentiellement pour deux raisons – la première étant le désir de se différencier des autres et d'exprimer son individualité. On veut choisir soi-même la forme, le modèle, le cuir, la couleur ou les différentes combinaisons de cuir, la densité de la semelle, la hauteur du talon et les ornements afin que la chaussure soit assortie à un costume bien précis ou qu'elle se prête à une occasion particulière. Mais bon nombre de personnes commandent également des modèles nouveaux et modernes par pure tradition.

La seconde motivation est de nature plus prosaïque. En règle générale, l'homme vient au monde doté de pieds sains et bien bâtis – deux qualités qu'ils ne pourront conserver que si l'homme évolue pieds nus sa vie durant sur un sol tour à tour sablonneux, caillouteux et forestier. Mais dans notre monde civilisé, les pieds sont habitués très tôt à une certaine forme de « paresse » – à peine un enfant sait-il marcher qu'on lui chausse déjà des souliers. Plus tard, les déplacements en voiture, le travail au bureau ou les longues heures passées devant la télévision accentuent encore un peu plus ce processus. Mais ce sont surtout les chaussures elles-mêmes – et plus particulièrement les chaussures de mauvaise qualité et inconfortables – qui occasionnent les dégâts les plus importants. Il n'est pas rare qu'un pied « torturé » des années durant ne trouve un véritable soulagement qu'en portant au milieu de sa vie des chaussures faites sur mesure.

On ne sait pas exactement quand la fabrication des chaussures est devenu un véritable artisanat, mais il y a 4 000 ans, en Égypte, ce métier jouissait déjà d'une certaine considération. Les procédés et les subtilités de cet artisanat se sont ensuite affinés au cours des siècles, car jusqu'à la fin du XIXe siècle – jusqu'à la généralisation de la production industrielle de chaussures – les gens portaient des chaussures ou des bottes faites main.

Les différentes étapes que comporte le processus de fabrication d'une paire de chaussures sont aujourd'hui les mêmes qu'il y a 100 ou 200 ans. Les travaux préparatoires font en revanche l'objet d'une certaine spécialisation, le travail étant divisé entre divers spécialistes. Le cordonnier prend certes les mesures de son client, mais c'est le formier qui, sur la base de ces mesures, confectionne la forme qui remplacera le pied lors des étapes de fabrication ultérieures. Si le cordonnier choisit le cuir adéquat, c'est en revanche le coupeur qui découpe les différentes parties de la chaussure, et le piqueur qui les assemble – bref, un véritable travail d'équipe. Lorsque la forme et la partie supérieure assemblée de la chaussure arrivent à l'atelier, le montage peut alors commencer – une opération qui suit les même règles que celles jadis en vigueur chez le cordonnier du roi ou dans les petits ateliers de campagne.

Chaque fois que le cordonnier confectionne une nouvelle paire de chaussures, son expérience et son adresse sont mises au défi. De la prise des mesures jusqu'au moment où l'artisan remet la paire de chaussures lustrées à celui qui les portera, l'œil du cordonnier ne doit pas se tromper, sa main ne doit pas faillir. Même après 30 ans de pratique et d'expérience, à chaque nouveau modèle, l'artisan a toujours le sentiment de réaliser son œuvre de maître. Lorsque son travail s'avère concluant, la phrase de Chuang Tse se confirme alors : « Lorsque la chaussure sied parfaitement au pied, il se fait oublier. »

Ce livre a pour ambition de présenter cet art qui consiste à fabriquer des chaussures aussi confortables qu'esthétiques, ainsi que la magie qui se dégage des chaussures masculines classiques capables d'offrir tant d'individualité. Malgré les nombreux changements que la science et la technique ont introduits au cours des siècles dans l'artisanat de la chaussure faite main et la cordonnerie, les ateliers qui produisent des chaussures sur mesure – que ce soit à Londres, New York, Paris, Munich, Vienne, Rome ou Budapest – se réclament non sans fierté de leurs traditions conservatrices. Ces dernières incluent aussi bien tout le spectre des différents modèles et de leurs formes, que les matériaux employés et l'éthique de la profession.

Les élégants modèles de chaussures considérés aujourd'hui comme classiques ont été créés dans les dernières décennies du XIXe siècle. La maxime conservatrice selon laquelle « rien ne peut remplacer le cuir naturel » s'applique également aux matériaux utilisés – que ce soit pour la partie supérieure de la chaussure, la doublure, la première ou la semelle d'usure. Pour cette dernière, on choisit exclusivement un cuir travaillé à l'aide de tanins végétaux, conformément à un procédé millénaire. Le fil à coudre lui-même est composé des fibres végétales les plus résistantes, et la colle est exclusivement fabriquée à partir de composants naturels.

Étape par étape, ce livre parcourt les quelque 200 opérations qui, en une dizaine de semaines, donnent naissance à une seule paire de chaussures. Comment déterminer les mesures exactes du pied ? Que se passe-t-il pendant les deux années au cours desquelles le formier confectionne les formes une fois l'arbre abattu ? Quelles sont les caractéristiques et les formes types de la chaussure masculine classique ? Comment le cuir de la partie supérieure est-il tanné ? Qu'en est-il du cuir de la semelle ? Pourquoi la trépointe est-elle l'âme de la chaussure ? Est-il valable de faire réparer des chaussures cousues à la main ? Que faut-il faire pour entretenir et garder longtemps ses chaussures préférées ? Quel sentiment éprouve-t-on lorsque l'on porte des chaussures faites main ?

Autant de questions auxquelles tous les cordonniers du monde apporteront des réponses plus ou moins identiques – même si bien sûr, chaque maison développe des procédés qui lui sont propres. Des questions auxquelles ce livre se propose également de répondre.

Mon amour et mon respect pour la cordonnerie m'ont aidé à décrire chacune des opérations qui, jour après jour, se déroulent dans mon atelier. Les photographies qui accompagnent le texte dépeignent avec une réalité toute artistique les différents matériaux, les outils, mais aussi les hommes qui créent cet ouvrage unique.

Je tiens à remercier les maîtres qui m'ont enseigné leur art et ceux qui travaillent dans mon atelier – leur savoir m'ayant permis d'enrichir le mien. Merci également à Ludwig Könemann, sans qui ce livre n'aurait pu paraître.

Magda Molnár s'est jointe à moi en qualité de co-auteur pour mettre en forme le matériau multiple de ce livre – je l'en remercie tout particulièrement.

László Vass

Ce sont les petits secrets de fabrication que les ateliers de Vienne, Londres ou Budapest gardent parfois jalousement qui font de certaines paires de souliers le *nec plus ultra* de la chaussure.

36
23,5/15
27,3/23,4
25,7/19,8
25/15,6

La pointure

La prise des mesures

Il n'existe pas deux pieds parfaitement identiques. Pour confectionner des chaussures confortables et parfaitement seyantes, le cordonnier doit absolument recueillir un maximum d'informations précises sur les deux pieds de son client. Alors que le tailleur aura besoin de deux ou trois essayages pour confectionner un costume sur mesure, le cordonnier devra se contenter d'un seul essayage – après quoi il lui faudra se débrouiller avec ce que l'on appelle une « chaussure d'essai ». Il est donc absolument nécessaire de disposer de suffisamment de temps pour effectuer la prise des mesures, si possible une à deux heures. Mais il s'avère souvent difficile de trouver le moment exact qui permettra au cordonnier d'obtenir les résultats les plus précis.

En général, la taille du pied d'un homme en bonne santé est constante à n'importe quel moment de la journée. Elle peut pourtant évoluer sous l'effet de la température (forte chaleur) ou d'un effort important fourni au cours de la journée (marche de plusieurs heures ou activité sportive intense). C'est pourquoi il est recommandé de prendre les mesures le matin.

Les mesures sont prises en position assise et en station debout.

Certaines maladies induisent également un gonflement plus ou moins important du pied. Avant de prendre les mesures, le client devra attendre que son traitement soit terminé et que le pied reprenne sa forme initiale. S'il s'agit en revanche d'une longue maladie, des chaussures confectionnées une pointure en dessus sont susceptibles de faciliter la marche.

Lors de la fabrication des chaussures, le cordonnier tiendra compte, dans la mesure du possible, des éventuelles malformations spécifiques ou déformations pathologiques – orteils en marteau, durillons etc... – que présente le pied du client. Dans pareils cas, et si les circonstances s'y prêtent, il est toutefois recommandé de subir une petite opération orthopédique avant de passer commande d'une paire de chaussures confortables.

Dans tous les cas, il est souhaitable de recourir aux services d'un pédicure quelques jours avant la prise des mesures, afin d'éliminer ongles incarnés, lits d'ongle enflammés ou cors douloureux. Il est également indiqué de porter des chaussettes fines et moulantes, afin que les valeurs mesurées soient aussi précises que possible.

La prise des mesures constitue une sorte de cérémonie qu'il convient de fixer à un moment opportun, et dont le déroulement ne doit pas être perturbé. Au cours de cette séance, chaque information fournie par le client revêt une grande importance. Les gestes du cordonnier suivent un rituel bien précis et se succèdent selon un ordre clairement établi. Ce cérémonial est à la base de la confection d'une forme qui remplacera le pied de la façon la plus parfaite possible lors de la fabrication des souliers – telle est la condition *sine qua non* d'une chaussure unique, véritable œuvre d'art.

Le cordonnier détermine la longueur, la largeur, la hauteur et le tour du pied dans deux positions différentes : tout d'abord en station debout, lorsque le poids du corps repose sur le pied, puis en position assise, lorsque le pied n'a plus aucune charge à supporter. En station debout, la largeur du pied peut augmenter d'un demi-centimètre, voire d'un centimètre – de plus, la voûte plantaire s'affaisse légèrement ; tendons et muscles sont par ailleurs tendus. Cette position reflète plus ou moins la situation d'un pied soumis à une forte charge pendant la marche. La chaussure s'élargit d'ailleurs inévitablement lors de la marche, tout comme sous l'effet de la chaleur et de l'humidité produites par le pied. Si le cordonnier confectionnait la paire de chaussures sur la base des mesures prises en station debout, le client serait vite déçu de ses nouveaux souliers, même les plus confortables : car au bout de quelques jours, les chaussures deviendraient trop larges et ne tiendraient pas au pied.

Lorsque les mesures sont prises en position assise, le phénomène est exactement inverse : libéré de toute charge, le pied est « plus petit ». Cependant, pour bon nombre de cordonniers, ces mesures sont les plus importantes – elles leur permettent en effet de déterminer la largeur du pied pendant la marche, et de mieux calculer l'extension prévisible de la chaussure lorsqu'elle est portée.

Avant de prendre les mesures proprement dites, le cordonnier examine attentivement le pied de son client pour en déterminer la forme. S'appuyant sur la base d'un axe longitudinal imaginaire, l'artisan essaie de déterminer si le pied s'oriente plutôt vers l'extérieur ou l'intérieur, et si la voûte longitudinale interne est haute ou basse. Il examine également la position de la cheville, la constitution du talon, des éminences et du cou-de-pied. Cet examen lui permet de prendre connaissance d'éventuelles déformations caractéristiques – pied plat, éminences très développées, petit doigt de pied saillant, gros orteil proéminent ou orteils en marteau. Pour ce faire, il palpe le pied pour en ressentir la forme et le contour. L'artisan observe également la façon de marcher du client, qui peut être considérablement influencée par le poids du corps ou certaines habitudes inconscientes. Certaines personnes ont le pied léger, d'autres « martèlent » littéralement le sol. Le cordonnier examine donc avec attention les chaussures déjà usées de son client, les déformations qu'elles présentent – vers quel côté et de quelle façon la chaussure s'oriente, endroits où la semelle et le talon sont le plus usés – pouvant fournir des renseignements importants pour la confection des nouvelles chaussures.

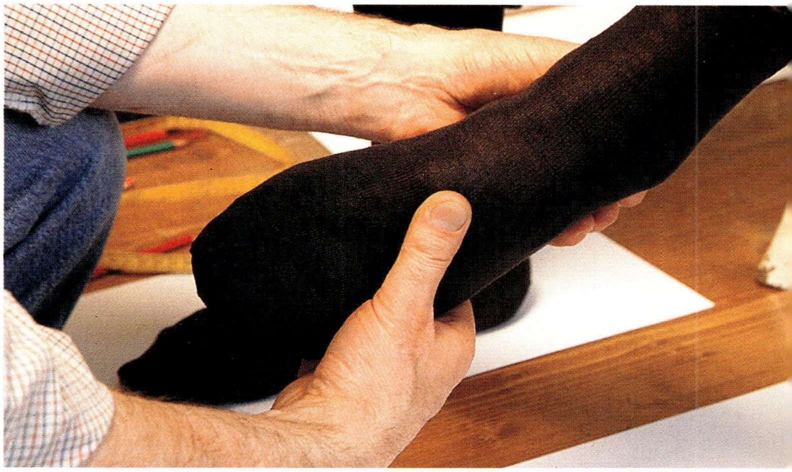

Le cordonnier palpe la forme du pied de son client.

Le cordonnier s'entretient ensuite avec son client. La plupart des gens n'ont aucune idée de la constitution de leurs pieds et se plaignent tout au plus que « toutes les chaussures les serrent au gros orteil » ou « qu'elles sont toutes trop étroites au niveau du cou-de-pied ». En parlant avec son client, l'artisan recueille indirectement des informations qui s'avéreront importantes pour déterminer la pointure et la forme de la chaussure à confectionner – car les diabétiques par exemple, ou les personnes qui souffrent de sténose artérielle, ne doivent pas porter de chaussures trop étroites. Dans pareils cas, les mesures devront être plus « souples ».

Toutes les étapes de la fabrication d'une paire de chaussures sont représentées sur la gravure ci-contre – entre autres la prise des mesures avec le pied à coulisse. Cette gravure sur cuivre intitulée l'*Atelier du cordonnier* et réalisée en 1836 à Esslingen, fait partie de la collection *Ateliers d'artisans : leurs principaux instruments et procédés de fabrication.*

Le contour du pied

« Plus les instruments de mesure sont simples, plus les résultats sont fiables » : telle est la règle d'or du cordonnier. Même dans les plus grands ateliers, deux talons de chaussure, deux feuilles de papier, un mètre à ruban, une équerre, un crayon de papier, un instrument permettant de mesurer la longueur du pied, ainsi que les ustensiles nécessaires à la réalisation des empreintes de la plante du pied (papier carbone ou appareil spécial) suffisent.

Pour déterminer la longueur et la largeur des chaussures, le cordonnier doit réaliser un dessin du contour du pied. Pour cela, il lui suffit de former un angle de 90° avec le crayon et le papier. Si l'angle était inférieur à 90° – on dit alors que le cordonnier « dessine en dessous » – l'artisan obtiendrait au final une chaussure au moins une pointure plus petite que prévue. Le cordonnier trace une ligne du talon jusqu'au gros orteil le long du côté interne du pied, puis passe devant l'extrémité de tous les orteils et rejoint le talon par l'extérieur du pied. Au cours de cette séance, les orteils doivent être posés bien à plat sur le sol, de façon à ce qu'ils s'étendent sur toute leur longueur. Les deux pieds n'étant jamais parfaitement identiques, le cordonnier doit réaliser le contour de chaque pied.

Après avoir réalisé le contour du pied, le cordonnier doit marquer l'emplacement des phalanges du premier et du cinquième métatarsien (*voir* page 19), mais aussi les saillies des éminences interne et externe, ainsi que du talon – ceci lui permettra ensuite de prendre les mesures de l'extrémité du pied et de la largeur du talon.

Le pied droit et le pied gauche n'étant pas tout à fait identiques, le cordonnier doit réaliser le contour de chaque pied.

Longueur et largeur du pied

Grâce au contour du pied, le cordonnier peut mesurer la longueur et la largeur du pied avec le mètre à ruban, qui consiste en une bande de textile indéformable sur les deux faces desquelles ont été reportées des unités de mesure.

L'une des faces du mètre à ruban comporte les graduations qui permettront au cordonnier de mesurer la longueur du pied. Le mètre à ruban est régi traditionnellement par la métrique française ou le « point de Paris ». Chaque point correspond à deux tiers de centimètre, soit 6,667 mm. Pour obtenir le résultat final, le cordonnier ajoute une valeur et demie à celle mesurée. Si par exemple la taille du pied correspond à la pointure 41, les chaussures devront être fabriquées en 42,5 – car lors de la marche, le pied s'allonge d'environ 1,5 cm. L'objectif de cette méthode est bien entendu de confectionner des chaussures aussi confortables que possible – lors de la marche, les orteils ne doivent pas buter contre le bout du soulier, et le pied doit avoir suffisamment d'espace et de liberté de mouvement à l'intérieur de la chaussure.

L'autre face du mètre à ruban comporte les unités plus petites – centimètres et millimètres – du système métrique. Grâce à ces unités de mesure et aux différents points marqués sur le dessin du contour du pied, on mesure l'endroit le plus large du pied, c'est-à-dire la distance entre l'éminence interne et l'éminence externe.

Ces mesures sont ensuite vérifiées à l'aide du pied à coulisse qui comporte des graduations permettant de mesurer la longueur et la largeur du pied. Le client pose son pied sur l'instrument en prenant bien soin de caler le talon contre le butoir – après quoi, le cordonnier n'a plus qu'à lire la longueur du pied sur l'échelle. Grâce à des coulants transversaux – l'un d'eux pouvant se déplacer horizontalement, l'autre verticalement, tous deux étant montés sur des rails –, il détermine la largeur du pied.

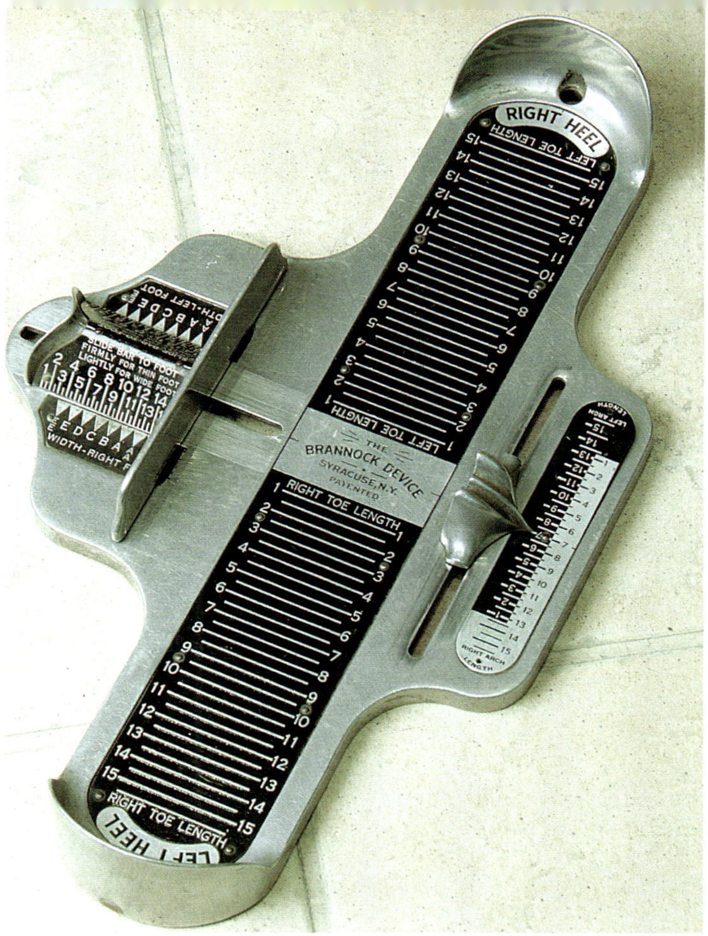

À l'aide du pied à coulisse, la pointure (*voir* page 26) et la numérotation de la largeur (*voir* page 26) sont contrôlées. L'échelle ci-dessus indique les pointures anglaises.

Pour pouvoir lire correctement la pointure de la chaussure, le talon doit être bien calé contre l'extrémité de l'appareil, et les orteils fermement posés à plat.

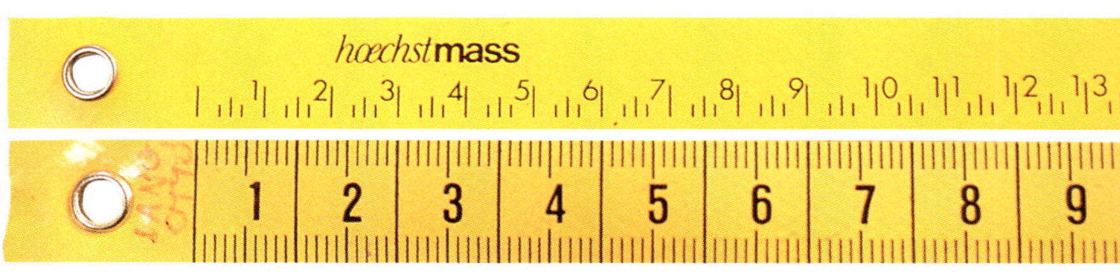

Le mètre à ruban comporte deux échelles de mesure : l'une donne la longueur du pied dans les pointures françaises (la valeur française 1 correspond à 6,66 mm) ; l'autre, la largeur et le volume du pied dans le système métrique, c'est-à-dire en centimètres et en millimètres.

L'empreinte du pied

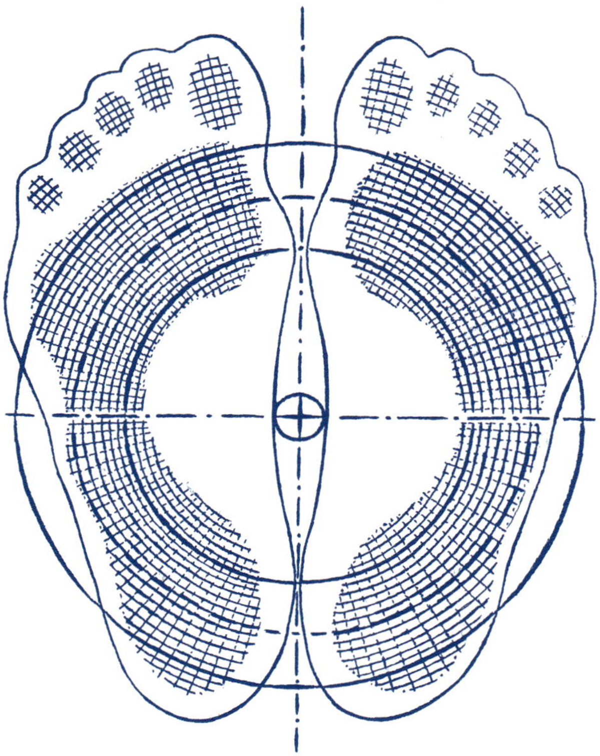

Posés l'un contre l'autre, les pieds dessinent une voûte en forme de coupole.

Après avoir réalisé le contour du pied, le cordonnier en établit l'aplomb – l'empreinte – à l'aide d'un appareil spécial. Ce dernier permet à l'artisan d'obtenir une représentation précise de la voûte plantaire, et met en évidence les intersections des arcs de la voûte et la position des orteils.

Le cordonnier enduit de peinture l'une des faces recouverte de nopes d'un tapis en caoutchouc et la pose sur une feuille de papier. L'empreinte est prise en position assise. Le pied qui se trouve sur l'appareil est donc soumis à une charge plutôt légère. Lorsque le poids du corps se déplace sur la plante du pied, la couleur se reporte en conséquence sur la feuille : plus la charge est importante sur certaines parties du pied, plus l'empreinte sera sombre. Lors de la confection de la forme, le formier réalise de légères surélévations sur les parties de la semelle qui correspondent aux taches plus sombres.

Une voûte longitudinale et transversale parfaite ne marque pratiquement pas la feuille. Lorsque le client souffre d'un affaissement de la voûte plantaire – l'une des déformations les plus courantes –, la plante du pied produit sur la feuille de papier des taches sombres sur toute sa surface.

Il est possible de contrecarrer les affaissements de la voûte plantaire grâce à des semelles orthopédiques qui soulèvent la voûte, et des chaussures bien conçues et confortables. Voilà pourquoi le cordonnier doit absolument pouvoir se faire une idée précise de l'état de la voûte plantaire.

L'empreinte du pied est établie grâce à un appareil spécial.

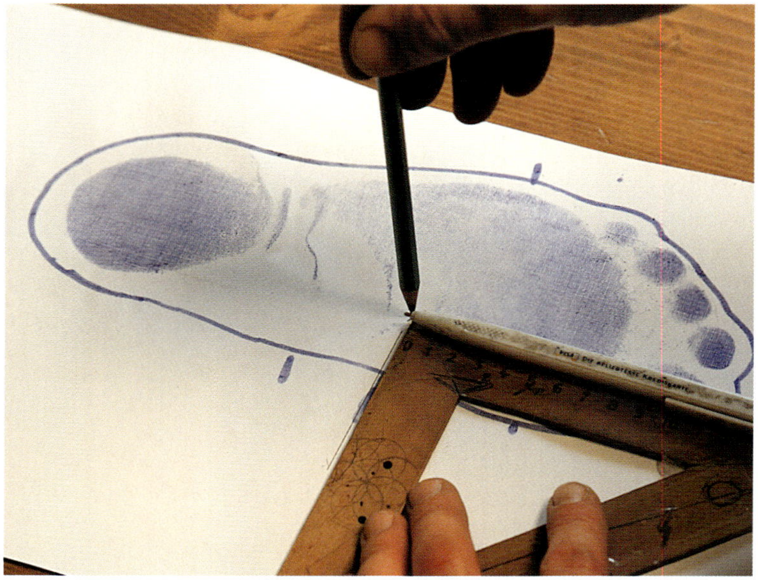

La ligne qui relie le gros orteil et le talon détermine la véritable longueur du pied.

Perspectives du pied

La projection latérale fournit également des informations importantes sur la forme du pied. Posé sur une feuille de papier graduée, le pied est tout d'abord surélevé à l'aide d'un talon dont la hauteur correspond à celle que devra avoir le talon de la nouvelle chaussure. Cette opération vise à placer le pied dans la position qu'il aura plus tard, une fois la chaussure terminée. Le cordonnier pose ensuite un tableau à dessin perpendiculairement au pied et trace le profil du pied sur la feuille de papier. Ce dessin met en évidence la hauteur des orteils, l'élévation du cou-de-pied et l'arc du talon. La perspective du talon joue également un rôle important, car elle permet de déterminer la largeur du talon et le type de chaussures à confectionner. Le cordonnier recueille en outre des informations supplémentaires en mesurant la hauteur de la cheville – une donnée qui influera sur la hauteur et la forme de la tige.

S'appuyant sur les renseignements fournis par le contour du pied, l'empreinte, les perspectives et les points critiques du pied, le cordonnier reporte sur une forme préfabriquée – la forme brute, qui sert à confectionner la forme de mesure – les endroits où le pied du client s'écarte de la moyenne.

Pour placer le pied dans la position qu'il aura plus tard, on le surélève avec un talon.

La projection latérale indique la hauteur des orteils et du cou-de-pied.

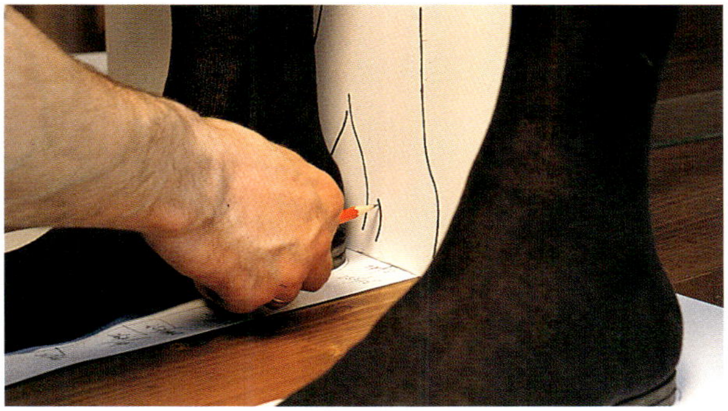

Cette projection met en évidence la forme du talon.

La hauteur de la cheville est une donnée importante pour la confection des bottes, mais aussi des chaussures basses.

Le cordonnier vérifie une nouvelle fois les mesures (à droite : la forme brute).

Le squelette du pied

Pendant des milliers d'années, – et plus précisément des origines de la cordonnerie dans l'Antiquité jusqu'à la fin du XVIIIe siècle – les artisans se concentrent uniquement sur la forme extérieure du pied, qu'ils entendent munir d'une enveloppe protectrice adéquate, négligeant totalement les os et les muscles du pied, c'est-à-dire la structure « interne ». Il faut attendre les maîtres du XIXe siècle pour s'apercevoir que les cordonniers ne possédant aucune notion d'anatomie ne peuvent pas fournir un travail satisfaisant. De nombreux abécédaires résumant les grands principes de la cordonnerie voient alors le jour, la plupart commençant par une description des particularités anatomiques du pied.

Aujourd'hui, les caractéristiques des os, des muscles, des articulations, des ligaments, mais également de la peau du pied, font partie des connaissances de base enseignées à tout apprenti cordonnier. Lors de la prise des mesures, s'appuyant sur des règles issues de la pratique, l'artisan sélectionne des repères anatomiques caractéristiques facilement reconnaissables et qui, d'une mesure à l'autre, ne présentent que des écarts minimes.

S'il est vrai qu'il n'existe pas deux pieds tout à fait identiques, la structure anatomique du pied est pourtant la même chez tout individu. Cette structure a pris forme il y a environ deux millions d'années, lorsque l'ancêtre de l'homme moderne, l'*homo erectus*, décide un jour de se dresser et de marcher sur ses deux jambes – pour des raisons aujourd'hui encore très controversées.

Des 208 à 214 os du squelette, les plus petits se trouvent sur les parties les plus mobiles du corps – les mains et les pieds. Les os, les articulations, les muscles et les ligaments du pied forment la construction mécanique la plus complexe du corps humain. Sur une surface d'à peine 300 cm^2, la plante du pied doit pourtant soutenir et stabiliser une masse corporelle moyenne (chez les hommes) de 70 à 120 kilos. Lors de la marche, elle s'adapte avec souplesse aux irrégularités de la surface sur laquelle on évolue. Grâce à des manœuvres internes très subtiles, la plante de nos pieds nous permettent de marcher pieds nus aussi bien sur le sable mou et instable d'une plage que sur des chemins inégaux et caillouteux. À la fois robustes et délicats, nos pieds sont capables de performances surprenantes. D'après une étude anglaise, un habitant d'Europe centrale parcourt en moyenne 150 000 kilomètres à pied dans sa vie.

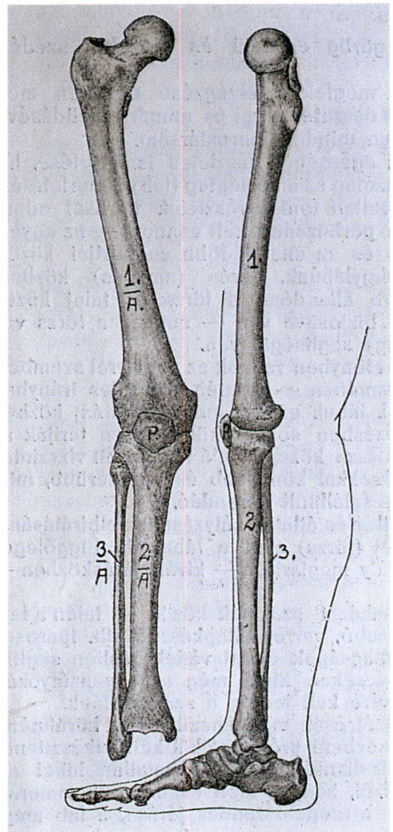

Rédigés en 1920 à Budapest, les abécédaires de Bodh József sont accompagnés de représentations réalisées sur la base des connaissances anatomiques de l'époque.

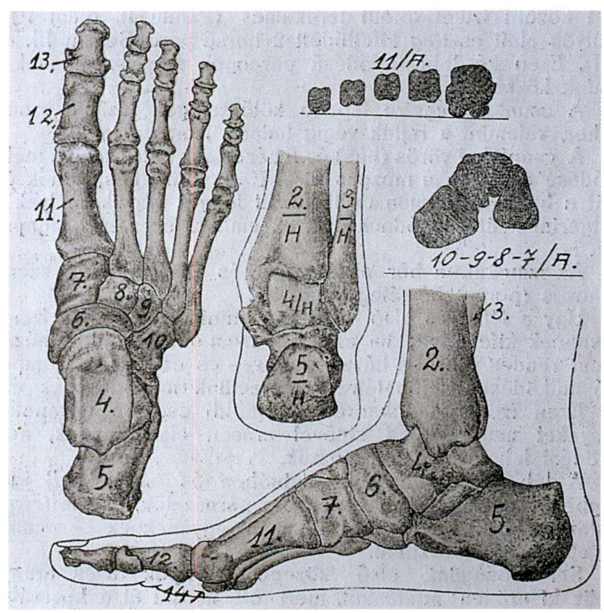

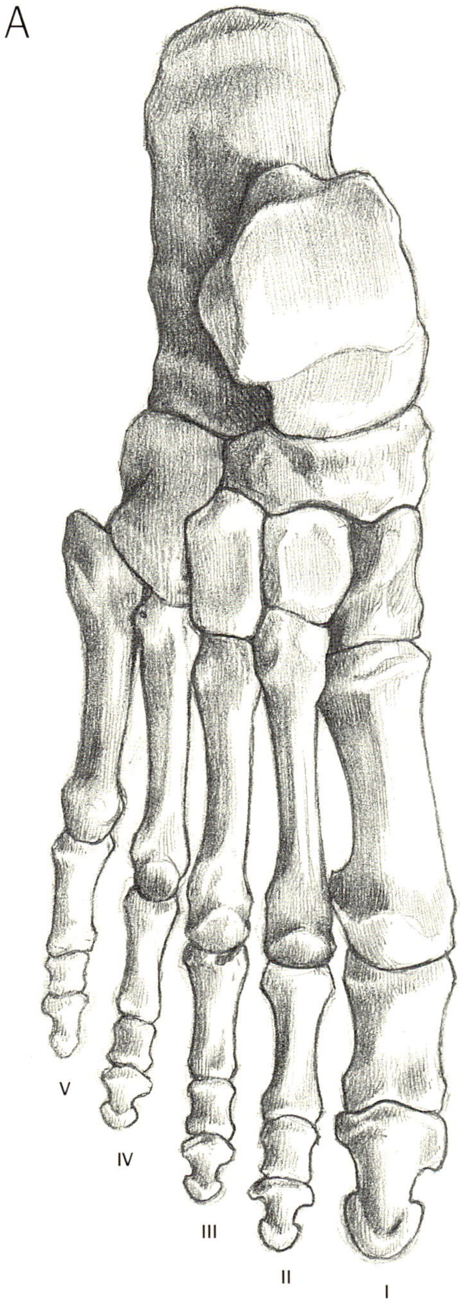

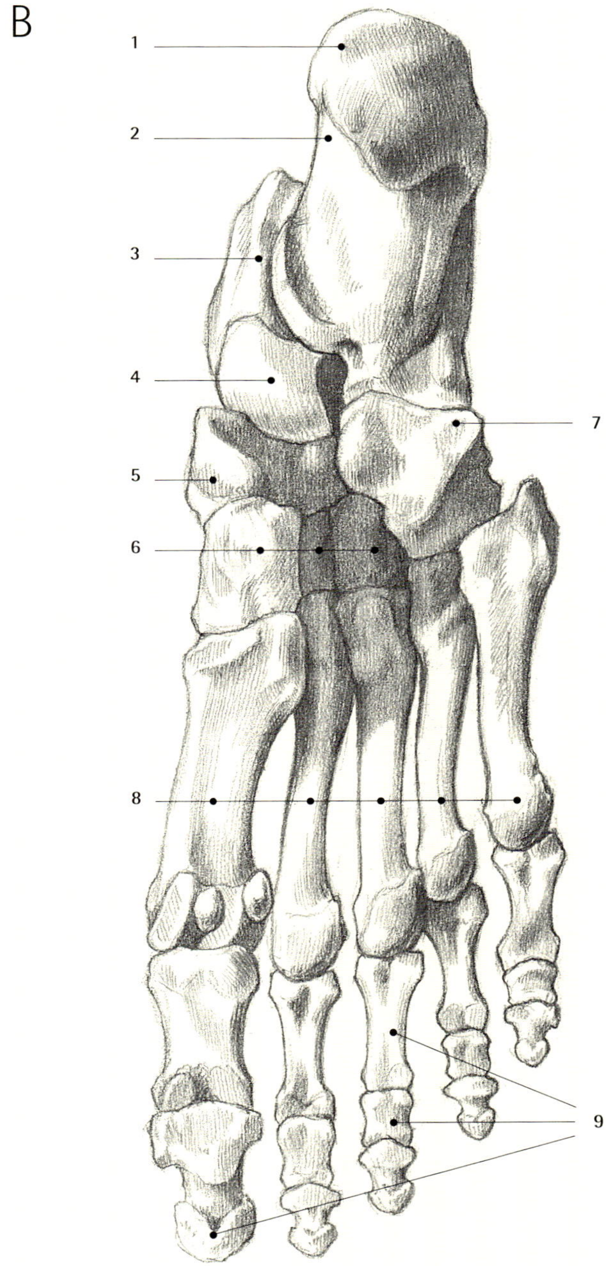

Ces représentations des 26 os du pied – vus du cou-de-pied (A) et de la plante du pied (B) – montrent que les sept os du tarse (positions 1 à 7) sont les plus développés ; c'est en effet sur eux que repose la plus grande partie du poids du corps. Sur la représentation A, on peut voir que la longueur du pied est déterminée par la distance qui sépare l'extrémité du calcanéum et celle du gros orteil. La largeur est quant à elle définie par les cinq métatarsiens (8). De tous les métatarsiens, celui du gros orteil est le plus développé ; l'os de l'orteil II est le plus long, et le métatarsien du petit doigt de pied (V) est le plus court. Les orteils II à V sont composés de trois phalanges, alors que l'orteil le plus long et le plus large (I) – le gros orteil – n'en possède que deux.

1. Apophyse/tubérosité du calcanéum (*tuber calcanei*)
2. Calcanéum (*calcaneus*)
3. Astragale (*talus*)
4. Tête de l'astragale (*caput tali*)
5. Scaphoïde (*os naviculare*)
6. Cunéiformes (*ossa cuneiforma*)
7. Cuboïde (*ossa cuboideum*)
8. Métatarsiens (*ossa metatarsalia*)
9. Phalanges (*digiti pedis*)

La musculature du pied

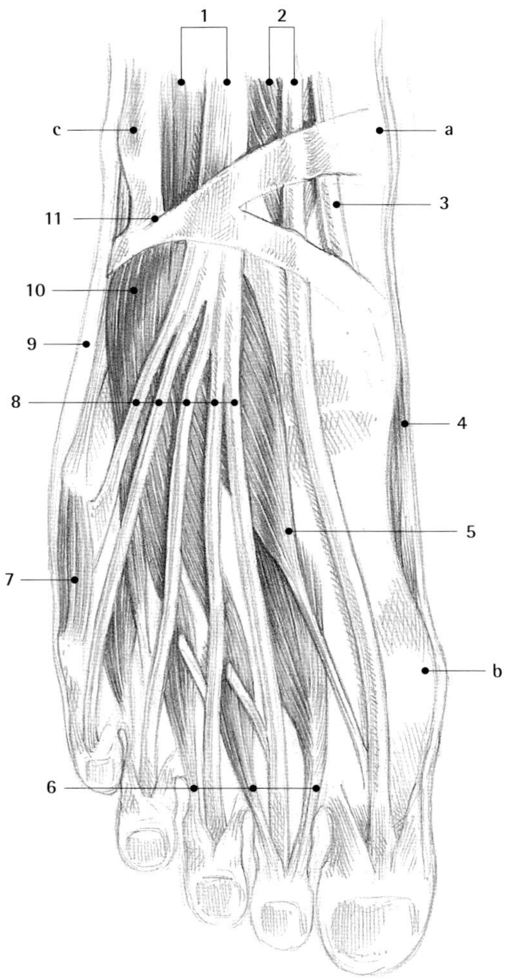

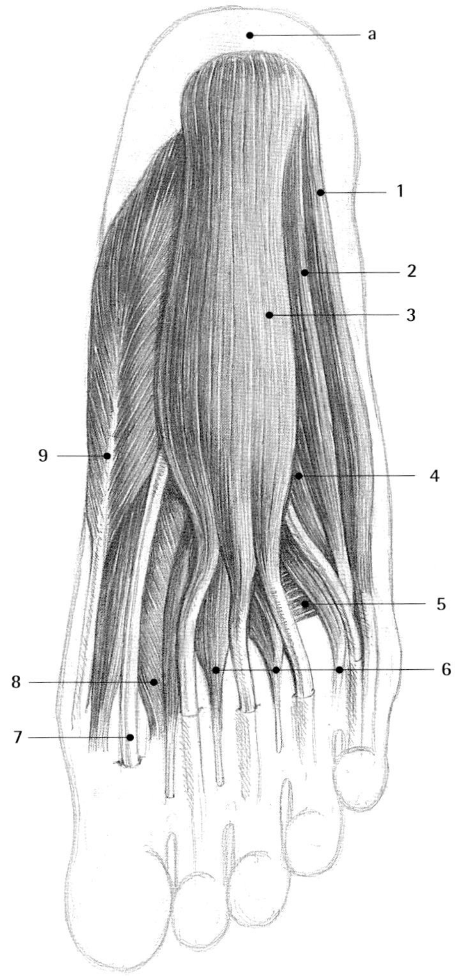

Musculature dorsale du pied (vue du cou-de-pied)

1. Muscle extenseur long commun (*m. extensor digitorum longus*)
2. Muscle extenseur long du gros orteil (*m. extensor digiti I longus*)
3. Tendon du jambier antérieur (*tendo m. tibialis anterior*)
4. Muscle abducteur du gros orteil (*m. abductor digiti I*)
5. Muscle extenseur court du gros orteil (*m. extensor digiti I brevis*)
6. Muscles interosseux dorsaux (trois) (*mm. interossei dorsales*)
7. Muscle abducteur du petit orteil (*m. abductor digiti V*)
8. Tendons du muscle extenseur long (*tendo m. extensor digitorum longus*)
9. Tendon du court péronier latéral (*m. peroneus tertius*)
10. Muscle extenseur court commun (*m. extensor digitorum brevis*)
11. Ligament scaphocunéus dorsal (*ligamentum uboideonaviculare dorsale*)

a Malléole interne (*malleolus medialis*)
b Articulation métatarso-phalangienne (*articulatio metarso phalangea*)
c Malléole externe (*malleolus medialis*)

Musculature plantaire du pied (vue de la plante du pied)

1. Muscle abducteur du petit orteil (*m. abductor digiti V*)
2. Muscle fléchisseur du petit orteil (*m. flexor digiti V*)
3. Muscle fléchisseur court commun (*m. flexores digitorum brevis*)
4. Muscles interosseux plantaires (quatre) (m. interossei plantares)
5. Muscle abducteur du gros orteil (*m. abductor digiti I*)
6. Muscles « lombricoïdes » des orteils II à V (*mm. lumbricales digitorum II-V*)
7. Tendon du muscle abducteur long du gros orteil (*tendo m. abductor digiti I*)
8. Muscle fléchisseur court du gros orteil (*m. flexor digiti I brevis*)
9. Muscle abducteur du gros orteil (*m. abductor digiti I*)

a. Calcanéum (*calcaneus*)

Les os forment la charpente du pied ; les muscles, reliés aux os par les ligaments, assurent sa mobilité. En général, les muscles ne travaillent pas seuls, mais par groupes. De nombreux muscles participent à l'exécution d'un mouvement (par exemple un pas en avant) ; certains agissent dans une direction, d'autres dans la direction opposée. Le pied comporte de nombreux muscles courts – fléchisseurs et extenseurs – qui soutiennent la musculature du mollet. Les interstices situés entre les métatarsiens sont comblés par de petits muscles – les muscles interosseux – qui permettent aux doigts de pied de se rapprocher ou de s'éloigner les uns des autres. Comparés cependant aux mouvements dont sont capables les doigts de la main, ceux des orteils sont bien plus limités. Les petits muscles de la plante du pied jouent un rôle important dans le maintien de la voûte plantaire. Sous l'épaisse peau de la plante du pied et les tissus graisseux qui se trouvent en dessous, un fascia musculaire protège en outre les vaisseaux et les nerfs de la plante.

Le pied est doté d'un réseau de vaisseaux et de nerfs extraordinairement large et ramifié. Les fibres nerveuses véhiculent l'impulsion qui déclenche la contraction du muscle. Elles transmettent en continu des informations sur la position des membres et du corps au cerveau, ainsi que toute forme de sensations douloureuses.

La peau de la plante du pied assure un rôle de protection mais aussi de réception des stimuli. Elle résiste aux efforts élastiques et mécaniques – par exemple une pression – et la sécrétion chimique acide de ses glandes constitue une enveloppe protectrice contre les substances pathogènes. La peau de la plante du pied renferme un nombre important de glandes sudoripares : une surface de 1 cm^2 en comporte environ 360 ! La quantité de sueur qu'elles produisent peut être considérable. Si les pieds du client ont tendance à transpirer abondamment, il devra éviter les matières plastiques et veiller à choisir des cuirs qui laissent respirer le pied pour le prévenir des mycoses et des micro-organismes bactériens.

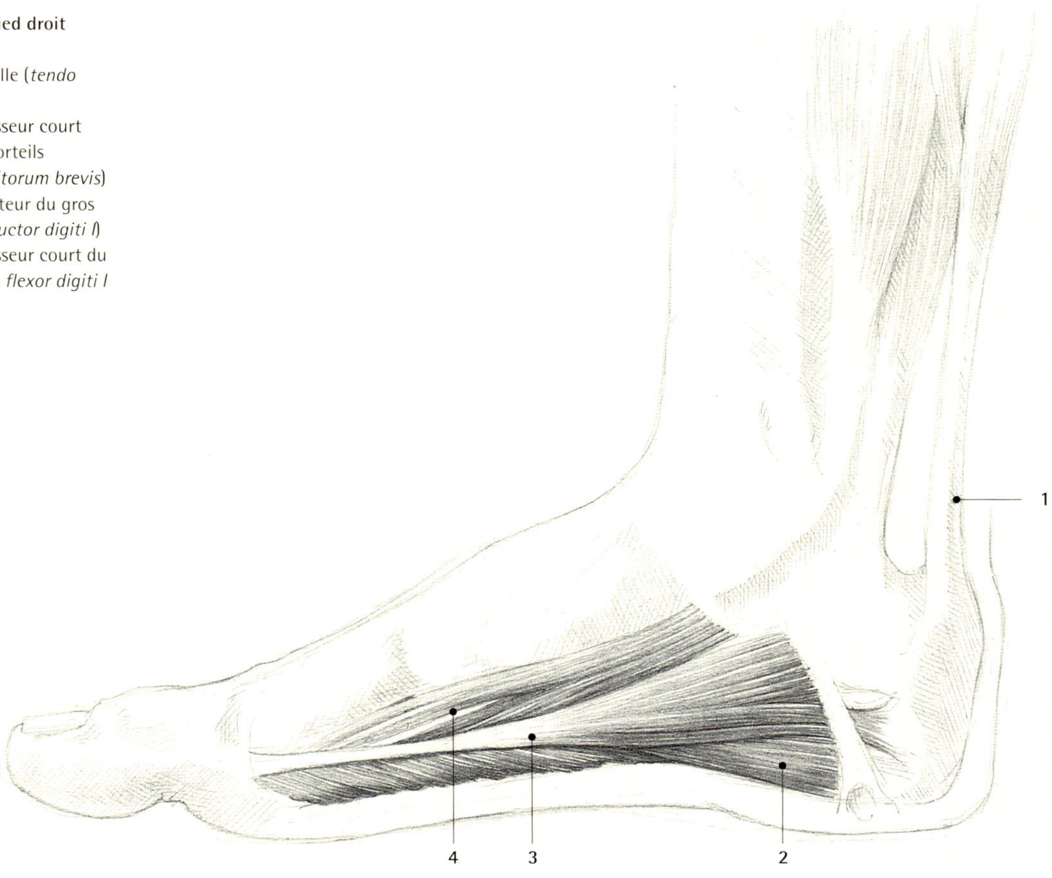

Musculature du pied droit vue en coupe
1. Tendon d'Achille (*tendo calcaneus*)
2. Muscle fléchisseur court commun des orteils (*m. flexor digitorum brevis*)
3. Muscle abducteur du gros orteil (*m. abductor digiti I*)
4. Muscle fléchisseur court du gros orteil (*m. flexor digiti I brevis*)

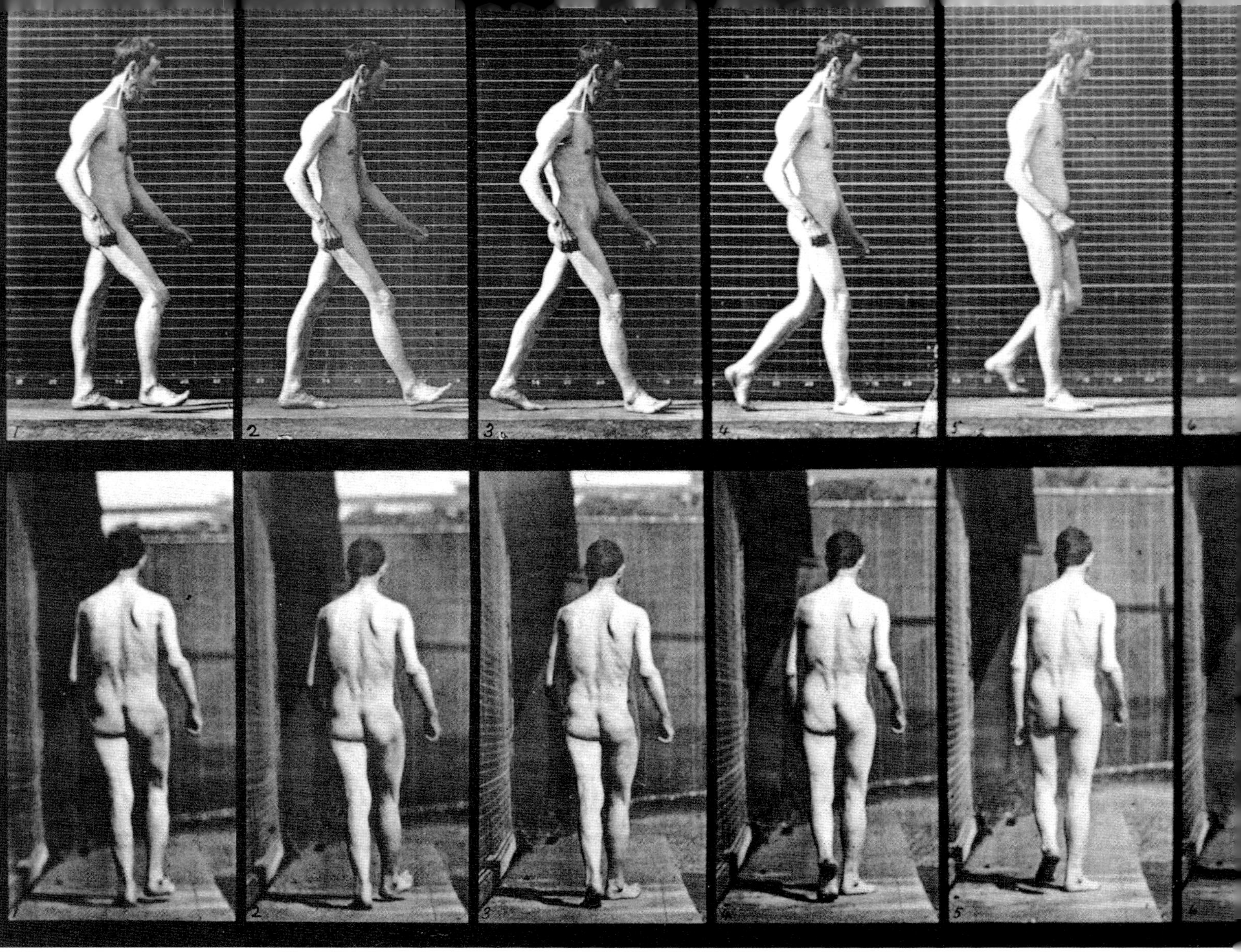

Les phases de la marche

Pendant la marche, nos plantes de pieds se posent à tour de rôle sur le sol, le centre de gravité étant donc tour à tour déplacé ou soutenu. À chaque pas que nous faisons, notre corps oscille à la verticale, c'est-à-dire qu'il se soulève et s'abaisse. Dans le même temps, pour pouvoir garder l'équilibre, il décrit également des mouvements transversaux et horizontaux lorsque son centre de gravité se déplace d'une jambe d'appui à l'autre. Lors de la marche, le talon du pied droit se soulève en premier, la plante du pied et les orteils prennent appui sur le sol à hauteur des éminences externe et interne. Le pied se détache du sol grâce aux orteils. Ce pied est encore en suspend lorsque le pied gauche entame la même série de mouvements. Le pied droit se pose de nouveau sur le sol : tout le poids du corps repose alors sur le talon droit. Lorsqu'il marche à une rythme régulier, le pied doit supporter de grandes différences de pression. Soit il supporte tout le poids du corps, soit il flotte dans l'air « en état d'apesanteur ».

La course n'est ni plus ni moins qu'une marche accélérée. Elle comporte pourtant un moment critique par

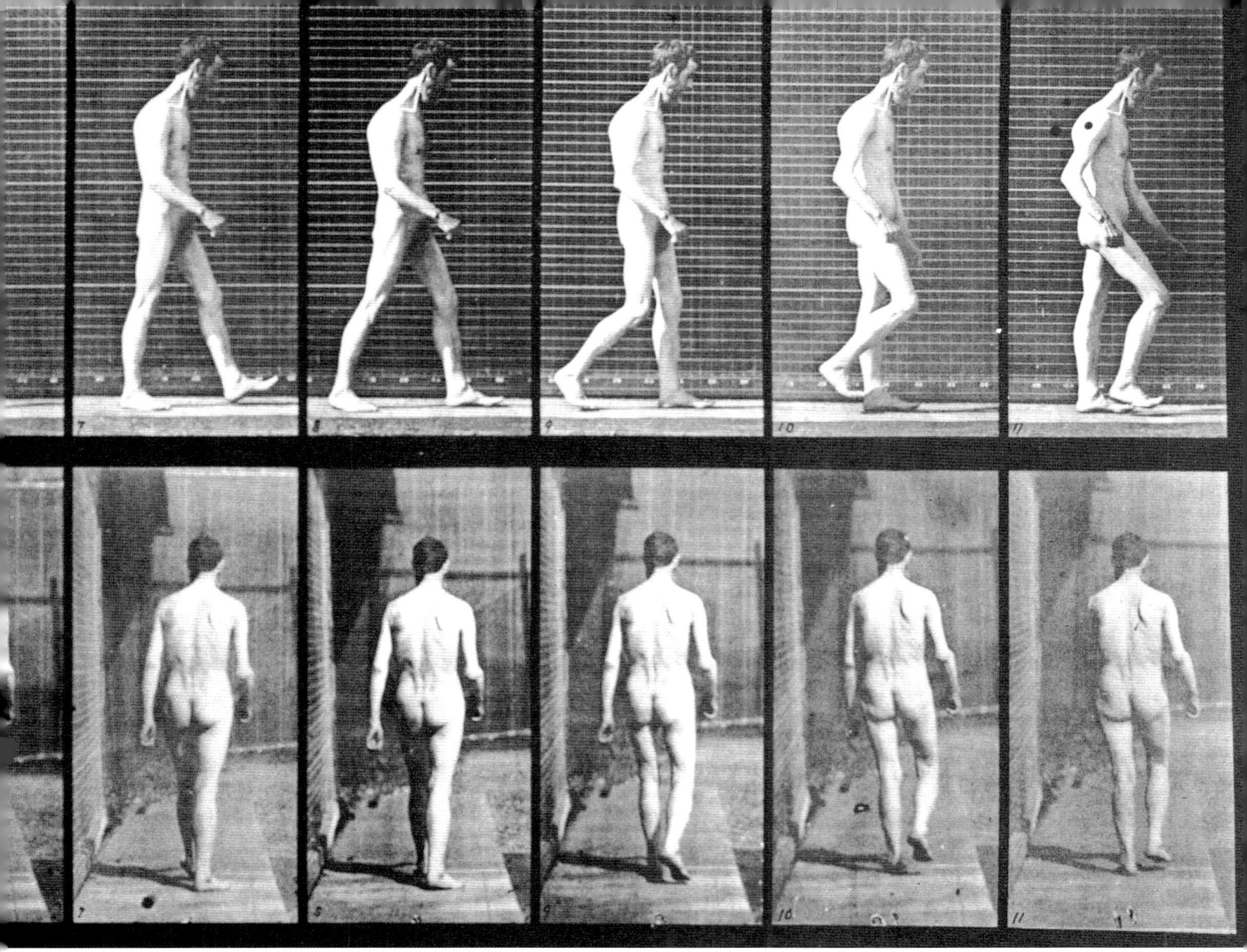

En 1901, Eadweard Muybridge produisit 196 plaques photographiques représentant plus de 4 700 clichés de mouvements humains. Il utilisa un appareil photo pour chaque phase de mouvement (soit 11 appareils pour les phases ci-dessus). Chaque cliché a été pris au 1/6 000 de secondes sur une plaque de verre de 10 x 13 cm. Eadweard Muybridge, *The Human Figure in Motion*, Dover Publication, 1955, New York.

rapport à la marche : celui où aucun des deux pieds ne touche le sol. Lors de la marche, de la course et du saut, les os, la musculature ainsi que le système vasculaire et nerveux s'adaptent à la charge qu'ils doivent ou non subir à chaque phase du mouvement.

Très célèbre aux États-Unis à la fin du XIXe siècle, le photographe britannique Eadweard Muybridge (1830-1904) a mis au point une méthode très particulière permettant de décomposer les différentes phases d'un mouvement. Muybridge a rédigé une publication commune avec le peintre Meissonnier – qui, à la suite de leur collaboration, corrigea la position des jambes des chevaux sur deux de ses peintures – et le physiologiste Marey. Il a ensuite publié un dictionnaire unique en son genre qui comporte près de 100 000 négatifs représentant de nombreuses activités humaines décomposées phase par phase. S'inspirant de cette technique, les cordonniers filment aujourd'hui fréquemment leurs clients marchant pieds nus afin de recueillir des informations importantes pour la confection des nouvelles chaussures.

La voûte plantaire

Le pied n'entre pas contact avec le sol par toute la surface de la plante du pied, mais repose – de par la forme des os, ainsi que des muscles et tendons qui les relient – sur une double voûte, longitudinale et transversale. L'arc externe longitudinal de la voûte relie le calcanéum au petit orteil ; l'arc interne longitudinal relie quant à lui le calcanéum au gros orteil ; enfin, la voûte transversale relie le gros orteil au petit. En station érigée ou lorsque l'on marche, tout le poids du corps repose sur les intersections de ces arcs.

La voûte plantaire se déforme lors de la marche, du saut ou de la course. Lorsqu'elle supporte tout le poids du corps, elle peut s'affaisser de 5 mm. Le pied s'allonge alors et reprend sa forme initiale dès que la pression cesse. La voûte peut être comparée à un ressort : elle amortit les petits chocs que produit la marche au niveau de la tête et de la colonne vertébrale, et nous permet d'évoluer avec régularité. Les orteils soutiennent eux aussi le corps ; ils font également office de ressorts et permettent au pied de se détacher du sol avec souplesse lorsque le talon se soulève.

La voûte plantaire se développe au cours de l'enfance ; sa forme résulte d'une locomotion plus ou moins correcte. Pour garder des pieds sains, il faudrait pouvoir marcher constamment pieds nus, car la musculature du pied s'adapte de façon autorégulatrice aux inégalités du sol. Le travail continuel des muscles stimule la musculation en permanence et entretient sa bonne condition, garantissant ainsi le bon maintien de la voûte plantaire. Une chaussure de mauvaise qualité entrave le mouvement naturel du pied, et une mauvaise position du pied entraîne tôt ou tard des troubles statiques.

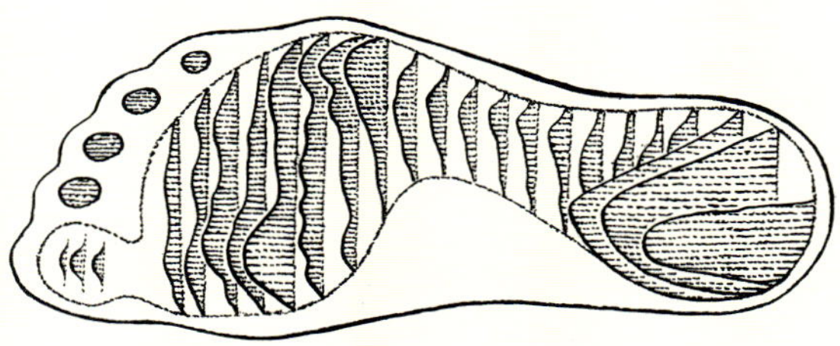

Lorsque la voûte longitudinale est normale, l'arc des os est idéal ; le poids du corps repose alors sur le talon, les éminences interne et externe, le bord externe de la plante du pied et les orteils.

Pied sain

Pied plat

Pied creux

Pied plat valgus

Les déformations les plus courantes

Un pied « normal » est de taille moyenne (42-43 chez les hommes) et proportionnel à la taille – en clair, plus la personne est grande, plus son pied l'est aussi. La voûte est intacte, la musculature est rigide, la plante des pieds est capitonnée, la surface de la peau est lisse et la transpiration est proportionnelle aux efforts fournis. Les personnes qui possèdent des pieds aussi parfaits peuvent s'estimer heureuses. Mais la plupart des gens n'ont pas cette chance.

Chez certains individus, les proportions du pied peuvent en effet s'écarter de la moyenne en raison de données anatomiques ou fonctionnelles. Les personnes très corpulentes possèdent en général des pieds plus larges que les autres ; les pieds des individus minces sont quant à eux plus étroits. Les pieds larges vont en général de pair avec un cou-de-pied assez haut, bien qu'il existe également des pieds très étroits au cou-de-pied relativement haut. Les proportions du pied peuvent se modifier au fil du temps : la pratique d'un sport énergique (course, escrime, football, tennis ou autre sport intensif) développe la musculature, le pied s'élargit et le cou-de-pied devient plus fort.

L'affaissement – à divers degrés – de la voûte plantaire constitue la déformation la plus courante. N'apparaissent dans un premier temps que des troubles fonctionnels – comme, par exemple, une sollicitation accrue des tendons et des ligaments. Mais avec le temps, cet affaissement progressif conduit irrémédiablement à l'apparition de « pieds plats ». Au lieu de la partie inférieure du talon, c'est la partie avant qui forme alors un pilier de soutien en s'abaissant vers la plante du pied – un processus qui a des répercussions sur l'ensemble de la voûte plantaire. Les pieds plats entraînent d'autres déformations, comme les orteils en marteau ou « griffes » (les articulations des phalanges se redressent et se recourbent selon un angle plus ou moins important) ou une déformations des éminences (l'angle que forment le gros orteil et son métatarsien se réduit considérablement). Ces déformations sont souvent accompagnées de durillons et de cors.

Une chaussure confectionnée avec soin ne fera pas disparaître de telles déformations, mais elle pourra apaiser les douleurs qu'elles occasionnent, voire les supprimer totalement.

Les pointures

Depuis le XVIIIe siècle, chaque cordonnier possède, pour définir la longueur d'une chaussure, un système de mesure qui lui est propre. Pour mettre fin à ces divergences régionales, les maîtres cordonniers d'un même pays mettent en place une cote unifiée (la pointure), donnant ainsi naissance aux points parisien, berlinois et viennois. Jusqu'à la fin du XIXe siècle, c'est-à-dire jusqu'aux débuts de la production massive de chaussures, une pointure indiquant la longueur de la chaussure n'est d'ailleurs pas d'une grande importance.

La pointure française

C'est sous Napoléon (début du XIXe siècle) que l'usage du point de Paris se répand en Europe ; il correspond à deux tiers de centimètre, soit 6,667 mm. Cette unité de mesure se révélant très vite trop grossière, on introduit alors des demi-pointures dans certains pays : la pointure 40,5, par exemple, correspond à environ 27 cm.

La pointure anglaise

Le système de mesure linéaire anglais est établi en 1324 sur ordre du roi Édouard II. Il stipule que trois grains d'orge posés l'un à côté de l'autre correspondent à un pouce (*inch*) (1 pouce = 2,54 cm) et que 12 pouces font un pied (*foot*) (1 pied = 30,48 cm). La cote unifiée des pointures anglaises (*size*) correspond donc à la longueur d'un grain d'orge, soit 1/3 pouce, c'est-à-dire 0,846 cm. Là aussi, l'unité de mesure se révèle vite trop grossière et les artisans sont contraints d'employer des demi-pointures : la demi-pointure anglaise correspond à 0,423 cm.

La pointure 1 est la première pointure de chaussures pour adultes du système anglais ; elle correspond à environ 22 cm, soit la pointure française 33. À ces 22 cm, (ou 8,66 pouces), on ajoute un tiers de pouce par pointure. La pointure française 42, par exemple, correspond à la pointure métrique 28, et à la pointure anglaise 8 (22 cm + (8 x 0,846) = 28,77cm). Les pointures de chaussures masculines les plus courantes vont de la pointure 5,5 (soit la pointure française 39) à la pointure 11 (qui correspond à la pointure française 46).

La dimension de la chaussure de gauche correspond à la pointure française 39, soit la pointure anglaise ou américaine 6, et la pointure métrique 26. La dimension de la chaussure de droite correspond à la pointure française 46, soit la pointure anglaise 11, la pointure américaine 11,5, et la pointure métrique 30.

La pointure américaine (USA)

Cette unité de mesure s'apparente sur le principe à l'unité britannique. Pourtant, la valeur de départ n'est pas la même : l'échelle américaine démarre 2,116 mm avant l'échelle anglaise. Chaque pointure américaine « commence » donc un peu plus tôt que son équivalent anglais.

La pointure métrique

On peut également utiliser le système métrique et son échelle de mesure pour définir la longueur d'un pied ou d'une chaussure. Cependant, dans la pratique, ce système est rarement employé pour définir la pointure.

Métrique	22	23	24	25	26	27	28	29	30	31	32	33	34	35	36							
Pointure française	33	34	35	36	37	38	39	40	41	42	43	44	45	46	47	48	49	50	51	52	53	54
Pointure anglaise	1	2	3	4	5	6	7	8	9	10	11	12	13	14	15	16	17					
	1 1/2	2 1/2	3 1/2	4 1/2	5 1/2	6 1/2	7 1/2	8 1/2	9 1/2	10 1/2	11 1/2	12 1/2	13 1/2	14 1/2	15 1/2	16 1/2	17 1/2					
Pointure américaine	1	2	3	4	5	6	7	8	9	10	11	12	13	14	15	16	17	18				
	1 1/2	2 1/2	3 1/2	4 1/2	5 1/2	6 1/2	7 1/2	8 1/2	9 1/2	10 1/2	11 1/2	12 1/2	13 1/2	14 1/2	15 1/2	16 1/2	17 1/2					

Ce tableau permet d'établir des comparaisons entre les différentes pointures.

Le tour de pied

Pour mesurer le tour de pied, le cordonnier utilise la face métrique du mètre à ruban. Pour déterminer le tour des éminences (« tour de doigts »), l'artisan pose le mètre sur les extrémités des éminences interne et externe, puis fait le tour du pied en passant sous la plante. Il monte ensuite 5 à 6 cm plus haut en direction de la cheville pour mesurer le tour du cou-de-pied (ou « cou-de-pied »). Après quoi, le cordonnier détermine le tour du talon ou « entrée ». L'entrée commence à la base du talon, au niveau de l'articulation, en passant au-dessous de la cheville. Si l'artisan doit confectionner des bottines ou des bottes, il lui faut en outre connaître le tour de cheville, laquelle se détermine en posant le mètre au-dessous de la cheville avant d'entourer la jambe. Il peut également mesurer le tour-de-jambe, en passant cette fois le mètre ruban au-dessus de la cheville.

Les mesures du tour de pied sont déterminées en centimètres –comme ici, pour la mesure du tour de doigts.

Numérotation des largeurs

Les mesures du tour de deux pieds de même longueur peuvent différer sensiblement selon leur ossature et leur musculature respectives. Déterminer et classer ces différentes mesures dans un tableau s'est vite avéré un impératif pour le cordonnier comme pour le formier. C'est ainsi qu'est née la numérotation des largeurs. Sur cette échelle, le chiffre 5 (E) correspond à un pied étroit, 6 (F) à un pied de largeur moyenne, 7 (G) à un pied assez large, et 8 (H) à un pied large et fort.

Étant donné que les mesures d'un pied de taille moyenne sont en général constantes, certaines longueurs vont de pair avec des largeurs bien déterminées. À partir de la pointure (qui indique la longueur du pied) et de la largeur correspondante, il est possible de calculer, grâce à des formules appropriées, le tour de doigts, le cou-de-pied, le tour de talon et le tour de cheville. Pour obtenir le tour de doigts, il suffit d'additionner la longueur et la largeur, puis de diviser le résultat ainsi obtenu par deux. Le tour de doigts d'un pied chaussant du 42 et dont le chiffre de la largeur est 6 sera donc de 24 cm. (La formule utilisée pour calculer le tour de doigts fait partie des plus simples. En raison de leur complexité, nous renonçons à décrire ici la composition des autres.)

Pointure (longueur) en *Size**	Tour de doigts en cm									
	A (1)	B (2)	C (3)	D (4)	E (5)	F (6)	G (7)	H (8)	I (9)	
5	19,50	20,00	20,50	21,00	21,50	22,00	22,50	23,00	23,50	Écart
6	20,10	20,60	21,10	21,60	22,10	22,60	23,10	23,60	24,10	Écart
7	20,65	21,15	21,65	22,15	22,65	23,15	23,65	24,15	24,65	de 0,5 cm
8	21,20	21,70	22,20	22,70	23,20	23,70	24,20	24,70	25,20	entre
9	21,70	22,20	22,70	23,20	23,70	24,20	24,70	25,20	25,70	chaque
10	22,25	22,75	23,25	23,75	24,25	24,75	25,25	25,75	26,25	numéro
11	22,75	23,25	23,75	24,25	24,75	25,25	25,75	26,25	26,75	de tour
12	23,30	23,80	24,30	24,80	25,30	25,80	26,30	26,80	27,30	de pied

Pointure française	Taille	Tour de doigts	Cou-de-pied	Tour de talon	Tour de cheville
	en cm				
39	26	22,5	23,3	32	22
40	26,7	23	24	32,7	22,5
41	27,3	23,5	24,5	33,3	23
42	28	24	25	34	23,5
43	28,7	24,5	25,5	34,7	24
44	29,3	25	26	35,3	24,5
45	30	25,5	26,5	36	25

À l'aide d'un mètre et de ces tableaux, toute personne ayant des pieds de longueur moyenne et une largeur équivalent au chiffre 6 (E) peut trouver sa pointure exacte. Les personnes dont les mesures concordent parfaitement ou ne présentent qu'un écart de 0,2 à 0,3 cm n'auront aucun problème à trouver des modèles confortables parmi les chaussures du prêt-à-porter. Si les écarts sont plus importants, il est en revanche conseillé de se faire faire des chaussures sur mesure pour obtenir un modèle qui corresponde vraiment à son pied.

Le pied : notre fiche signalétique

Les mesures prises par le cordonnier et l'empreinte du pied pourraient faire partie des divers documents permettant d'identifier une personne – empreintes digitales, carnet de santé, etc... Les données caractéristiques de nos pieds sont en effet tout aussi personnelles et révélatrices de notre identité que les crêtes papillaires du bout de nos doigts.

Au cours de la prise des mesures, les données relatives à nos deux pieds s'accumulent sur le registre en papier. Après avoir réalisé le contour du pied, le cordonnier inscrit les mesures des différentes circonférences dans le fichier ; il y note également toutes les particularités qui s'écartent de la norme et les points les plus critiques. À ces données, l'artisan ajoute en outre toutes les informations qu'il a pu recueillir lors de sa conversation avec le client, de la palpation du pied, de l'observation de sa démarche et de l'examen des anciennes chaussures du client. Si ce dernier porte des semelles orthopédiques pour soutenir la voûte plantaire, le cordonnier doit en définir l'épaisseur, la longueur et la hauteur pour en reporter les valeurs sur la feuille de mesures – car c'est sur la base de ces données qu'il devra élargir la chaussure dont il surélèvera également les parties latérales. Le cordonnier a également tout intérêt à savoir si son client souffre de douleurs internes – par exemple : troubles de la circulation, rhumatismes ou diabète. Il est recommandé aux personnes diabétiques de porter des modèles légers et à lacets, afin d'éviter tout effet secondaire dû à la maladie, comme le pied diabétique ou la présence de points d'appui enflammés.

Le client choisit alors le modèle, l'empeigne et la couleur de la chaussure en tenant compte des données spécifiques le concernant – ce choix est également inscrit dans le fichier du client. C'est sur la base du fichier de mesures, de l'empreinte du pied et des différents tracés que le formier confectionne la forme adéquate. Les mesures du pied ne changeant pas d'une année à l'autre – sauf si, par exemple, la personne prend beaucoup de poids en l'espace de quelques mois –, la forme peut être utilisée sur une longue période sans qu'il soit nécessaire de reprendre des mesures. Il est cependant conseillé de vérifier les mesures de la forme tous les 2 ou 3 ans.

A

B

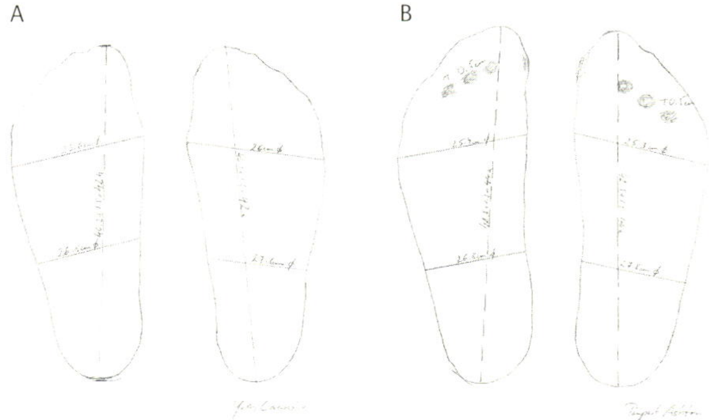

Les lignes, les numérotations et les ombres que comportent les croquis de ces contours de pieds montrent bien à quel point ces derniers sont propres à une personne. Ainsi, sur le croquis A, les largeurs des deux pieds sont supérieures à la moyenne, et le pied droit est plus grand que le pied gauche. Sur le croquis B, les ombres désignent les cors ; tandis que sur le croquis C, le pied droit fait du 40,5 et le gauche du 41,5. Les ombres noires désignent des éminences très développées.

C

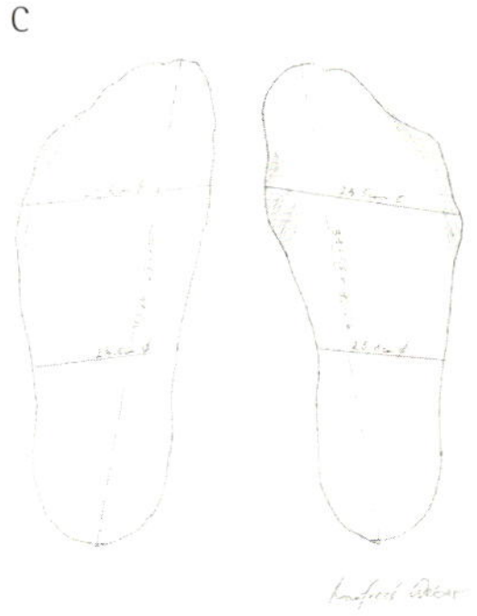

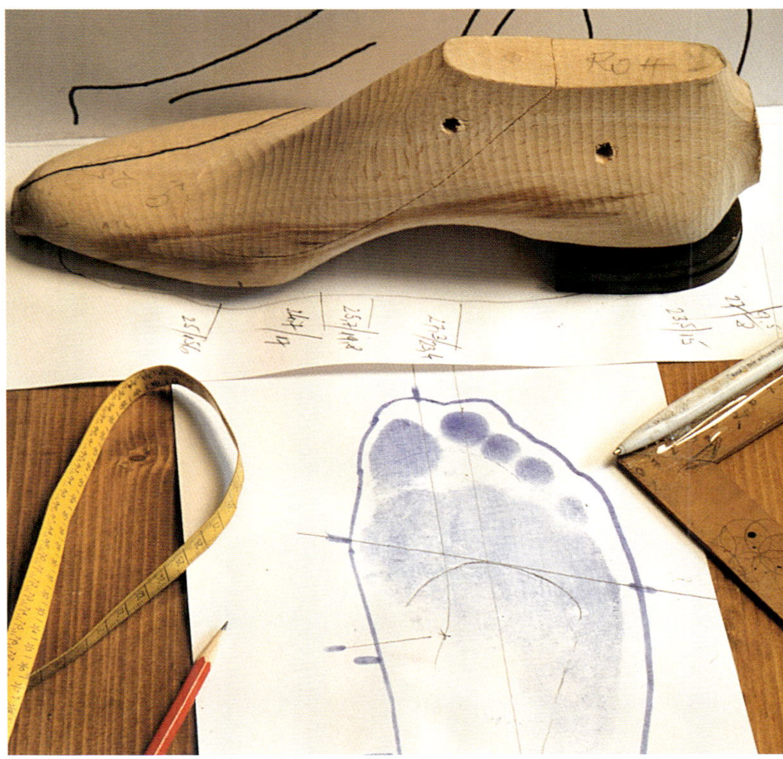

Les formes

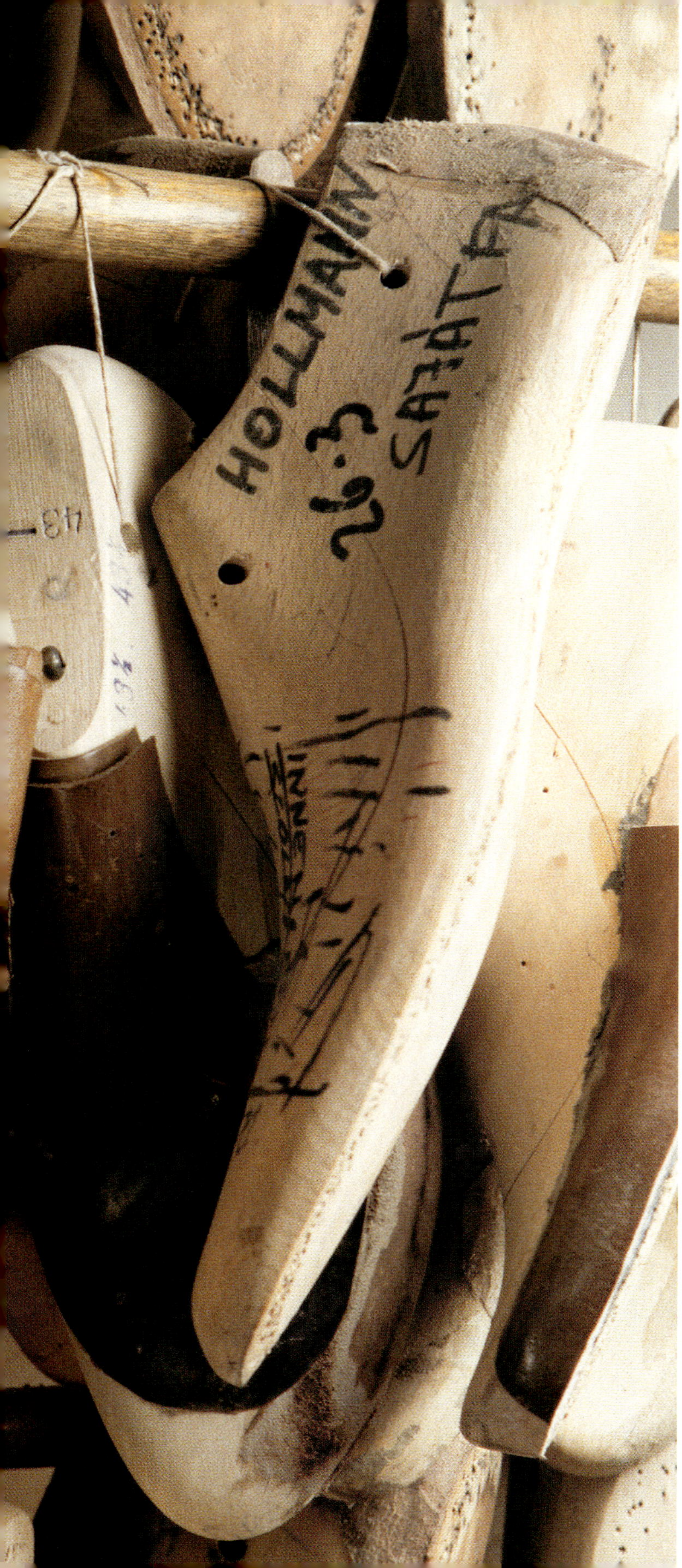

Pourquoi les formes ?

La forme est une reproduction en bois du pied humain. La première de ses fonctions est de remplacer celui-ci dans les dernières phases de la confection d'une paire de chaussures, c'est-à-dire d'offrir une base pour transformer une surface de cuir plane en un objet tridimensionnel.

Sa seconde utilité est de nous montrer l'évolution de la mode et de ses tendances, aussi bien qu'une collection de modèles. En matière de souliers pour hommes, il n'y a pas eu de changements radicaux au cours de ces cent dernières années : quelques modèles de base se différencient essentiellement par la forme de l'empeigne, par la coupe de la tige et par les éléments décoratifs. Quelques modèles de formes se sont donc répandus ; on les a désignés d'après le nom des modèles de chaussures, comme, par exemple, le budapest avec son bout rapporté montant sur le cou-de-pied.

Déterminant les dimensions intérieures et l'apparence extérieure de la chaussure, la forme est confectionnée d'après les mesures du pied, et ce, toujours par paire. Dans le chapitre précédent, nous avons déjà mentionné que le pied droit n'était jamais le reflet exact du pied gauche, que des différences de détails, ou d'importance, étaient possibles. Un bon formier repère les moindres divergences et les traduit plastiquement.

Il n'y a pratiquement plus de formiers au monde travaillant uniquement à la main et qui ne s'épargnent pas une partie de la peine en s'aidant de machines. Dans ce chapitre, nous allons étudier les différentes étapes de la confection des formes en prenant pour exemple un atelier unique en son genre qui utilise aujourd'hui encore des outils traditionnels et s'ingénie à fabriquer les formes parfaites sans lesquelles les chefs-d'œuvre des maîtres bottiers ne pourraient voir le jour.

La forme sur mesure est une reproduction simplifiée du pied du client confectionnée d'après les mesures de celui-ci. D'une part, elle remplace le pied durant le montage de la chaussure, d'autre part, elle possède les caractéristiques du modèle choisi.

La forme avant tout

L'outil le plus important et le symbole du cordonnier-bottier est la forme. Son origine est pratiquement aussi ancienne que celle de cet artisanat.

On retrouve dans l'Antiquité grecque et romaine les premiers vestiges de cet objet. Le philosophe grec Platon (428-347 av. J.-C.) raconte dans *Le Symposium* que Zeus a créé l'homme en associant deux pièces cousues à l'endroit du nombril. Après lui avoir lissé les rides, il lui emboîta la poitrine, et « ces deux opérations furent exécutées avec un outil semblable à celui utilisé par le cordonnier pour lisser le cuir sur la forme ».

Dans un autre registre, c'est l'écrivain latin Pline l'Ancien (23-79 ap. J.-C.) qui rapporte une discussion entre Apelle, le célèbre peintre grec dont seule la réputation nous est parvenue (actif entre 340-300 av. J.-C.) et un cordonnier. L'artiste avait coutume d'exposer sous le porche de sa demeure ses dernières œuvres à peine achevées, pour écouter, à la dérobée, les commentaires des gens du peuple car il les tenait pour meilleurs juges que lui-même. Il entendit ainsi un jour un cordonnier (*sutor*) remarquer qu'il manquait un œillet à une des chaussures du tableau. Le peintre corrigea son oubli en souriant. Encouragé par cette attitude, le cordonnier se permit alors de critiquer la jambe du personnage peint. Apelle lui rétorqua alors violemment : « *Ne supra crepidam sutor judicet !* » (Cordonnier, pas plus haut que la chaussure). Ce proverbe, longtemps resté en usage dans le monde romain, est encore utilisé couramment dans la langue allemande.

Les sandaliers grecs se servaient des formes pour lacer les lanières de leurs sandales, les savetiers romains pour coudre leurs chaussures fermées.

Ils optaient pour des formes différentes suivant le modèle et la taille de leurs articles. Ils les réalisaient déjà asymétriquement, c'est-à-dire qu'ils distinguaient le pied gauche et le pied droit. Chaque pied recevait donc sa forme ; on a même retrouvé des formes démontables, pour les bottes.

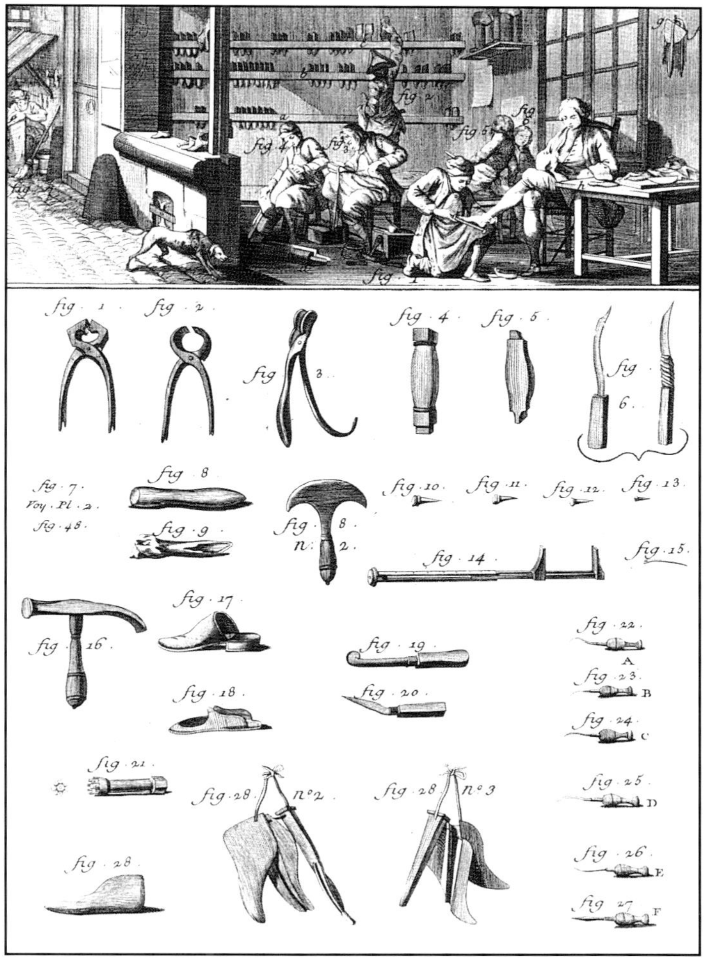

La forme est le principal outil du cordonnier. Nous voyons ici une gravure sur cuivre de Robert Benard illustrant l'*Encyclopédie ou Dictionnaire raisonné des sciences, des arts et des métiers* de Diderot et d'Alembert (1751-1781).

On distingue sur le fronton de la stèle funéraire du cordonnier C. Julius Helius (1re moitié du IIe siècle ap. J.-C.) deux formes ; celle de gauche est pourvue d'une sandale à lanières (musée du Capitole, Rome).

Les formes symétriques et les formes asymétriques

La science des formes, comme bien d'autres, s'est perdue durant le Moyen Âge. Il est plus que probable que, durant cette période, les cordonniers du nord de l'Europe se contentaient de coudre ensemble différentes pièces de cuir en essayant tant bien que mal de leur donner un certain volume. Ce n'est qu'au XVIe siècle qu'on voit les formes réapparaître au milieu d'autres outils dans de nombreux dessins, gravures et peintures. Le cordonnier-bottier dispose à nouveau, comme dans l'Antiquité, de toute une collection de formes ; il ne confectionne des pièces individuelles que pour des clients choisis ou pour des commandes spéciales. Dans un premier temps, on n'utilise qu'une plaque de bois assez épaisse présentant la forme d'une semelle, pourvue au talon de plaquettes superposées en gradins destinées à en faciliter l'extraction, une fois la chaussure cousue (*voir* dessin). Alors que pour les poulaines, moulantes et montant haut, le recours à des formes asymétriques a dû être nécessaire, le cordonnier de la fin du Moyen Âge fabrique encore ses larges brodequins (*voir* pages 56 et 57) sans tenir compte de la différence entre les deux pieds. Il exécute les deux chaussures sur la même forme, ce qui, on l'imagine aisément, doit être souverainement incommode pour la marche. Il n'est donc pas étonnant que les nobles aient eu l'habitude de faire porter leurs souliers durant six mois à leurs serviteurs pour les « casser ».

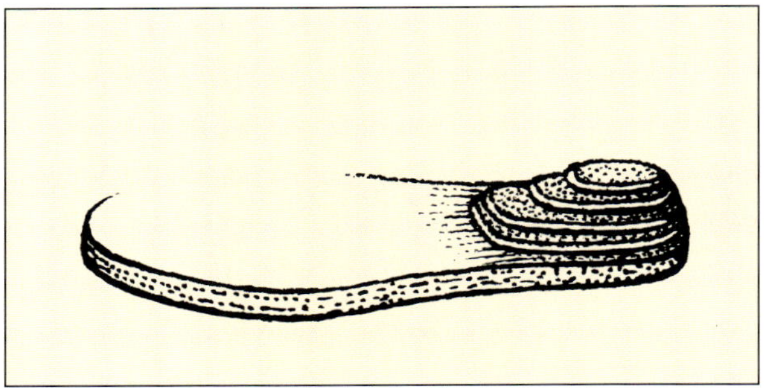

Forme avec plaquettes en escalier.

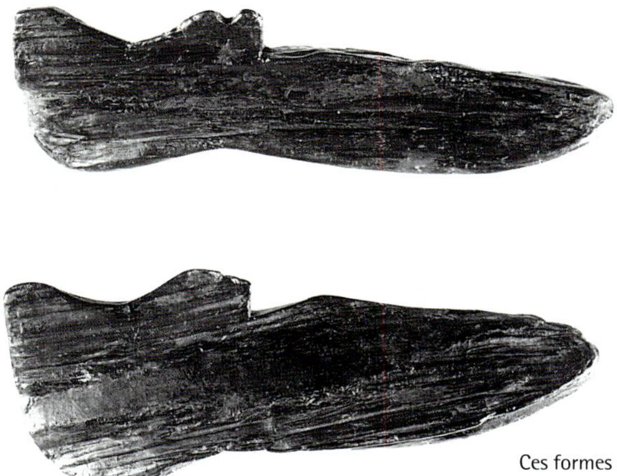

Ces formes originales sont des offrandes mortuaires (V^e-VIe siècles ap. J.-C.) trouvées dans des tombes près d'Oberflacht, en Allemagne (Württembergisches Landesmuseum, Stuttgart).

On « redécouvre » les formes asymétriques au début du XIXe siècle à la suite de la volonté héritée des Lumières (fin XVIIe siècle) de retourner à la nature et de retrouver l'homme originel. Selon les philosophes et les scientifiques tels que Locke, Rousseau, Hume ou Pestalozzi, c'est la raison qui gouverne les faits et gestes de l'homme. Suite à ces théories sont nés au sein de la société une conscience du corps ainsi qu'un désir de vie plus naturelle et plus saine qui s'est également traduit dans la mode. Des tentatives pratiques ont été faites en matière de chaussures militaires : on a tenté de les rendre plus confortables. Les cordonniers ont commencé à considérer la nature du pied et à étudier son anatomie – une matière importante dans la formation du cordonnier-bottier surtout depuis qu'au début du XXe siècle, les formes asymétriques se sont définitivement imposées.

En fait, depuis le XIXe siècle, le goût pour les chaussures confortables s'est sans cesse accru. La production de masse s'est développée, créant de nouvelles divisions du travail et une très nette raréfaction des artisans encore en exercice. Une des conséquences de l'industrialisation de la chaussure a été de reléguer l'artisan formier au rang d'exception et de curiosité.

Soulier à poulaine en cuir à laçage latéral ; il date de 1420 environ et contient une forme asymétrique en deux parties très originale (Musée de la chaussure Bally, Schönenwerd, Suisse).

Les formes confectionnées pour l'empereur d'Autriche François-Joseph Ier (1848-1916) sont précieusement conservées dans les ateliers Scheer, à Vienne.

La distinction en matière de formes entre le pied droit et le gauche se perd au cours du Moyen Âge. En ce temps-là, le cordonnier-bottier se contente d'une seule. Nous en présentons ici une plus récente réalisée par Ferenc Felbert à Köszeg, en Hongrie (1890-1920).

La matière première

La forme ne remplit son rôle à la perfection, c'est-à-dire ne permet de monter des chaussures de qualité, que si elle est faite dans le meilleur bois. Certaines pièces de la chaussure – comme le bout-dur ou le contrefort – ne peuvent être correctement « affichées » que sur un matériau suffisamment dur et cependant souple. Le seul réunissant tous ces critères est bien entendu le bois. Sa résistance aux écarts d'hygrométrie et de température, aux fortes pressions, aux coups de marteau et la possibilité d'y planter des clous le rendent incontournable. L'érable, le hêtre, le chêne, l'orme et le noyer remplissent ces conditions quoique les meilleurs et les plus prisés soient le hêtre rouge et le charme.

Les arbres dont le bois est destiné aux formes sont choisis en forêt par le formier. Il sait que les arbres qui poussent dans un terrain rocailleux sont toujours plus durs que ceux qui poussent dans des prairies et à proximité de rivières. Il surveille leur croissance durant des années et rejette ceux qui ne montent pas droit, qui sont attaqués par les vers ou les champignons, et privilégie ceux dont le diamètre atteint 30 à 40 cm. La croissance du hêtre rouge étant très lente, on doit attendre entre 80 et 100 ans avant qu'il atteigne cette taille. C'est alors seulement que l'on peut en tirer des formes de qualité. L'arbre choisi est abattu en période hivernale, en Europe entre novembre et février, quand la circulation de la sève est ralentie. Le bois sèche alors plus rapidement et sa résistance est plus forte.

Le hêtre commun (*fagus silvatica*), le principal feuillu d'Europe, croît sur les hauteurs jusqu'à 800 mètres. Il en existe diverses espèces telles que le hêtre rouge, le charme, l'ostrya. Son écorce prend des teintes gris-vert, son aubier est jaune très pâle alors que son cœur peut atteindre le rouge foncé. Facile à travailler, à polir, à étuver, il sèche lentement.

Le charme (*carpinus betulus*), de la famille des cupulifères, comme le hêtre, pousse également sur collines et les montagnes. Il aime également l'ombre mais est moins sensible aux conditions climatiques. Son écorce est fine, lisse, d'un gris mat avec de larges rayures claires. Aubier et cœur sont blancs, mais jaunissent au contact de l'air. Son tronc est élevé et cylindrique et se prête donc fort bien à l'exploitation forestière.

Le formier commande son bois deux ou trois ans à l'avance. Le tronc abattu en hiver est débité en rondins de 2 mètres de long puis entreposé à l'air libre durant plusieurs mois. Le bois a ainsi le temps de sécher, son taux d'humidité baisse de 50-60 % à 25-30 %.
Les rondins sont assez sensibles aux variations d'humidité et de température de l'air, et leur volume se modifie assez sensiblement. Il faut donc étudier avec soin la durée et les conditions de leur stockage. En cas de grosse chaleur ou d'exposition à un soleil éclatant, il peut arriver que le bois sèche trop rapidement et devienne dur et cassant comme du verre.

Le débitage

La scierie coupe les rondins en bûches de 30 à 32 cm de long, puis chaque bûche en quatre ou six morceaux égaux suivant le diamètre du tronc. Chaque morceau donnera une forme et devra être taillé dans le fil du bois.

Le débitage est fait rationnellement pour assurer la meilleure rentabilité : on taille les formes les plus grandes dans les tronc les plus épais. Cette opération terminée, chaque morceau est soumis à un examen attentif. Seul un bois totalement sain peut résister aux opérations de montage, aux coups de marteau, aux clous et aux variations hygrométriques. Le diamètre adéquat d'un tronc est de 35 à 50 cm. Le duramen – ou bois parfait – constitue le cœur du bois ; c'est un tissu plus foncé et encore spongieux dans les jeunes troncs, situé au centre du plan ligneux transversal, et qui servira a fabriquer les formes.

Le formier a dorénavant son œuvre terminée en tête. Il se fie à son coup d'œil et à sa longue expérience pour tailler à la scie ou plus traditionnellement au paroir chacun des morceaux qui vont devenir au fil des étapes des formes.

Le rondin de 2 mètres de long est scié en bûches d'environ 32 cm. L'écorce n'est enlevée qu'au cours de l'étape suivante.

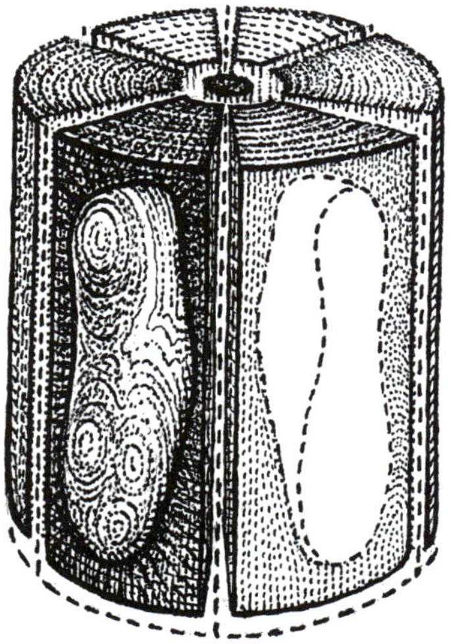

Le diamètre le plus rentable est de 35 à 50 cm.
On peut en tirer 4 à 6 formes.

Le résultat du débitage du tronc : des morceaux de bois dur qui servent à confectionner les formes.

L'étuvage et le séchage

Les blocs de bois de charme ou de hêtre sont disposés dans un cylindre où ils sont soumis à une pression de deux à trois atmosphères dans une vapeur à 120 °C. Cette opération a pour but d'éliminer l'eau restante, les acides et les champignons et de rendre le bois insensible aux variations d'humidité et de température. D'un bloc d'environ 0,5 kg, on parvient à extraire environ 200 g d'eau. Les fibres du bois deviennent plus résistantes et plus souples à la fois. Si l'on enfonce un clou dans un bois étuvé, les fibres se contractent, puis reprennent leur position d'origine quand on le retire.

On passe ensuite de la cire sur les extrémités des blocs pour que celles-ci ne se fendillent pas et que l'humidité résiduelle puisse s'évaporer par les flancs. On les laisse alors sécher naturellement pendant deux ans. Le degré d'humidité du bois baisse naturellement jusqu'à 16-18 % ; toutefois, pour les opérations qui vont suivre, un degré de 10 à 12 % est souhaitable. On y parvient en les entreposant durant près de trois semaines dans des séchoirs à air chaud ; on commence par insuffler de l'air à 20 °C, puis à 30-40 °C, et enfin à 50 °C. Le degré d'humidité du bois est constamment vérifié.

Ni le séchage naturel (dans une grange), ni le séchage artificiel ne peuvent être accélérés. Si, par exemple, on n'attend pas assez longtemps pour placer les blocs de bois dans le séchoir, la plupart se fendillent à l'intérieur ou se déforment et, dans tous les cas, perdent leur qualité essentielle, indispensable pour une forme : l'élasticité. Au terme d'un processus qui a duré plusieurs années, le bloc de bois est enfin prêt pour la confection d'une forme ; il est alors livré au formier.

Les blocs de bois recouverts partiellement de cire sont entreposés dans une grange à l'abri des intempéries. Ils sont disposés de telle manière que l'air puisse circuler entre chacun d'eux et assurer un taux d'hygrométrie moyen de 16 à 18°. Il faut environ deux ans de séchage lent pour que le degré d'humidité du bois s'abaisse jusqu'à cette valeur.

Le formier

Berta, l'entreprise de manufacture de formes et d'embauchoirs, fondée en 1870 à Pápa en Hongrie, est le fournisseur des meilleurs bottiers d'Angleterre, d'Autriche, de Hollande et d'Italie. Kálmán Berta fait partie des très rares spécialistes en la matière : « Mon père et mon grand-père étaient déjà formiers. La plupart de nos outils ont été transmis de père en fils, tout comme l'amour du métier. Mon grand-père Martón est allé en 1867 en Allemagne pour y apprendre la confection des formes. Il s'est rendu dans plusieurs villes pour enfin trouver à Pirmasens, dernière étape de son périple, un maître disposé à lui enseigner les secrets de son art. Il y a travaillé plus de deux ans. Pirmasens était à l'époque un des hauts lieux de la fabrication de chaussures. La fontaine de la place du château s'ornait déjà de la statue du cordonnier Joss tenant une chaussure de la main gauche et un marteau à rabattre, de la main droite.

Mon grand-père exécutait encore des formes symétriques à partir d'un gabarit en papier. Après avoir présenté son chef-d'œuvre aux jurés de sa corporation et passé son examen, il retourna en Hongrie. Et c'est là qu'il a fondé son atelier, il y a 125 ans. Il a construit une machine à transmission par câble facilitant quelque peu le travail de taille. Elle a servi jusqu'en 1911, quand il s'est décidé à acheter à Vienne une machine à copier et un rabot mécanique, à la pointe de la technique de l'époque.

Je me souviens que dans les années 1930, les formes fabriquées dans notre atelier étaient encore vendues par des membres de la famille. Hormis les mois d'hiver, un marché se tenait toutes les semaines ou tous les quinze jours au *komitat*, le plus grand centre administratif hongrois ; on y trouvait de tout : souliers, formes, vêtements et autres articles d'usage courant. Les jours de marché, donc, nous chargions avant l'aube les formes sur une charrette tirée par un cheval et nous allions les vendre aux cordonniers.

Dès l'enfance, j'ai appris les ficelles du métier auprès de mon père et de mon grand-père. En tâtant simplement le bois, un bon formier devine le sens des fibres, détermine où il doit placer la scie ou le ciseau pour prélever exactement le morceau désiré ; il sait comment tirer du tronc un article de bonne facture. Ses mains procurent une « âme » à la forme.

Le formier et le cordonnier-bottier parlent la même langue ; ils sont chacun au fait de la technique de l'autre. Le second est conscient que de belles et bonnes chaussures ne peuvent se monter que sur des formes bien faites. Le premier, quant à lui, doit avoir en tête le modèle de chaussure à réaliser. À plus de soixante ans, mon cœur bat toujours encore plus fort lorsque je prends le paroir en main pour créer un nouveau modèle de forme. »

Le cordonnier Joss passe pour l'un des pères de l'industrie de la chaussure à Pirmasens, en Allemagne. Sa statue surmonte une fontaine située dans la zone piétonnière de la ville et en constitue l'emblème. Dans sa main gauche, il tient une chaussure et, dans la droite, un marteau à rabattre.

Fabrication manuelle des formes sur mesure

Dans l'atelier d'un formier, on trouve nombre d'outils en usage depuis plus d'un siècle ; deux de ceux que l'on voit ici chez Kálmán Bertas sont dignes de figurer dans un musée. Le premier est un paroir, c'est-à-dire une longue lame qui permet de sculpter la pièce de bois. Accrochée par une de ses extrémités au plan de travail, elle peut se mouvoir tant horizontalement que verticalement.

À l'aide du relevé du contour du pied, on dessine sur l'une des faces du bloc dégrossi les limites de la semelle première ou, simplement, « première ». On scie ensuite les deux extrémités enduites de cire puis on commence par dégrossir à la hachette.

On dispose le morceau de bois sur l'établi de manière à rendre l'angle d'attaque du paroir le plus efficace possible. On presse alors fortement vers le bas avec la poignée pour retirer, copeau par copeau, la matière à l'endroit voulu. Dès cette opération, on prend garde au patronage, c'est-à-dire au modèle et aux mensurations (longueur et largeur).

On sculpte à la gouge et à la râpe les modelés du pied et on élimine en même temps les traces et les inégalités des outils de dégrossissage. Après avoir pris les mesures précises, on procède à la finition avec du papier de verre, d'abord gros puis fin, pour obtenir une surface parfaitement lisse.

Préparation à la machine des formes sur mesure

Sur la base d'un gabarit (au fond), le formier commence par réaliser une copie grossière à l'aide d'une fraise assez grande.

La fabrication à la main des formes demandant beaucoup de temps et d'efforts, on utilise de nos jours de préférence la machine à copier. Un Américain, Thomas Blanchard, invente ce tour permettant de reproduire un volume irrégulier – crosse de fusils, sabot ou forme – et le fait breveter, dès 1819, dans l'État du Massachusetts aux USA. Cette innovation permettra de réaliser d'abord les formes symétriques, puis asymétriques. Vers les années 1920, les premiers tours à reproduire des formes asymétriques apparaissent sur le marché. Les machines actuelles sont capables d'exécuter une paire de formes en 5 à 6 minutes seulement.

Par exemple, si les mensurations du pied d'un client indiquent une pointure 42 et un tour de doigts moyen, mais un cou-de-pied plus fort que la moyenne, on choisit un gabarit de taille 43 avec un tour de pied de valeur 7. Si la longueur des deux pieds est différente, mais si le pied gauche a la pointure 42 et le pied droit la pointure 42,5, on prend pour le premier un gabarit de taille 42 et, pour l'autre, un gabarit de taille 43. Dans le premier exemple, il est possible d'exécuter les deux formes, droite et gauche, en même temps ; dans le second cas, cela n'est pas possible.

Copie grossière

On positionne sur le tour à copier deux morceaux de bois préalablement étuvés, séchés et enduits de cire pour réaliser en même temps les formes droite et gauche. Un système de palpeur suit automatiquement le gabarit et guide la fraise. Les deux morceaux de bois tournent en sens inverse, ce qui leur donne un profil asymétrique. On voit ici la fraise réaliser une copie grossière.

Copie fine

Lorsque le formier règle la machine pour une copie fine, le profil des courbes est d'une précision millimétrique. La fraise est remplacée par un disque ponceur qui commence par éliminer les cannelures laissées par celle-ci ; il ponce ensuite en plusieurs passages, de la pointe au talon, et enlève à chaque passage une fine épaisseur jusqu'à obtenir le relief exact du gabarit. Les tours modernes sont capables de percevoir et de reproduire des écarts infimes.

Dernières finitions

Le formier scie aux deux extrémités les tenons qui permettaient de fixer la forme sur les griffes du tour. Il perce ensuite dans le tiers supérieur deux trous horizontaux (illustration en haut à gauche) qui en faciliteront l'extraction une fois la chaussure terminée. Dans le même but, il scie ensuite selon une ligne incurvée une partie du cou-de-pied (illustration en haut à droite). Cette pièce doit absolument rester à sa place lors du montage de la chaussure, c'est pourquoi il la fixe par une goupille dans un trou oblique reliant l'assemblage (illustration en bas à gauche).

Déjà, dans la Rome antique, on utilisait des formes en deux parties pour pouvoir les extraire de la chaussure une fois celle-ci terminée. Nous voyons ici une forme (environ IIe siècle ap. J.-C.) provenant de Rottweil, en Allemagne (Württembergisches Landesmuseum, Stuttgart).

Les formes sur mesure

La méthode par ablation

Il existe deux méthodes pour exécuter des formes sur mesure à partir des formes brutes : pour la première, afin d'obtenir la forme définitive, on enlève de la matière, tandis que pour la seconde, on en rajoute. Dans le premier cas, les formes brutes sont toujours un peu trop grandes. Si le pied est plus fin, ou le cou-de-pied plus plat que la moyenne, le cordonnier-bottier enlève le superflu à la râpe, puis au papier de verre de plus en plus fin, jusqu'à parvenir aux dimensions exactes du pied du client.

La forme terminée, on la laisse légèrement rugueuse pour éviter que le cuir ne glisse sur la surface lors du montage.

La méthode par adjonction

Cette méthode remonte à une tradition très ancienne. Les corrections sont dans ce cas également effectuées à partir des mensurations du client. Les endroits essentiels où le bottier doit la plupart du temps apporter des modifications sont : le contour du pied, les éminences, le gros orteil, le cou-de-pied et le talon. Il est très rare qu'à ces endroits précis, le pied soit plus petit que la moyenne. Au contraire, il n'est pas rare que le pied soit plus large, le cou-de-pied plus fort, le gros orteil ou le talon plus épais. Cette méthode consiste à ajouter des épaisseurs de cuir aux endroits voulus, en fonction des mensurations du client.

Dans la méthode par ablation, le cordonnier-bottier enlève la matière superflue à la râpe, d'abord grossière, puis fine.

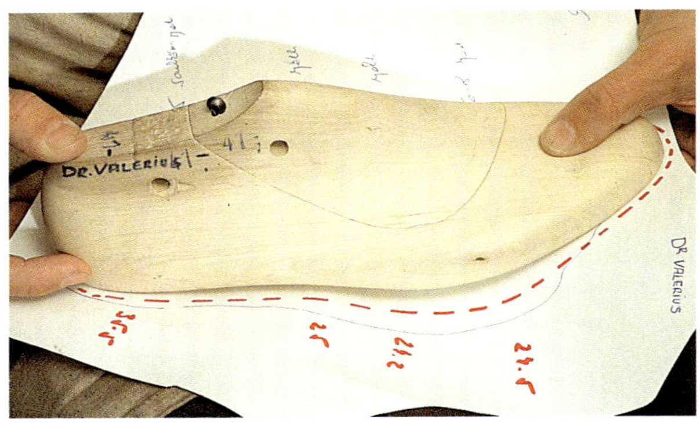

La longueur des formes est vérifiée sur la fiche du client.

Les bords des morceaux de cuir sont parés.

Les pièces de cuir sont collées aux endroits adéquats.

Les dimensions sont vérifiées à plusieurs reprises.

Les formes rectifiées

Le cordonnier-bottier peut parfaitement monter des chaussures sur mesure sur des formes exécutées selon la méthode par adjonction, c'est-à-dire pourvues de morceaux de cuir aux endroits nécessaires. Toutefois, il est possible que ces pièces tombent et se perdent lors du montage. Il est donc plus sûr, si le client a l'intention de commander plusieurs paires de chaussures, d'exécuter des formes définitives en prenant pour gabarit celles exécutées par adjonction.

On les renvoie donc à l'atelier du formier pour qu'il s'en serve de gabarit et en exécute une paire qui sera entièrement en bois, sans rajouts de cuir. La copie grossière puis fine – cette dernière ne durant que quelques minutes – procure alors des parfaites formes sur mesure du modèle désiré.

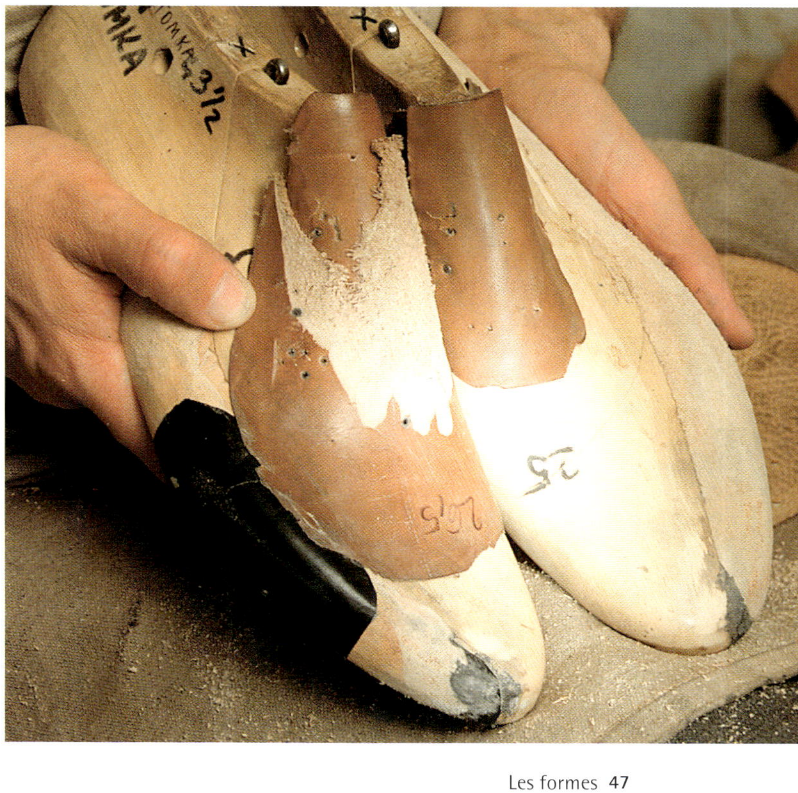

Les formes pourvues d'empiècements de cuir servent de gabarit pour la confection des formes définitives, reproductions parfaites des pieds du client.

Différents types de formes sur mesure

Les formes allemandes se caractérisent par un fort cou-de-pied.

La forme allemande possède de plus un bout ovale.

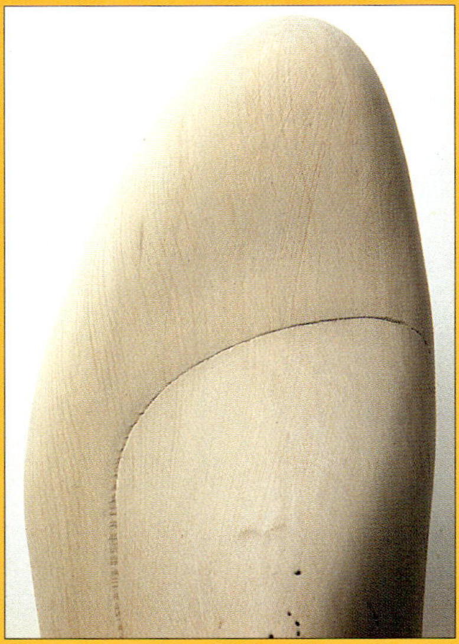

Le type viennois en forme de banane possède une voûte plantaire légèrement affaissée.

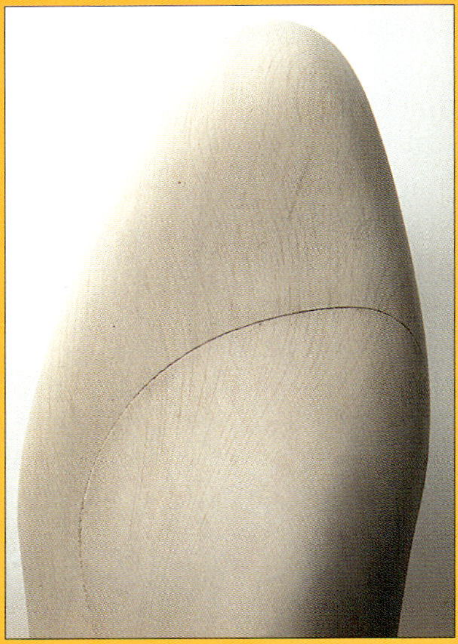

La forme italienne se signale par son bout relativement plat.

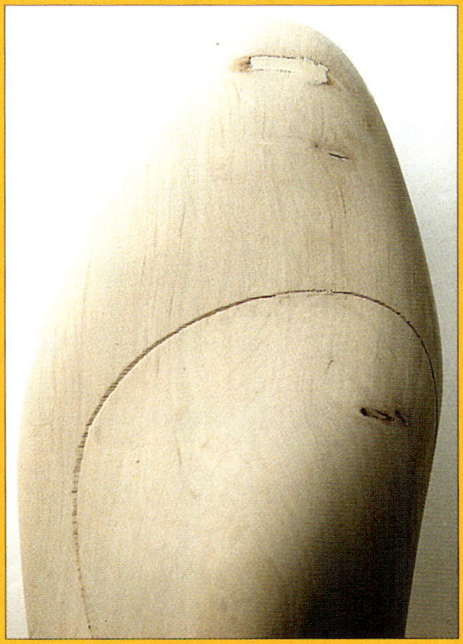

La forme de type autrichien se caractérise par ses courbes moyennement galbées.

La forme de type budapest possède un bout très haut.

La forme anglaise se distingue par un bout assez carré.

L'heure de vérité pour les formes

Il appartient au bottier de choisir le type de forme qui convient à son client. Bien que tous les modèles de chaussures puissent être montés sur tous les types de formes, la coutume veut qu'un derby se fasse plutôt sur une forme allemande ou budapest et que, pour un richelieu, on préfère une forme anglaise. La forme sur mesure possède à la fois les caractéristiques de son type, celles du modèle choisi et la plastique du pied du client.

On ne peut monter des souliers parfaits que sur des formes parfaites. La plupart des ateliers des grandes maisons continuent de confectionner des chaussures d'essai – un surplus de travail coûteux – pour diminuer le risque de décevoir le client en lui présentant une paire qui ne lui va pas et, en plus, de gâcher des matériaux d'excellente qualité et du temps de travail. On utilise pour ce faire des cuirs de qualité moyenne en simplifiant quelque peu les différentes étapes de la confection que nous allons voir dans les chapitres suivants. Si cette paire d'essai se révèle confortable, c'est que le formier a fait de l'excellent travail. Si quelques problèmes subsistent, il est encore temps de corriger les formes. Le bottier indique alors sur la forme les endroits qu'il faut modifier. Les chaussures d'essai ont alors rempli leur rôle : elles deviennent inutiles.

La conservation des formes

On peut utiliser une forme sur mesure durant de longues années. On y inscrit le nom du client et on l'entrepose dans un endroit où température et degré d'hygrométrie sont contrôlés pour conserver au bois son galbe et son élasticité. À chaque nouvelle commande, le bottier peut ainsi confectionner une nouvelle paire de chaussures parfaitement adaptées.

Au bout de deux à trois ans, pourtant, il est recommandé de vérifier les dimensions de la forme. Les mesures du pied peuvent elles aussi s'être modifiées pour quelque raison que ce soit : perte ou prise de poids, pratique intensive d'un sport, maladie, déformation due à l'âge, etc. Il faut alors reprendre les mesures et corriger les formes en conséquence. Si aucune modification n'est constatée, le bottier peut continuer à se servir de ces formes.

Si toutefois le client se décide pour un nouveau modèle, il faut alors malgré tout confectionner d'autres formes.

La maison Lobb conserve plus de 16 000 formes dans ses entrepôts. On y trouve celles de personnalités éminentes comme Fred Astaire, Enrico Caruso, Fedor Chaliapine, Andrew Carnegie, Bernard Oppenheimer et Joseph Pulitzer.

Les modèles

« C'est la chaussure qui fait l'homme »

Des peintures rupestres espagnoles datant de la période comprise entre 15 000 et 12 000 ans avant notre ère attestent que, très tôt, l'homme a ressenti le besoin de protéger ses pieds contre les intempéries. Les formes de la chaussure primitive s'apparentaient à une simple enveloppe de peau de bête, ou à une sandale rudimentaire en raphia, en feuilles de palmier ou en bois. Mais ce besoin de protection ne tarda pas à susciter l'envie de se servir de la chaussure pour afficher sa personnalité. Plus la notoriété d'un homme était grande, plus ses chaussures étaient décorées et originales. L'appartenance à un groupe social se manifestait souvent par telle ou telle forme (type de chaussure et ornements bien précis). C'est ainsi qu'apparurent les balbutiements de la mode.

Dans l'Égypte ancienne, le port de sandales argentées ou ornées de pierres était l'apanage des grands prêtres et des souverains, un privilège associé à une importante fonction à la cour du pharaon. Dès la 1re dynastie (2850-2660 av. J.-C.), un homme surveillait les précieuses sandales des dignitaires dans les lieux saints où l'on ne pénétrait que nu-pieds. À l'occasion de certaines cérémonies, il suivait leur propriétaire en les portant sur un coussin ; cette fonction perdurera jusqu'aux temps modernes.

Lors des solennités, Jules César optait pour les bottes dorées ; Néron quant à lui, préférait les sandales argentées. Charlemagne portait des chaussures incrustées de pierres précieuses pendant les grandes cérémonies, tandis que son fils, Louis le Pieux, pensait que seules les bottes argentées étaient dignes de son rang. Jusqu'au XIXe siècle, les chaussures richement décorées étaient réservées aux plus fortunés, et des règles très strictes prescrivaient les ornements selon la position de l'individu dans la hiérarchie sociale. La petite noblesse et les négociants se chaussaient de modèles beaucoup plus simples ; quant aux pauvres, ils ne possédaient que des brodequins, des sabots, ou ils marchaient nu-pieds.

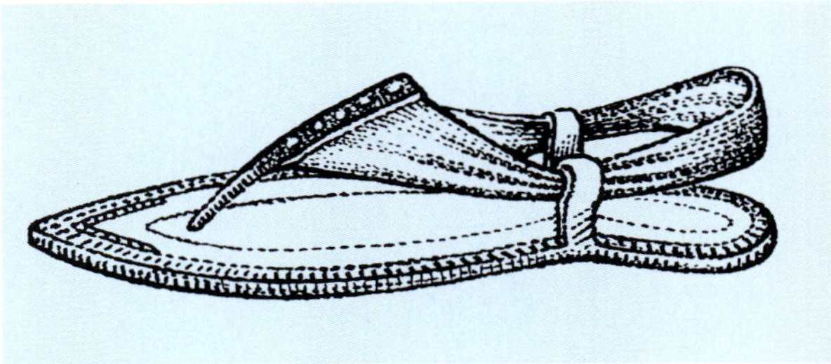

Les sandales en feuilles de palmier (Thèbes, Haute-Égypte, 1400-1250 av. J.-C.) répondent aux exigences élémentaires d'une chaussure : une semelle, tenue sur le pied par une bride, le protège quand on marche dans le sable ou sur des cailloux.

La sandale argentée de la période byzantine, découverte dans un tombeau égyptien, ressemble à sa cousine en feuilles de palmier. Malgré la simplicité de la forme, le matériau précieux et la richesse du décor montrent que, dès le VIe siècle av. J.-C., la chaussure était un signe extérieur de richesse et de notoriété (Musée Bally de la chaussure, Schönenwerd).

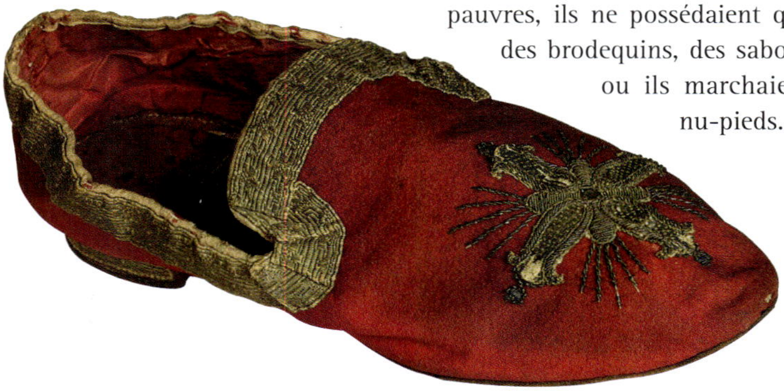

Le rouge et la croix grecque brodée de fils d'or indiquent que cette pantoufle était celle d'un ecclésiastique : « Portatur a sss Patre Pius VI to ». L'inscription sur la semelle intérieure signale qu'elle appartenait au pape Pie VI (1775-1779) (Bayerisches Nationalmuseum, Munich).

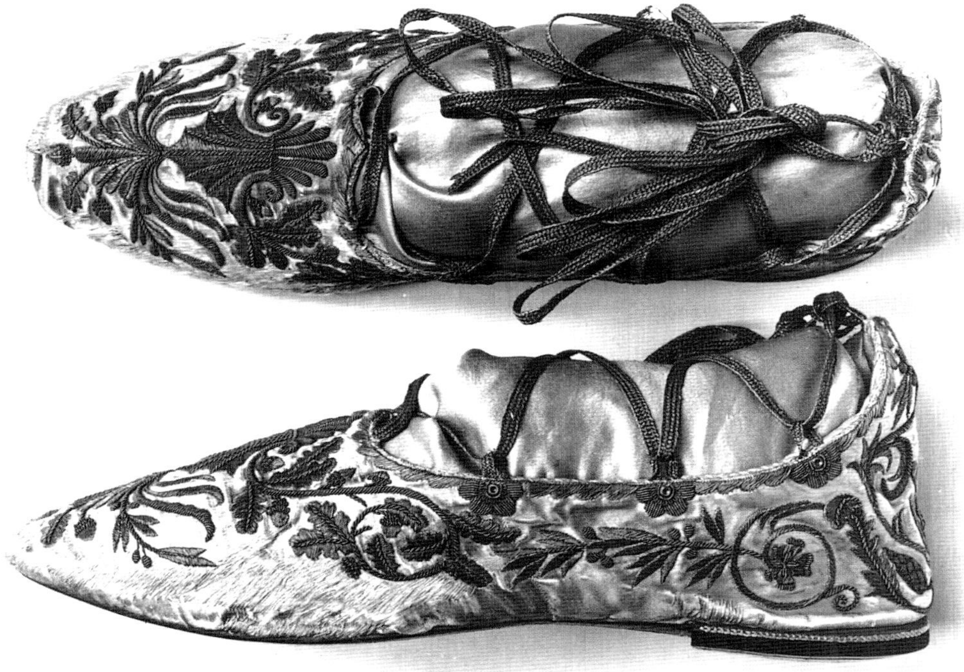

Pour son couronnement, en 1804, Napoléon Ier (1769-1821) portait de simples escarpins plats. D'après les témoignages, l'empereur avait signalé sa supériorité au pape en lui prenant la couronne des mains pour s'en ceindre lui-même la tête. Par ailleurs, ses chaussures plus richement décorées que celles du souverain pontife peuvent être interprétées comme une autre marque de supériorité (anciennement au cabinet des costumes de la Sächsische Landesbibliothek, Dresde, disparu pendant la Seconde Guerre mondiale).

Les ouvriers essayaient aussi de protéger au mieux leurs pieds. Ils confectionnaient de simples souliers en matériaux durs et robustes. *Les Casseurs de pierres* (1849) de Gustave Courbet témoigne avec fidélité de la rudesse de la vie quotidienne (jadis à la Gemäldegalerie de Dresde, disparu pendant la Seconde Guerre mondiale).

Le pied et la mode

Très tôt, la botte joua un rôle majeur dans la mode masculine. Pourtant, on verra apparaître, au cours de l'histoire, différentes formes de chaussures basses qui, à l'instar des chaussures de femme, subiront des transformations souvent aussi imprévisibles que radicales. Aux XIIe et XIIIe siècles, une mode se répand dans l'Europe entière tel un raz-de-marée. Les croisés y introduisent la variante moderne de l'ancienne babouche des Assyriens et des Étrusques : la poulaine à la pointe démesurément allongée, qui s'inspire d'une chaussure pointue connue depuis la fin de l'Antiquité (Ve et VIe siècles ap. J.-C.). On lui ajoute un patin en bois qui lui donne de la tenue et permet de marcher dans la rue en gardant les pieds au sec. Avec le temps, la pointe de cette chaussure, principalement réservée aux courtisans et aux riches négociants, s'allonge démesurément car chacun affiche ainsi son rang social ; de plus, par sa taille exagérée, la pointe de la poulaine porte une forte connotation phallique particulièrement marquée. Aucune chaussure n'aura jamais suscité autant de scandales, tant et si bien qu'il faudra une bulle papale pour que la longueur de la poulaine revienne à une dimension convenable. Au XIVe siècle, une ordonnance royale de Philippe IV le Bel, autorise les ducs à porter des poulaines dont la pointe fait deux fois et demie la longueur du pied, cette proportion se réduira à deux fois pour la haute noblesse et à la moitié pour les chevaliers. Puis, en 1436, le roi Édouard IV d'Angleterre édicte la loi suivante : « Aucun seigneur d'un rang inférieur à celui d'un lord ne saurait porter des chaussures ou des bottes dont la pointe dépassera deux pouces ; tout contrevenant paiera au roi une amende de trois shillings et quatre pence pour chaque infraction. »

Cette estampe d'Israhel von Meckenems, datant du XVe siècle, traduit bien le message sexuel attaché à la poulaine (Staatliche Graphische Sammlung, Munich).

Vers 1500, dans le sillage de la Renaissance et de la montée de la bourgeoisie citadine, une chaussure large et de forme plus sobre se répand dans toutes les couches sociales. Comme pour la poulaine, cette tendance, qui va à contre-courant de la mode courtoise, donnera lieu à toutes les excentricités. La chaussure du riche bourgeois est épatée et ronde. Elle suscite, elle aussi, les railleries et prend les noms les plus divers, (pied d'ours, bec de cane). Mais en dépit de leur forme presque rectangulaire, elles sont bien plus inconfortables que la poulaine, car inadaptées à la morphologie du pied. Qui plus est, ces pieds d'ours réalisés avec plusieurs couches de cuir dur présentent parfois deux protubérances en forme de corne à leur extrémité, ce qui les empêchent d'épouser le mouvement du pied. La caractéristique la plus frappante de cette chaussure de la Renaissance est un crevé qui va jusqu'aux orteils et laisse voir la blancheur d'un bas. À partir de 1565, les chaussures espagnoles, hautes en couleur, envahissent l'Europe et la souplesse du matériau procure de nouveau un certain confort.

Durant la période baroque, les hommes préfèrent les matériaux particulièrement fins (cuir ou brocart) et les modèles à très hauts talons (*voir* page 162), avec une profusion de rubans, de grosses boucles, des broderies ou des pierres précieuses. Le rococo qui, en France, s'épanouit sous le règne de Louis XV (1715-1774), remplacera l'aspect pompeux du baroque et donnera la préférence à des modèles plus raffinés et plus élégants. Certes, l'art et la mode de cette époque restent encore subordonnés à la tradition courtisane, mais on y décèle déjà quelques tendances annonçant la culture bourgeoise.

Un patin en bois (XVe siècle) protège la poulaine des souillures et la maintient pendant la marche (Bayerisches Nationalmuseum, Munich).

Avec son bout présentant une partie saillante, le bec de cane suit difficilement les mouvements du pied (Bayerisches Nationalmuseum, Munich).

Les guerres qui marqueront le XVIIIe siècle (guerre de la Succession d'Espagne, guerres contre les Turcs, guerre de Sécession aux États-Unis et Révolution française, pour n'en citer que quelques-unes) confèrent à la botte une notoriété nouvelle. Outre les élégants modèles en cuir souple des courtisans, si étroits qu'il faut plonger ses pieds dans l'eau avant de les enfiler avec l'aide d'un valet de chambre, les bottes robustes à haute tige s'imposent et chausseront toutes les armées jusqu'à la fin du XVIIIe siècle.

L'esprit qui prédomine dans la mode masculine actuelle naît à l'époque de la Révolution française (1789-1799) dans le sillage de l'émancipation de la bourgeoisie. La mode bourgeoise exprime deux des grands principes de la Révolution : égalité et fraternité. Désormais, les hommes renoncent aux parures voyantes. Formes et couleurs se font discrètes. Le talon disparaît. L'historien et philosophe Hippolyte Taine (1828-1893) émet la thèse que l'invention du pantalon, qui couvre les chevilles, compte parmi les événements majeurs de l'histoire européenne, puisqu'elle marque l'avènement de l'homme civilisé. Mais il faut aussi ajouter qu'il est également à l'origine d'un grand classique actuel, la chaussure basse, qui, de toute évidence, convient mieux à ce type de vêtement.

Louis XIV (1638-1715), le Roi-Soleil, porte des chaussures richement décorées (Bibliothèque Nationale, Paris).

Au début du XIXe siècle, la période romantique et la Restauration connaissent un regain d'intérêt pour les chaussures agrémentées de rubans et autres ornements empruntés à l'Ancien Régime. Puis, à partir du milieu du siècle, la mode masculine ne change qu'occasionnellement et la chaussure basse classique reste la forme dominante.

Les nouveaux modèles de bottes et de chaussures n'ont leur place que dans les milieux mondains et sont portés par des personnages en vue qui font et défont les modes, ou par les militaires (notamment la botte Wellington ou le derby, *voir* page 62). La bottine, qui apparaît alors, commence par s'imposer chez les hommes. Un phénomène que l'on doit à l'Anglais George Bryan Brummel (1781-1840), un grand homme de la mode, plus connu sous le nom de Beau Brummel, qui préférait les couleurs neutres et accordait une grande valeur à la perfection de la coupe. Comme Brummel portait des bottines lacées avec des pantalons étroits, la population masculine britannique, mais aussi les hommes du continent et d'outre-mer le prendront pour modèle jusqu'au XXe siècle – parmi ses admirateurs, on comptera le Prince de Galles et le roi George IV d'Angleterre.

La plupart des grands classiques d'aujourd'hui sont apparus pour répondre à un besoin de confort et d'élégance. Et ce sont surtout les grands maîtres bottiers de Paris, Londres, Munich, Vienne et Budapest qui ont contribué à imposer cette mode traditionaliste.

Le musicien, qui accompagne les danseurs sur ce tableau (1568) de Pieter Brueghel l'Ancien, porte les chaussures larges à la mode de l'époque et des bas blancs (Kunsthistorisches Museum, Vienne).

Les grands classiques de la mode masculine

Les modèles, considérés aujourd'hui comme des grands classiques, sont le fruit de la concurrence qui mobilisa les grands maîtres bottiers européens entre 1880 et 1889. Grâce à leur talent, les chausseurs de Londres, Paris, Munich, Vienne et Budapest ont acquis une réputation mondiale.

Chaque modèle de chaussure se définit en fonction de sa façon et de son montage. Ils se répartissent en plusieurs grands groupes désignés par leur mode de fermeture : la chaussure lacée (fermée ou à rabats), la chaussure à boucle et le loafer. La chaussure fermée de type richelieu, comporte des quartiers (pièces latérales) cousus sous l'empeigne qui se ferment avec des lacets recouvrant une languette également cousue. Dans le cas du derby, les pattes de fermetures sont externes et cachent en partie l'empeigne qui se prolonge par une languette. Le nombre d'éléments composant l'extérieur de la chaussure est également un critère important. Ainsi, la chaussure la plus élémentaire, le loafer, est faite d'une seule pièce de cuir. Les modèles originaires de Budapest présentent quant à eux une empeigne, des quartiers et un contrefort au talon. L'empeigne peut être constituée de plusieurs parties, avoir un bout droit ou de style golf. Le troisième critère de distinction est l'absence ou la présence de perforations (brogueings) fréquentes sur les chaussures masculines depuis la fin du siècle dernier.

Même si l'on compte moins d'une douzaine de types classiques, ils ont donné naissance à d'innombrables modèles. Le styliste qui crée une chaussure s'inspire toujours de l'une de ces catégories traditionnelles, et sa créativité s'exprime dans le travail de la partie supérieure. Il imagine une ligne, il réfléchit sur l'harmonie entre les éléments, conçoit un décor (brogueings, piqûres, dentelures ou garniture), il choisit les teintes et les textures et suggère des combinaisons.

Tandis que les chausseurs du monde entier s'accordent pour désigner les principaux types, chaque atelier donne aux innombrables variantes d'un modèle un nom qui lui est propre. Les pages 60 à 85 présentent une sélection de modèles sortis d'ateliers célèbres.

L' A B C
du richelieu
et du derby

Richelieu à bout droit lisse

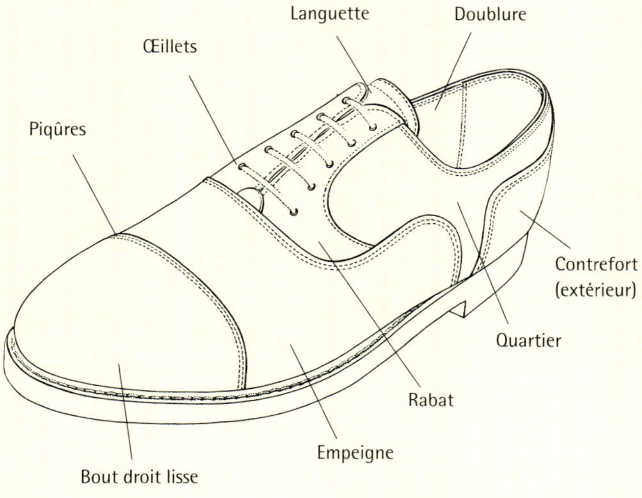

Derby à bout golf fleuri

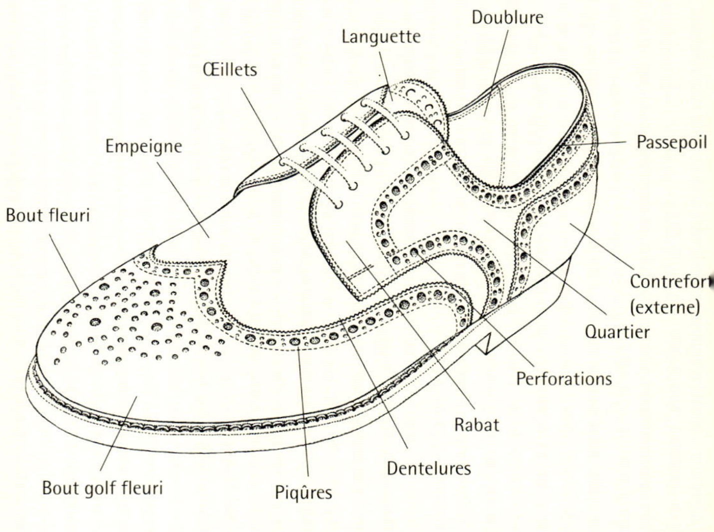

Le bout droit et le bout golf fleuris

Au début, le richelieu et le derby ne présentaient aucun ornement. Puis les bottiers commencèrent à agrémenter d'ornements fantaisie les chaussures sobres et classiques que portaient les hommes. Or, à l'origine, la chaussure à motifs perforés fut inventée par les paysans irlandais qui perçaient le bout et les côtés de leurs robustes galoches pour qu'elles sèchent plus vite après avoir été détrempées par les sols marécageux et humides. Le terme « brogue » qui lui fut attribuer signifie « perforations ». Le brogue est en quelque sorte l'ancêtre de nos derbys et richelieux à bout fleuri.

Ce type de chaussure se répandit d'abord parmi les forestiers et gardes-chasse anglais, puis il fut adopté par les aristocrates qui aimaient les accompagner à la chasse. Une fois entrée dans la garde-robe de la noblesse, la brogue subira des modifications importantes. On la confectionnera avec des cuirs de plus en plus fins et de plus en plus souples, tandis que sa ligne gagnera en élégance. La fonction initiale des trous (*brogueings*) disparaît ; ils servent désormais de décor. Le motif qui orne le bout devient de plus en plus raffiné. Il se retrouve sur la couture entre l'empeigne et les quartiers, sur la bordure supérieure des quartiers et entre les surpiqûres, ce qui donne naissance à la « brogue » et à la « semi-brogue ». La différence entre la brogue et la semi-brogue réside surtout dans la forme du bout, de style golf pour la première, et droit pour la seconde (pour la réalisation de ces motifs perforés, *voir* page 106).

Les vraies brogues, considérées jadis comme des chaussures de sport, sont déjà fréquentes sur les terrains de golf anglais à la fin du siècle dernier. Mais, le succès mondial ne viendra que dans les années 1930, quand le Prince de Galles, considéré comme l'homme le plus élégant d'Europe, surprendra la bonne société en pratiquant son sport favori, chaussé de brogues. Il prend un tel plaisir à les porter qu'on le voit même avec un modèle plus élégant lors des cérémonies officielles. Pourtant, même si le Prince de Galles est une référence, brogues et semi-brogues sont proscrites après 18 heures.

Richement décorée, le richelieu à bout golf fleuri est radicalement différent du richelieu classique. Ce modèle parfait est sorti des ateliers d'Oliver Moore, à New York.

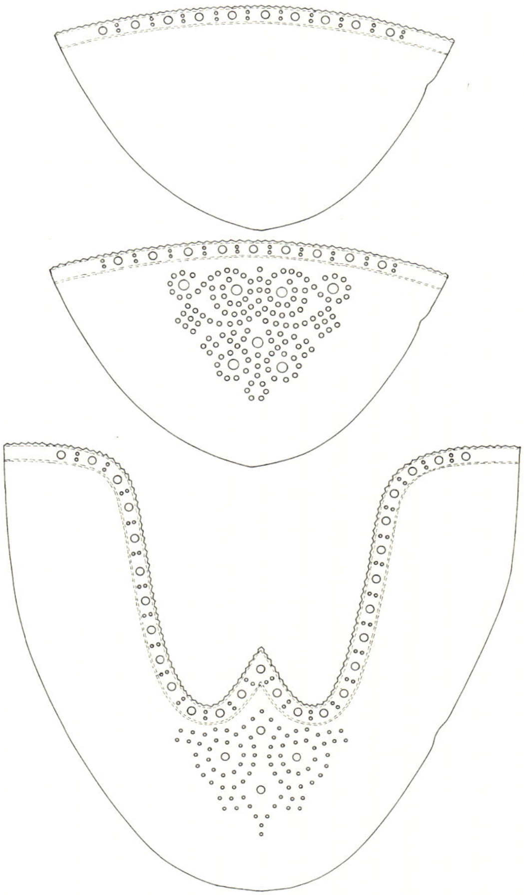

Types de bouts-durs. En haut : droit ; au milieu : droit fleuri (semi-brogue) ; en bas : bout golf fleuri (brogue).

Le richelieu

Le richelieu est incontestablement la chaussure la plus élégante de la garde-robe d'un gentleman anglais. Les lacets enfilés dans cinq paires d'œillets la ferment à la perfection, ne laissant voir que le haut de la languette. Ce type de chaussure convient très bien aux pieds étroits et aux hommes dont le cou-de-pied n'est pas trop développé.

Comme la chaussure prolonge le pantalon, il convient de veiller à l'harmonie. Porté avec un costume de même couleur pour une cérémonie ou une grande occasion, le richelieu noir sera gage de distinction. Combiné avec un pantalon uni dans la vie de tous les jours, il est preuve d'un goût très sûr, comme en témoigne cette photo de Fred Astaire prise lors d'une surprenante séance de signature d'autographes.

Le modèle *Oxford*, de type richelieu, est considéré comme la chaussure anglaise par excellence. Des souliers de ce genre étaient déjà fabriqués en Angleterre dès 1830, mais la mode ne s'en empara qu'en 1880, date à partir de laquelle on les appellera « Oxford ». Le prototype de ce modèle sorti des ateliers John Lobb à Londres a été créé il y a près d'un siècle. C'est aujourd'hui encore la plus élégante des chaussures masculines.

La parade des richelieux : à gauche, le richelieu classique en cuir lisse. Les doubles piqûres qui soulignent le bout droit et les coutures de l'empeigne sont le seul ornement de cette chaussure à l'élégance stricte. Au milieu, un richelieu à bout droit fleuri : la couture entre l'empeigne et les quartiers, ainsi que celle entre les quartiers et le contrefort du talon sont ornées d'un motif perforé. À droite, un richelieu à bout golf fleuri. (Sauf exception, tous les modèles présentés dans ce chapitre proviennent de l'atelier de László Vass à Budapest.)

Le derby

Le derby est une chaussure lacée très répandue sur le continent européen. Les modèles de ce type sont également appelés « blucher » en souvenir de Gebhard Leberecht von Blücher (1742-1819), maréchal prussien et duc de Wahlstadt qui, avec Wellington, causa la défaite de Napoléon à Waterloo en 1815. Blücher fit fabriquer une chaussure de ce genre pour ses soldats.

Le derby procure un confort appréciable à tous les hommes qui ont le pied large et le cou-de-pied développé. Par ailleurs, les décors atténuent l'aspect rustique que les coutures externes et la double semelle donnent à ce modèle. Le mode de laçage permet de les enfiler plus facilement qu'un richelieu. De plus, chacun peut adapter l'écart entre les deux quartiers à la morphologie de son pied. Le derby existe en plusieurs versions : derby classique, à bout droit fleuri et à bout golf fleuri.

Cette chaussure est surtout appréciée à Vienne depuis la fin du siècle dernier. C'est la coupe qui fait de ce soulier un derby, tandis que son décor le classe dans la catégorie des *brogues* (derbys à bout droit fleuri). L'empeigne commence à 7 ou 8 centimètres de la pointe, son bout droit est orné de deux piqûres qui encadrent une rangée de perforations. Des trous plus larges dessinent les contours du motif plus discret qui agrémente le bout de la chaussure. Ces perforations se retrouvent entre les piqûres des coutures qui relient l'empeigne, les quartiers et le contrefort du talon.

Le derby classique semble presque puritain : l'empeigne est en une seule partie, les quartiers dessinent une courbe qui descend jusqu'à la semelle. Bon nombre d'amateurs préfèrent cette forme simple au modèle à bout droit ou à bout golf fleuri parce qu'ils craignent — à tort — qu'un bout droit ou golf ne les gêne. Le cuir grenu (à droite) rehausse l'allure sportive de cette chaussure.

Né en Hongrie, André Kostolány, expert boursier à Paris et à Munich, portait des derbys sur mesure. « Depuis ma prime jeunesse, je porte des chaussures sur mesure, car jadis mon père et mon grand-père en portaient aussi à Budapest. Dans les milieux bourgeois, c'était naturel en ce temps-là. À mes yeux, la beauté d'une chaussure est un critère qui, davantage encore que le costume, définit le véritable gentleman. En France, en 1924, j'ai été impliqué dans un scandale à cause d'une paire de chaussures. J'étais au casino de Deauville avec un membre de la famille Vanderbilt et mon compagnon avait osé porter des chaussures jaunes avec un smoking noir : un scandale pour les tabloïdes parisiens.
La situation de l'industrie et du commerce de la chaussure est pour moi un indicateur important en ce qui concerne la consommation. Quand on vend beaucoup de chaussures, les autres secteurs sont prospères. »

Quelle que soit sa couleur, qu'il soit à bout droit ou à bout golf fleuri, le derby se porte jusqu'au coucher du soleil. Dans toutes les déclinaisons de brun, accompagné d'un costume approprié, il convient pour les réunions de travail et le bureau. Les pantalons en drap ou en duvetine soulignent le caractère décontracté de ce soulier idéal pour les loisirs, avec des jeans en été, et du velours côtelé en hiver. Combiné avec un costume noir, bleu marine ou gris sombre, le derby peut rivaliser avec l'élégant richelieu lors d'une soirée ou d'une occasion plus officielle.

Ce modèle provoque les réactions les plus diverses. Ceux qui l'aiment pensent qu'il est indispensable dans toute collection de chaussures ; mais d'autres, en revanche, n'apprécient guère cette variante du derby, appelée Norvégien. Il se distingue du derby classique par la coupe de son empeigne composée de trois pièces cousues à la main. Une couture à 2,5 cm au-dessus de la semelle est parallèle à cette dernière, tandis qu'une autre couture verticale sert à assembler les quartiers. Les bords du cuir, retournés vers l'extérieur, sont soigneusement cousus à la main. Comparé aux modèles classiques, le plus raffiné des Norvégiens a toujours une allure sportive. En général, le matériau, de préférence du cuir grenu, souligne le caractère rustique de cette chaussure. Ses couleurs sont parfois contrastées et surprenantes. Certains modèles plus extravagants lui donnent un air de jeunesse.

Ce modèle illustre les tendances de la création actuelle et s'adresse à une clientèle raffinée qui pratique l'*understatement*. À l'inverse de ce que l'on connaît du derby classique, les quartiers se ferment sur une empeigne très pure, une seule paire d'œillet remplace les quatre ou six trous habituels. Ce modèle parfait et harmonieux provient de l'atelier Berluti à Paris.

Jusqu'à la fin de la Première Guerre mondiale, la monarchie austro-hongroise avait deux capitales : Vienne et Budapest. Les similitudes entre ces deux villes ne concernaient pas uniquement l'architecture, la littérature et la vie musicale, mais aussi leur artisanat très développé. Si, dans le domaine culturel, d'innombrables chefs-d'œuvre devaient leur existence à la rivalité entre les deux métropoles, les artisans, notamment les bottiers, participaient aussi à cette compétition. Ainsi, le modèle appelé « budapest » naquit presque en même temps que la chausse à bout droit fleuri apparaissait à Vienne. De nos jours encore, ces chaussures présentent des ressemblances bien que certains détails de la forme et du décor les distinguent. La pointe du budapest est extrêmement ouvrée et le bout n'est pas droit, mais de forme golf. Une ligne élégante et fluide se prolonge le long de l'empeigne et s'arrête juste avant le contrefort du talon. Des perforations soulignent l'élégance de la forme. Le motif en cœur se retrouve à la couture entre l'empeigne et les quartiers, également ornés de motifs à trous. Un joli dessin géométrique agrémente l'ensemble.

La chaussure à boucle

Les Anglo-Saxons l'appellent « monk » (moine) parce qu'elle rappelle les sandales des moines. Cette chaussure à empeigne et quartiers comme le derby ou le richelieu, s'en distingue pourtant nettement car elle se ferme par une boucle apparente.

Le fermoir est fixé à l'extrémité d'un rabat, tandis que l'autre se termine par une bride en cuir qui se glisse dans la boucle et qui permet d'adapter l'écart sur chaque cou-de-pied. Pour mettre la boucle en valeur, l'empeigne est le plus souvent d'une seule pièce. Il existe une multitude de variétés de fermoirs, dorés ou argentés, rectangulaires ou ronds, à surface lisse ou structurée. À l'inverse du derby et de son laçage complexe, où les lacets ne doivent pas se croiser sur le dessus du soulier, cette chaussure présente l'avantage de se fermer facilement.

Cette simple chaussure à boucle ressemble au derby classique. La seule différence est son fermoir latéral qui remplace le laçage à deux ou trois œillets. L'élégance de ce modèle réside dans la pureté de son empeigne.

Ce modèle centenaire est à la fois une curiosité et un plaisir pour les yeux. C'est une chaussure de danse que les Écossais portaient avec leur kilt. Alors que la rigueur puritaine transparaît dans la chaussure à boucle classique, ce modèle sorti des ateliers de John Lobb, à Londres, est pourvu d'un riche décor. Il représente une variante du richelieu à bout golf fleuri : les motifs à trous se retrouvent sur les renforts des cotés et du talon. La garniture qui se détache sur l'empeigne de cette surprenante chaussure est d'une seule pièce. La boucle décorative n'est, quant à elle, qu'un simple accessoire.

Les modèles à deux boucles sont très appréciés des amateurs de ce type de chaussure. Ici, un rabat droit recouvre entièrement le cou-de-pied. Deux boucles ornementales avec brides font le charme de ce modèle créé par les ateliers John Lobb à Paris.

La chaussure à boucle peut être classique, élégante ou sportive. On la préfère souvent en noir. Sa simplicité en fait la chaussure idéale de l'homme d'affaires. Avec un pantalon d'une certaine longueur, personne ne verra qu'il s'agit d'un modèle à boucle et non d'un derby. En d'autres teintes, ce soulier se porte avec une tenue plus décontractée, par exemple avec un pull-over.

Le loafer

Cette chaussure légère en cuir souple et à la semelle plus fine est d'un tel confort qu'on la sent à peine au pied. Le loafer est idéal avec une tenue décontractée. Mais si sa forme originale est assez rudimentaire, il existe à présent des versions cousues Goodyear. Diego Della Valle a su exploiter les avantages de ce type de chaussure en lançant ses premières J. P. Tod's sur le marché en 1979. Sa chaussure à picots est un véritable mocassin. On ne trouve aucune partie en cuir dur, ni dans la semelle, ni à l'intérieur. La tige et la semelle sont d'une seule pièce tandis que les coutures à la main sont mises en valeur.

Le mocassin des Indiens est l'ancêtre de ce modèle dont l'empeigne, les quartiers et la languette ont été réalisés avec une seule pièce de cuir. Il ne comporte ni lacets ni boucle, et on l'enfile en y glissant le pied (*to slip*, en anglais), d'où le nom de « slipper » parfois employé. Tandis que la semelle du mocassin est en peau souple, très fine et sans talon, le montage du loafer l'apparente aux chaussures classiques. Les garnitures des mocassins sont cousues à la main. La plupart d'entre eux sont ornés de pampilles.

Les mocassins de la maison Tod's sont garantis « Hand made in Italy ». L'acteur américain Michael Douglas porte cet ancêtre du mocassin classique comme il se doit : en tenue décontractée et à la plage.

La forme du mocassin à barrette de cou-de-pied rappelle celle du loafer traditionnel. Il se caractérise par une bande de cuir qui agrémente l'empeigne et recouvre la languette. Son nom lui vient de l'habitude de glisser un penny au milieu de la barrette. L'arrondi et la longueur de la languette ainsi que la forme de la barrette peuvent varier à l'infini.

Comme les modèles courants à pampilles présentent l'inconvénient de se prendre dans le bas du pantalon, la plupart des amateurs de chaussures sur mesure se commandent des loafers simples et sans ornement.

C'est le cuir qui fait de ce richelieu à la ligne classique une chaussure d'été. À la demande de l'atelier du bottier viennois Bálint, le cuir a été corroyé, assoupli et n'a pas été teint après le tannage.

La chaussure d'été

En vérité, il suffit que le bottier réalise certaines parties de la tige avec un cuir fin ou tressé pour qu'un modèle classique devienne une chaussure d'été bien aérée. Le soulier d'été fabriqué dans le strict respect des règles durera plus d'une saison. Dans les climats européens, il pourra être porté plus longtemps qu'une paire de fabrication industrielle qui tend à ne faire que quelques mois.

Il est surprenant de constater que les hommes préfèrent les chaussures d'été sombres aux plus claires. Un derby noir ou bleu marine en cuir tressé fera oublier la chaleur à celui qui le porte à l'occasion d'un mariage. Mais porter des sandales ou une chaussure à trous est déplacé en une telle occasion. En revanche, ces deux modèles confortables conviennent parfaitement en plein été ou lors d'une garden-party entre amis.

Le compositeur russe Igor Stravinski (photographié ici à Venise en 1951) aimait improviser – mais pas quant au choix de ses chaussures. Il mettait un point d'honneur à respecter la tradition.

Ce derby classique est agrémenté d'un tressage qui contraste avec les quartiers en peau lisse. Le cuir tressé respire mieux que la plus fine des peausseries. Il est fabriqué à partir de bandes de cuir de 3 à 5 mm de largeur. Le cordonnier tend une partie de ces lanières sur une sorte de métier à tisser, puis il fait glisser les autres entre les espaces à la manière d'un tissage comportant une trame et une chaîne. Ce procédé permet d'obtenir des motifs à petits carreaux. Plus les bandes de cuir sont fines, plus le résultat est beau.

Les perforations exécutées dans le cuir de la partie supérieure d'une chaussure garantissent une totale perméabilité à l'air. La pointe et les rabats du derby représenté ici sont lisses, tandis que les autres parties sont pourvues de trous relativement gros rappelant les *brogueings*, et permettent une bonne aération du pied. Le styliste a imaginé un motif géométrique généré par des perforations d'un diamètre de 3 mm, espacées de 1,5 cm, qui forment une sorte de trame. Le cuir et la doublure de la chaussure d'été reproduite ici sont également perforés. Un renfort donne de la tenue à la tige.

Contrairement à leurs ancêtres de l'Antiquité, les sandales actuelles ne sont plus un symbole de notoriété. Ce sont avant tout des chaussures confortables et agréables à porter par fortes chaleurs. Certains éléments du soulier masculin classique subsistent sur le modèle présenté ici : le bout et le contrefort du talon sont lisses et fermés ; les brides de différentes largeurs, surtout celle qui maintient le cou-de-pied, sont mises en valeur. Cette sandale est une variante de la chaussure à boucle, car sa bride prolonge les quartiers. Ici, le styliste a tenu compte de l'aspect pratique tout en créant un modèle sobre et raffiné.

La bottine

L'hiver, chacun d'entre nous ressent le besoin de protéger ses pieds du froid, et de porter des bottes ou des bottines couvrant le pied et le bas de la jambe. Il existe des bottines de style richelieu, mais aussi des derbys et des modèle classiques à bout droit fleuri ou à bout golf fleuri.

Les matériaux et la fabrication sont les mêmes que pour un soulier classique. La seule différence réside dans la double semelle, souvent doublée d'une semelle de caoutchouc qui empêchera les glissades sur la neige ou un sol humide. Laçage, œillets et boutons servent à fermer les quartiers. Comme le pantalon recouvre presque entièrement le haut de la bottine, elle se combine de la même manière qu'une chaussure basse ; néanmoins, elle ne convient pas en toutes circonstances.

Les bottines sont apparues en Angleterre vers 1840.
Ce modèle provient de l'atelier Zak à Vienne.

Ce derby à bout droit fleuri est un modèle d'hiver très courant qui présente un laçage digne d'intérêt : les lacets passent par deux paires d'œillets, comme pour une chaussure basse, puis ils sont maintenus par de fins crochets.

L'ancêtre de ce modèle, appelé parfois bottine *Balmoral*, a été créé pour le prince Albert au milieu du XIXe siècle par J. Sparkes Hall, le bottier de la reine Victoria, alors que le couple royal se rendait au château de Balmoral, en Écosse, pour y passer quelques semaines de vacances. Plusieurs décennies plus tard, la chaussure montante classique de type richelieu était portée autant par les hommes que par les femmes.

Le design de la bottine de type richelieu en cuir lisse varie à l'infini. Sa forme initiale, qui relève de la tradition classique, peut être réinterprétée et devenir le support d'innovations audacieuses.

Cousues au milieu, les quartiers ont été coupés de façon à former un élégant arrondi. Les lacets croisés sur dix paires de crochets sont le seul décor de ce modèle de chez Bertl à Munich.

Le patronage

Autrefois, le styliste commençait par élaborer des dessins détaillés et réalistes montrant le modèle sous plusieurs angles. De nos jours, il tend à tracer les éléments et les décors de la partie supérieure de la chaussure sur la forme en bois, réalisant ainsi une maquette en trois dimensions, plus fonctionnelle et qui se prête mieux à la critique.

Cette méthode présente aussi l'avantage de permettre un meilleur contrôle des ornements, des proportions et du rapport entre l'empeigne, les quartiers et le contrefort du talon. Si le styliste n'est pas satisfait du résultat, il effacera la ligne qui lui déplaît ou recommencera son dessin dès le début. D'habitude, tous les employés d'un atelier suivent l'évolution du nouveau modèle dès la phase initiale.

Derby à bout droit fleuri

Richelieu à bout droit fleuri

Richelieu à bout lisse

Derby à bout lisse

Mocassin à barrette de cou-de-pied

Derby à bout golf fleuri

Le patron initial

Le styliste reporte ensuite le modèle dessiné sur la forme sur le papier pour représenter tous les éléments du modèle sur un croquis qui servira de base à l'élaboration du patron. Il conçoit alors la coupe de la partie supérieure de la chaussure.

Les bottiers expérimentés pensent qu'il suffit d'un crayon, de papier, d'un tranchet bien aiguisé, d'un mètre à ruban et de quelques clous pour obtenir un patron assez précis à partir de la forme en trois dimensions.

Après avoir découpé grossièrement les contours de la forme, le patronnier entaille le papier le long de la ligne médiane.

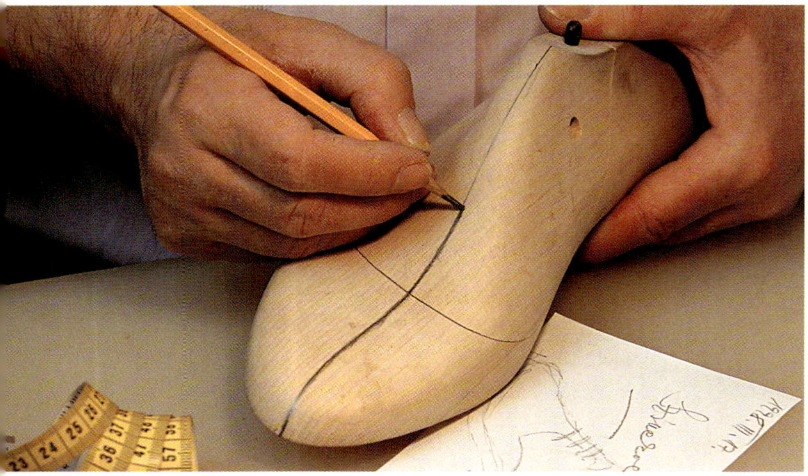

Il commence par dessiner une ligne médiane qui va de la pointe au bas du talon afin de s'assurer que les deux moitiés du patron sont égales.

Il reporte la forme obtenue sur un autre papier et ajoute une réserve 1,5 à 2 cm au-dessous d'une ligne qui correspond à la semelle ; cette bande sera souvent cloutée sur la forme. Le patron initial est fini.

La partie externe de la forme est ensuite posée sur le papier. Le patronnier transfère le contour au crayon, il découpe le patron en ajoutant quelques centimètres sur le pourtour.

Grâce aux entailles qui permettent la mise en place du patron sur la forme, le cordonnier cloute le patron sur le bois et transfère toutes les indications nécessaires.

Un patron pour chaque modèle

Toutes les lignes, les courbes et les motifs de décoration, représentés sur la forme sont reportés sur un patron précis correspondant à un modèle donné. Chaque détail est aisément identifiable, tout comme le nombre d'éléments composant le dessus de la chaussure : où et comment assembler les parties, quelles sont les dimensions des décors et comment ces derniers sont associés entre eux. Les patrons correspondent en tout point au pied du client. Ils servent également à réaliser d'autres patrons destinés aux autres éléments du corps de la chaussure (de un à sept patrons en fonction du modèle).

Après avoir inscrit le nom du destinataire, le patron initial et les patrons détaillés sont rangés dans un sachet et envoyés à la coupe. Un spécialiste s'en servira pour tailler les éléments dans le cuir de la couleur souhaitée. Le piqueur les assemblera et se chargera du décor en suivant les indications. Ensuite, il piquera les diverses parties qui composent la tige de la chaussure (*voir* page 106).

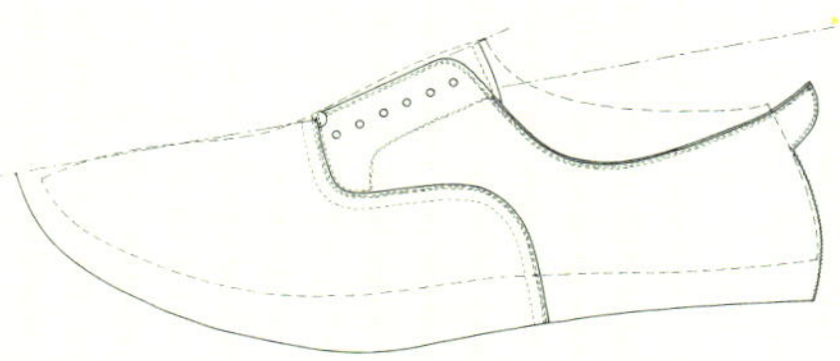
Richelieu à bout lisse

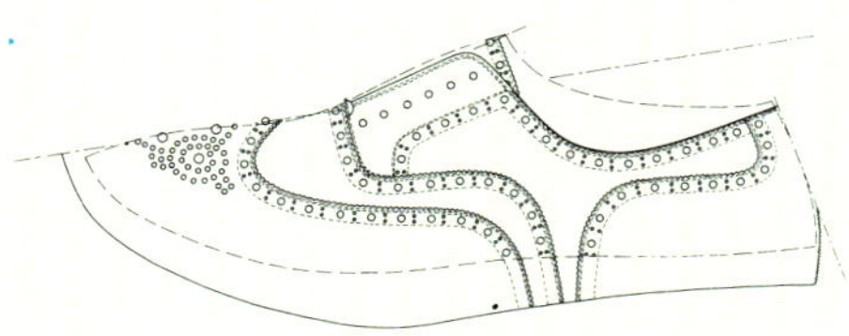
Richelieu à bout golf fleuri

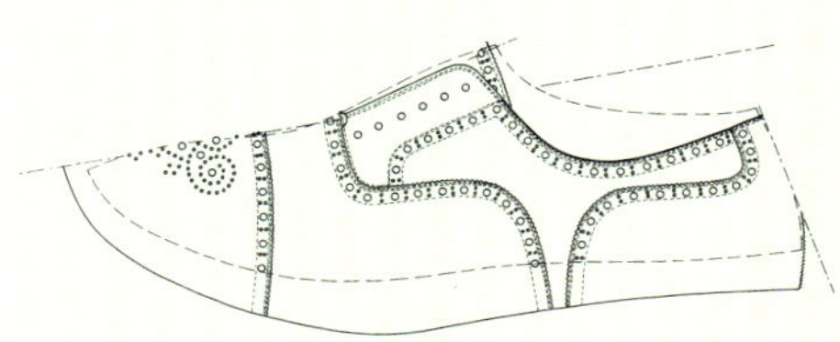
Richelieu à bout droit fleuri

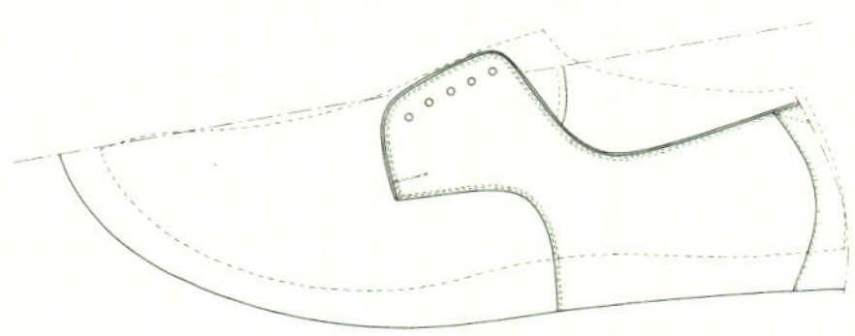
Derby à bout lisse

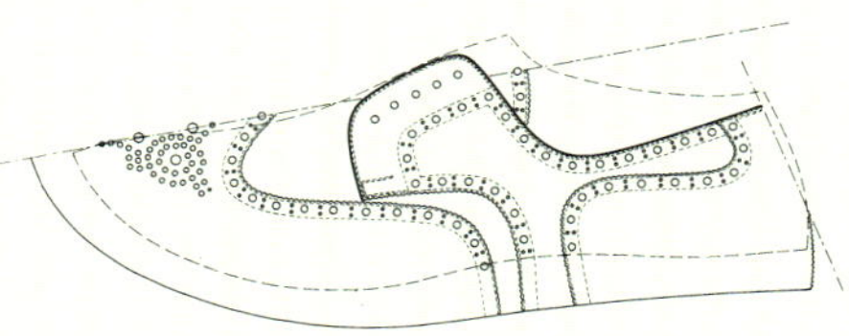
Derby à bout golf fleuri

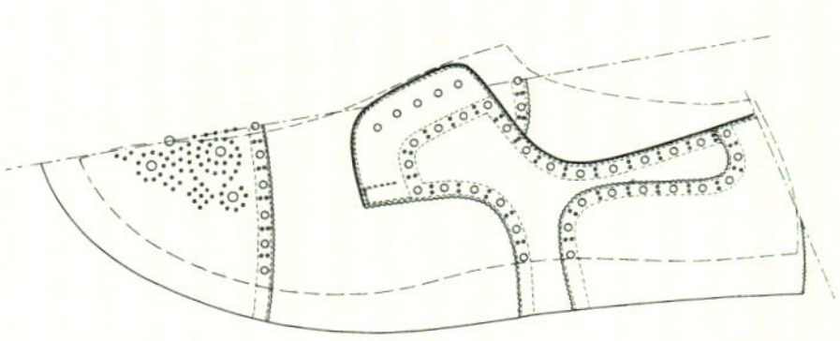
Derby à bout droit fleuri

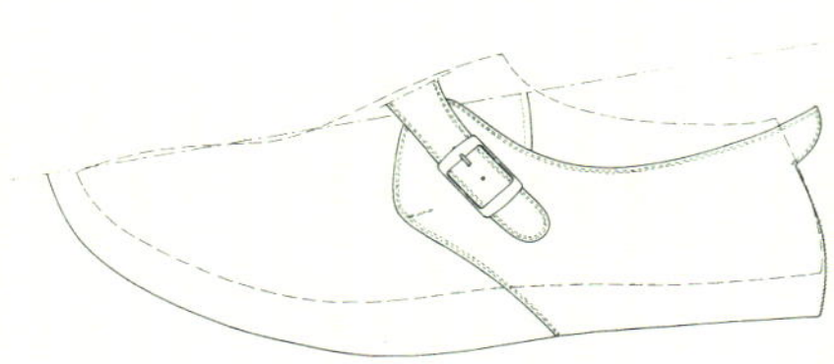
Derby à boucle

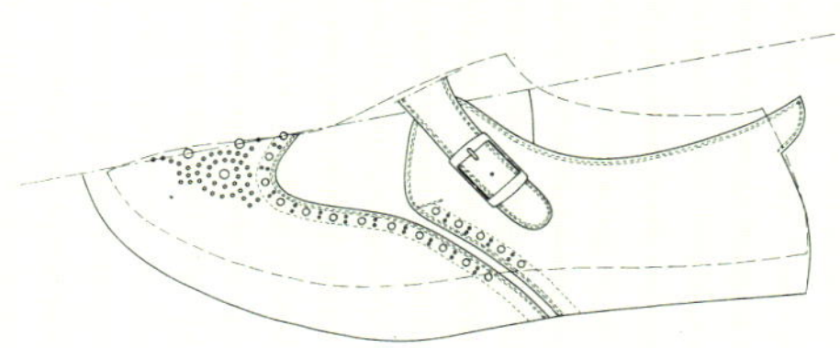
Derby à boucle à bout golf fleuri

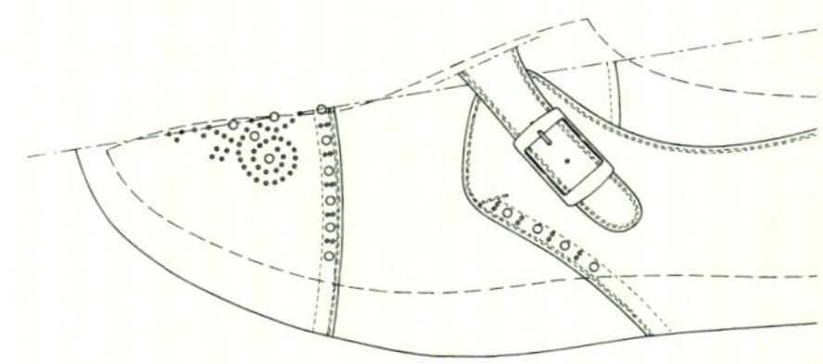
Derby à boucle à bout droit fleuri

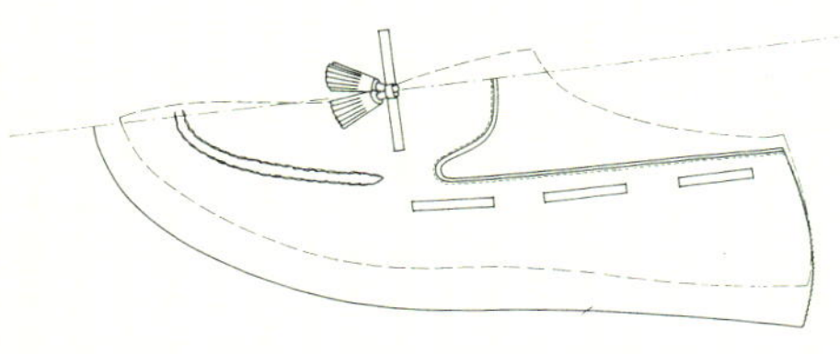
Mocassin à pampilles

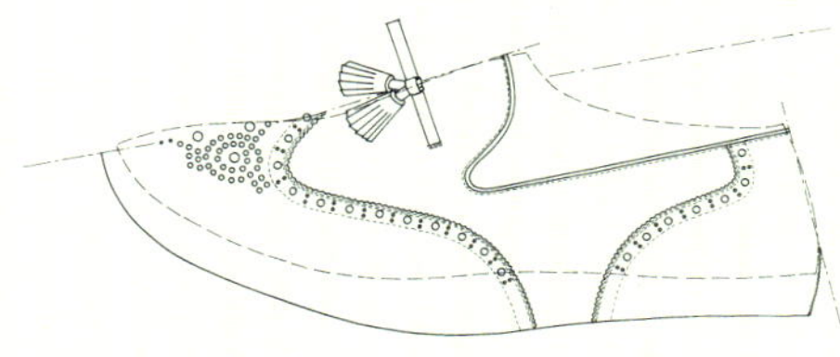
Loafer à bout golf fleuri

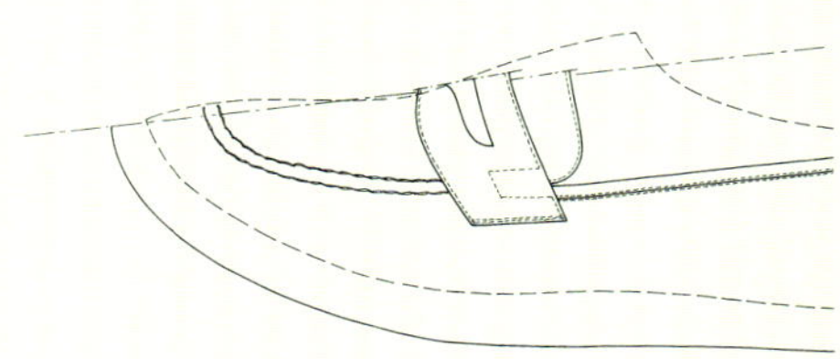
Mocassin à barrette de cou-de-pied

Les couleurs

Au cours de l'histoire, formes et couleurs ont marqué les tendances de la mode masculine. Chroniques, récits et illustrations montrent qu'à certaines époques l'homme s'affirmait par la couleur de ses chaussures, argentée ou dorée, rouge, violette, ou même jaune canari en fonction de la mode et de son rang. Or, comme nous l'évoquions au début de ce chapitre, cette richesse des coloris était une particularité de la période baroque.

La chaussure d'homme classique cousue main présente des constantes qui ne concernent pas uniquement sa forme, mais aussi sa couleur qui se doit d'être toujours discrète. Pourtant, même si c'est une erreur, force est même de supposer que le soulier masculin n'existe qu'en noir et en brun. Ainsi, le nombre des teintes traditionnelles reste très restreint, même si les nuances et les combinaisons entre les variétés de peaux sont d'une richesse inimaginable.

Si l'on mélange à du noir les quatre couleurs spectrales, rouge, orange, jaune, vert et indigo, on obtient des teintes plus sombres. Le noir est, certes, le plus courant en matière de chaussure masculine, mais il existe plusieurs centaines de nuances sombres. Le brun, par exemple, va du marron foncé presque noir au cognac clair, en passant par les coloris plus ambrés, et la palette des bordeaux est encore plus vaste, puisqu'elle s'étend du rouge cerise au bordeaux foncé.

La couleur d'un modèle n'a aucune importance en soi car l'effet produit dépend de l'harmonie réussie ou non avec les vêtements, le costume ou l'ensemble veste et pantalon, la chemise, la cravate et les chaussettes. Toutefois, l'art de combiner la chaussure avec la tenue obéit à des règles non écrites. L'homme élégant portera obligatoirement des chaussures noires, bien lustrées, avec un costume de la même couleur. Les chaussures marron foncé ou brun clair associées à un costume dans les tons bruns permettront de moduler l'allure générale. Un costume gris va parfaitement avec des chaussures noires, bleu marine, vertes, bordeaux ou même avec un rouge plus clair. Les chaussettes devraient, si possible, concorder avec la teinte des souliers. L'harmonie entre les vêtements et la chaussure sera considérée comme une preuve de bon goût en toutes circonstances et quel que soit le lieu.

Combiner les cuirs et les couleurs

La chaussure classique unie est toujours considérée comme l'apanage de l'homme distingué. Pourtant bottiers et stylistes n'ont cesse de lancer des bancs d'essai pour rompre avec cette monotonie en proposant diverses combinaisons de cuirs et de couleurs. Or, la plus sobre des richelieux classiques se prête aussi à des associations bicolores.

Mais, en général, par crainte de trop d'excentricité, les stylistes se cantonnent à assembler deux couleurs ou deux cuirs de texture différente.

Combiner deux nuances d'une même teinte, par exemple des bruns clairs et foncés, représente déjà une velléité de rébellion contre la tradition, et, pour ne citer que quelques possibilités, mélanger des cuirs marrons et bordeaux, noirs et cognac témoigne d'une certaine audace.

Le styliste obtient les contrastes les plus saisissants en mélangeant les textures, notamment des cuirs lisses et grenus. Toutefois, ce genre de combinaison obéit à des règles et à des coutumes très strictes : la pointe de la chaussure sera toujours fabriquée en cuir lisse afin qu'on puisse la cirer et l'astiquer pour la faire briller, ou pour mettre en valeur le dessin qui orne le bout d'un modèle à bout golf fleuri.

Évidemment, bottier et styliste travaillent de concert avec le client lors de la création d'un modèle personnalisé. Comme lors de la prise des mesures du pied, une discussion approfondie est nécessaire afin que le créateur et l'artisan disposent d'un maximum d'informations sur le style du client et sur les circonstances dans lesquelles les chaussures seront portées. Cet entretien est le seul moyen de conseiller judicieusement un client et de mettre l'expérience professionnelle au service de ses désirs.

Ce richelieu classique à bout golf fleuri illustre parfaitement ce que l'on attend d'une combinaison entre plusieurs teintes et plusieurs types de peausseries. Les nuances claires soulignent le caractère estival du soulier. La beauté de cette chaussure créée chez John Lobb, à Londres, vient du contraste entre un cuir lisse et brillant et l'aspect mat et velouté du box.

Pour ce derby à bout golf fleuri, on a combiné un cuir grenu à une peau satinée.

La chaussure de golf

En sport, les performances dépendent souvent de l'équipement et de la tenue spécifique à chaque discipline. Alors que les chaussures de tous les jours faisaient l'affaire aux débuts du tennis, de l'escrime, du cricket ou du golf, les habitudes n'ont pas tardé à changer.

La chaussure de golf s'inspire du derby à bout golf fleuri. Tenant compte du lieu où ce sport se pratique – en extérieur et le plus souvent sur une pelouse –, les bottiers réalisent l'empeigne et les quartiers dans un cuir épais et résistant, de préférence grenu et de couleur plus sombre pour les quartiers. Quant à la garniture, elle est en cuir souple, le plus souvent blanc.

Concernant sa forme, son montage et sa coupe, la chaussure de golf rappelle le mode de fabrication du budapest noir et blanc illustrée page suivante, tout en présentant des différences notoires : d'une part, elle possède une grande languette à franges et à perforations, rabattue sur l'empeigne qui protégera les lacets de l'humidité ; d'autres part, des pointes sont vissées dans la semelle et le talon (quatre dans le talon, et cinq à sept dans la semelle) afin que le joueur ne glisse pas sur l'herbe humide. En général, les chaussures de golf sont équipées de deux pointes interchangeables adaptées aux sol lourds ou durs.

Dans la plupart des cas, la chaussure de golf est faite sur mesure. Les joueurs professionnels en possèdent deux paires, une pour l'entraînement et l'autre, plus sophistiquée, pour la compétition.

L'originalité de cette chaussure de golf à cuir grenu de type derby à bout fleuri, vient de l'association du vert et du blanc. Les ateliers Bálint, qui fabriquent ce modèle, le livrent avec une languette de rechange du même vert que l'empeigne. Quand le joueur change une languette maculée ou humide en cours de partie, on a l'impression qu'il s'agit d'une autre paire de chaussures.

Couleurs contrastées : noir et blanc

Noir et blanc : un contraste fort et parfait. Depuis l'apparition du jazz, cette combinaison est le signe de ralliement d'un groupe, et les chaussures bicolores expriment une idéologie.

Aux États-Unis, les années 1920 sont celles de l'avènement d'une musique composée d'éléments européens et africains où alternent des gammes mélodieuses et des rythmes plus scandés et plus durs. Puis, le Jazz sort du ghetto folklorique et part à la conquête du monde, influençant la culture et les loisirs de masses. La mode n'échappe pas à son emprise. New York, ainsi que les grands centres européens de la mode sont régis par le style jazz, libre et anticonformiste, audacieux et d'une décontraction déconcertante. Comme cette nouvelle musique réunit noirs et blancs sur scène et dans le public, les musiciens, puis les stars de Hollywood se mettent à porter des *spectators*, une chaussure noire et blanche de style classique. Ils manifestent ainsi leur appartenance à un groupe. Le style jazz se répand alors dans d'autres milieux. Al Capone, le Prince de Galles, Gene Kelly, Fred Astaire ou Louis Armstrong, tous portent ce genre de chaussure. La couleur de base des *spectators* est le noir ; le blanc n'apparaît qu'à titre de décor sur l'empeigne ou sur les quartiers.

Elle remporte un franc succès pendant toute la décennie des années vingt, puis redevient à la mode à intervalles réguliers. Actuellement, ces chaussures se portent volontiers lors des réceptions ou à l'occasion des cérémonies officielles, mais toujours avec le costume approprié.

Le *spectator*, proche du modèle richelieu à bout droit fleuri, était très apprécié des musiciens de jazz aux États-Unis.

Ce derby à bout golf fleuri montre que le budapest existe parfois aussi en noir et blanc.

L'originalité de ce mocassin vient du contraste entre le dessus et la barrette.

Une bottine *Balmoral* peut aussi se décliner en bicolore. Le modèle présenté ici provient des ateliers Bertl à Munich.

Les *spectators* qui, dans les années 1920 et 1930, comptaient parmi les attributs des dandies, incarnent aujourd'hui la nostalgie. Elles confèrent une note d'extravagance à celui qui les porte dans la journée. Elles vont avec costumes et pantalons de toutes les couleurs (excepté le marron). Mais celui qui souhaite faire revivre l'esprit de la grande époque, les porte avec un costume blanc ou combine une veste noire à un pantalon blanc, ou l'inverse.

Dans les années 1950, les jeunes s'enthousiasmaient de nouveau pour cette mode bicolore. Sur la photo, on voit danser sur du jazz un couple chaussé d'un grand classique américain, la cavalière. L'empeigne et les quartiers sont blancs tandis que les rabats restent noirs.

La tige

Le cuir

L'élégance et la durée de vie d'une chaussure dépendent en grande partie de la qualité des matériaux utilisés ; aussi, le bottier accorde beaucoup de soin au choix des peaux qui serviront à confectionner l'empeigne d'une chaussure. Jusqu'à présent, les bottiers n'ont pas trouvé meilleur matériau que le cuir d'origine animale qui protège le pied des blessures et des intempéries tout en restant perméable à l'air et facile à travailler. Les peaux les plus diverses sont donc employées pour fabriquer la partie supérieure d'un soulier : celle des bovins (cuir de bœuf, taureau, buffle, veau), mais aussi le cheval, le chevreau, le cerf, ainsi que des matériaux plus rares comme la peau d'éléphant, de crocodile, de lézard ou de poisson et même d'autruche, de dinde ou d'oie. Depuis le début du XXe siècle, la plupart des chaussures pour hommes classiques sont en veau, en cuir de bœuf ou en cheval ; mais, depuis quelques années, la peau de kangourou et d'autres cuirs plus exotiques sont de plus en plus fréquents.

Ce richelieu à bout golf fleuri a été confectionné avec un cuir tanné il y a deux siècles. En 1973, des plongeurs du département d'archéologie du Plymouth Sub Aqua Club trouvaient la cloche d'un navire, à 30 mètres de profondeur, dans la passe de Plymouth. Ils découvraient ainsi l'épave du « Catharina », un bateau qui venait du port de Flensburg, alors danois, et avait chaviré lors d'une tempête en 1786 (localisation de l'épave indiquée sur la carte). Sa cargaison se composait de balles de peaux de rennes venant des tanneries de Saint Petersbourg. Après restauration, le cuir avait retrouvé les propriétés requises pour la fabrication de chaussures, et les ateliers Klemann (Basthorst, Allemagne) s'en étaient servi pour réaliser, à la main, la chaussure reproduite ici (carte de Graig Bramwell, d'après un dessin du XVIIIe siècle, in : G. Garbett & I. Skelton, The wreck of the Metta Catharina, New Pages, Truro, Angleterre).

Les peaux animales sont composées de trois couches qui se séparent aisément : le derme (couche superficielle), l'épiderme à l'intérieur (cuir) et le tissu conjonctif qui se trouve sous le derme. La plus précieuse, le derme, sert à fabriquer l'empeigne de la chaussure, mais aussi la semelle ainsi que d'autres parties. Lors de la préparation des peaux brutes, le tanneur sépare cette couche des deux autres.

Les peaux brutes sont conservées, soit à basse température (dans les pays froids), soit par séchage (dans les régions chaudes), soit par une méthode de salage – trois procédés très efficaces qui empêchent leur décomposition.

Dès le néolithique, les hommes découvrent les possibilités qu'offre le cuir et cherchent un moyen pour l'assouplir, le rendre plus résistant et surtout, prolonger sa durée de vie. L'humidité accélère sa putréfaction. Quant au seul séchage, il n'apporte pas les résultats escomptés, car le soleil rend les peaux cassantes. Les écharner, les battre ou les fouler au pied reste sans succès. Mais un tournant décisif survient quand les hommes constatent qu'il est plus facile d'ôter les poils avec de la cendre et de la chaux et que la peau se conserve mieux après fumaison (tannage par fumaison). Les Sames pratiquent un procédé connu dès le VIe millénaire av. J.-C., le tannage par chamoisage, qui fait intervenir des huiles et des graisses. De nos jours, les Esquimaux utilisent encore une méthode ancestrale. Ils mâchent d'abord les peaux pour les ramollir avec leur salive, puis ils les enduisent de graisse.

Les premiers témoignages de cet art du tannage étroitement lié à celui des bottiers apparaissent sur les peintures murales égyptiennes. Là-bas, comme dans la Grèce et la Rome antiques, on pratiquait le tannage en fosse (avec des écorces de pin, de chêne, d'aulne, des noix de galle, des grenades ou des glands), ainsi que le chamoisage. Les peaux les plus précieuses étaient traitées à l'alun (sel minéral) qui teint le cuir en blanc. Ce tannage minéral compte sans doute aussi parmi les méthodes les plus anciennes de l'art de la mégisserie. Dans un premier temps, l'alun raidit le cuir qui doit être assoupli et étiré avant qu'on puisse le travailler.

Les grands principes du tannage, qu'il soit en fosse, minéral ou par chamoisage, n'ont guère changé jusqu'à nos jours. Et comme pour bien d'autres métiers, l'art des tanneurs repose sur une tradition millénaire.

Le salage permet de conserver les peaux brutes et de les protéger contre la putréfaction.

Le cuir cru

De nos jours, la préparation de la peau brute, qui précède le tannage, s'appuie toujours sur les expériences acquises en des temps révolus. Que ce soit dans un petit atelier travaillant selon la méthode traditionnelle ou dans une usine ultramoderne, les étapes sont restées les mêmes.

La peau, donc le futur cuir, est constituée d'un réseau de fibres plus ou moins fines et d'autres plus épaisses. Ces deux couches se distinguent souvent à l'œil nu : la couche supérieure, ou couche papillaire, est traversée par les racines des poils et les canaux des glandes sudoripares et sébacées. Chaque type de peau présente un schéma de cicatrisation qui fait sa beauté spécifique. La couche réticulaire, qui se trouve en dessous, est surtout constituée d'innombrables faisceaux fibreux croisés à qui l'on doit la durabilité et la résistance d'un cuir. Dans le cuir de bœuf, par exemple, la proportion entre les couches papillaires et réticulaires est de 1 : 3,5, ce qui en fait un cuir particulièrement résistant, qui sert surtout à fabriquer les chaussures de travail.

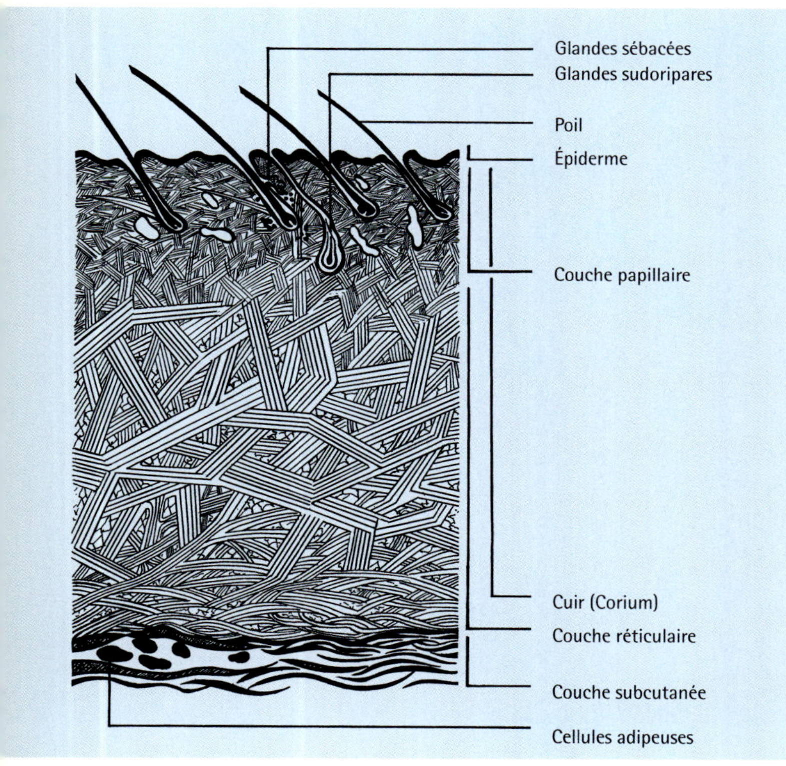

Le corium (derme) contient jusqu'à 90 % de protéines et surtout du collagène dont les molécules possèdent des propriétés très importantes pour la préparation des peaux. Elles absorbent facilement l'eau et assimilent les substances tannantes.

Lors de l'étape du tannage, les peaux brutes sont ramollies dans des cuves. Après avoir éliminé les souillures et les conservateurs (par exemple le sel) restés à la surface, on rétablit le taux d'humidité initial.

Pendant l'Antiquité et le Moyen Âge, on entreposait les peaux dans des endroits chauds et humides pour faciliter l'ébourrage. La méthode actuelle, appelée échaulage, possède aussi une longue tradition : les peaux brutes restent entre 20 et 24 heures dans des fosses emplies d'une solution à la chaux qui ramollit les deux couches cutanées n'entrant pas dans la fabrication du cuir.

Puis vient l'écharnage, une tâche pénible jadis effectuée à la main, qui consiste à éliminer la couche subcutanée de la peau brute pour dégager la face interne du corium. De nos jours, des machines remplacent l'homme. Des rouleaux équipés de lames ôtent l'épiderme pour faire apparaître la surface définitive du cuir.

Les peaux sont encore une fois nettoyées à la main pour être débarrassées des dernières impuretés. Pour cela, le tanneur utilise un écharnoir à deux poignées. Depuis des siècles les tanneurs emploient cet outil qui ressemble à celui qu'utilisent les charpentiers.

Puis vient l'étape importante du contrôle et du tri qui permet de constater la qualité d'un cuir. Seules les pièces sans défauts seront ensuite traitées.

La peau animale contient surtout des protéines, de l'eau, des graisses et des substances minérales. Seul le corium, constitué des couches papillaire et réticulaire, est utilisé pour fabriquer le cuir. Ce sont les faisceaux fibreux de la couche réticulaire qui lui donnent sa solidité.

Les peaux ramollissent dans d'immenses cuves emplies d'une solution de chaux.

Des rouleaux munis de lames bien aiguisées dépouillent la peau des couches superflues.

La surface est ensuite nettoyée avec un écharnoir.

Après nettoyage, on obtient le cuir cru.

Puis les peaux sont soumises à un contrôle très sévère.

Le tannage au sulfate de chrome assouplit le cuir, le rend flexible et agréable au toucher, il conserve ainsi mieux la chaleur et se teint plus aisément.

Le tannage

Avant la véritable opération de tannage, les peaux subissent deux autres traitements. La chaux est d'abord neutralisée au moyen de plusieurs acides (acide chlorhydrique, acide sulfurique ou acide lactique), puis les peaux sont rincées à l'eau. On procède ensuite au confitage du cuir qui sert à assouplir les fibres au maximum pour qu'elles absorbent les substances tannantes. Jadis, cette opération se pratiquait avec des excréments de chien, de poules ou des fiantes d'oiseaux, mais aujourd'hui, on emploie des enzymes qui détruisent les protéines.

Le tanneur sépare alors des peaux, qui font entre 5 et 8 mm d'épaisseur, en plusieurs couches. La plus précieuse, la fleur de cuir, sera ensuite traitée pour donner la matière première utilisée pour confectionner l'empeigne de la chaussure. La fleur de cuir mesure entre 0,6 et 1,8 millimètres d'épaisseur, alors que les bottiers travaillent le plus souvent des cuirs de 1,2 millimètre. La couche inférieure, la pelure, sert surtout à confectionner les doublures.

Vient alors l'étape majeure : le tannage. Contrairement à la peau brute, le cuir tanné ne devient ni raide ni cassant quand il entre en contact avec l'eau. Mouillé, il ne se putréfie pas. Il sèche et ne devient pas gluant s'il est soumis à de fortes chaleurs. La durée de vie d'un cuir, et par conséquent d'une paire de chaussures, dépend de la méthode de tannage. Dans l'atelier du bottier, le cuir sera soumis à rude épreuve : il sera clouté, étiré, martelé et assoupli. De plus, il devra conserver toutes ses propriétés : élasticité, solidité, confort et perméabilité à l'air.

Jusque vers 1850, les cuirs utilisés en cordonnerie étaient surtout tannés en fosse au moyen de tans végétaux (écorces de chêne et de résineux, bois de châtaignier, feuilles de sumac et noix de galle). Le cuir tanné en fosse se reconnaît facilement à sa couleur qui va de l'ocre jaune au beige clair. Ce procédé est encore utilisé pour traiter le cuir des semelles et des doublures.

Comme nous l'évoquions précédemment, les Égyptiens pratiquaient déjà le tannage minéral à l'alun et au sel commun. Bien plus tard, un chimiste allemand, Friedrich L. Knapp, découvrait en 1858 les vertus tannantes du sulfate de chrome et mettait au point un procédé très répandu de nos jours. Pour certaines catégories de cuirs (box, cuir de bœuf et de cheval), cette méthode a même presque entièrement remplacé le tannage végétal. Le dessus des chaussures est presque toujours réalisé à partir de cuirs tannés au sulfate de chrome, ce qui donne un produit plus souple, plus agréable au toucher, plus léger, qui retient bien la chaleur et qui, de surcroît, est plus facile à teindre que les peaux tannées à l'alun ou en fosse. Le tannage au sulfate de chrome présente aussi l'avantage d'être plus rapide. La durée du traitement passe de six à sept mois, pour les méthodes traditionnelles, à six ou sept semaines.

Dans le cas du tannage au sulfate de chrome, les cuirs crus sont plongés dans des cuves rotatives remplies de jus de tannage. Ils y restent douze heures jusqu'à ce que le sulfate de chrome s'imprègne dans les peaux. Après le tannage, le cuir se repose pendant au moins 24 heures, jusqu'à ce que la structure de toutes les fibres soit entièrement modifiée.

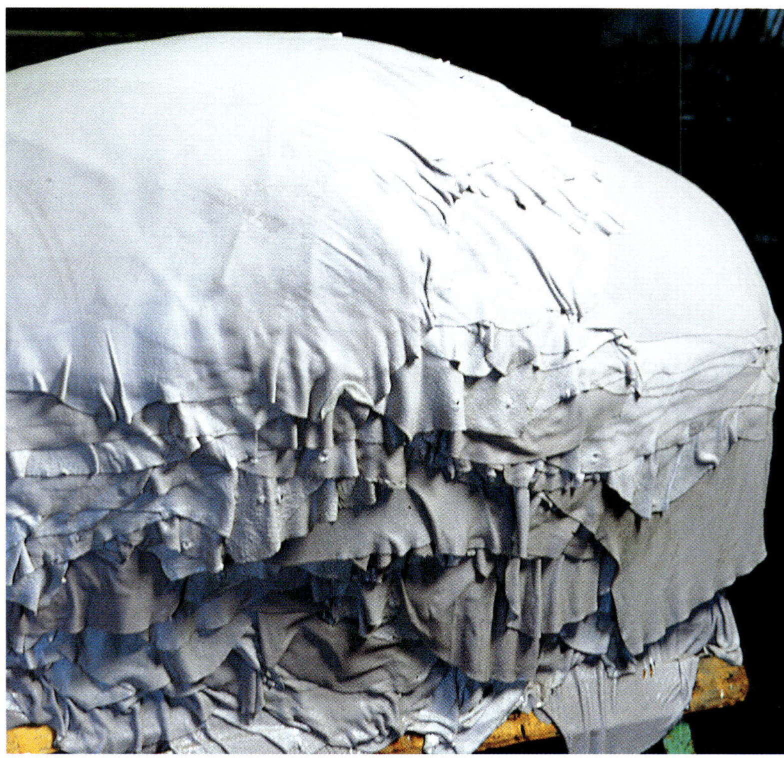

Le cuir cru tanné au sulfate de chrome présente une couleur bleuâtre.

Une fois teint, le cuir est séché à l'aide de lampes à l'infrarouge.

Le cuir séché à l'ancienne est étendu sur des claies en bois.

Le box, qui se distingue par une surface bien lisse, sert à réaliser les modèles élégants, tandis que le cuir grenu convient mieux aux chaussures plus sportives.

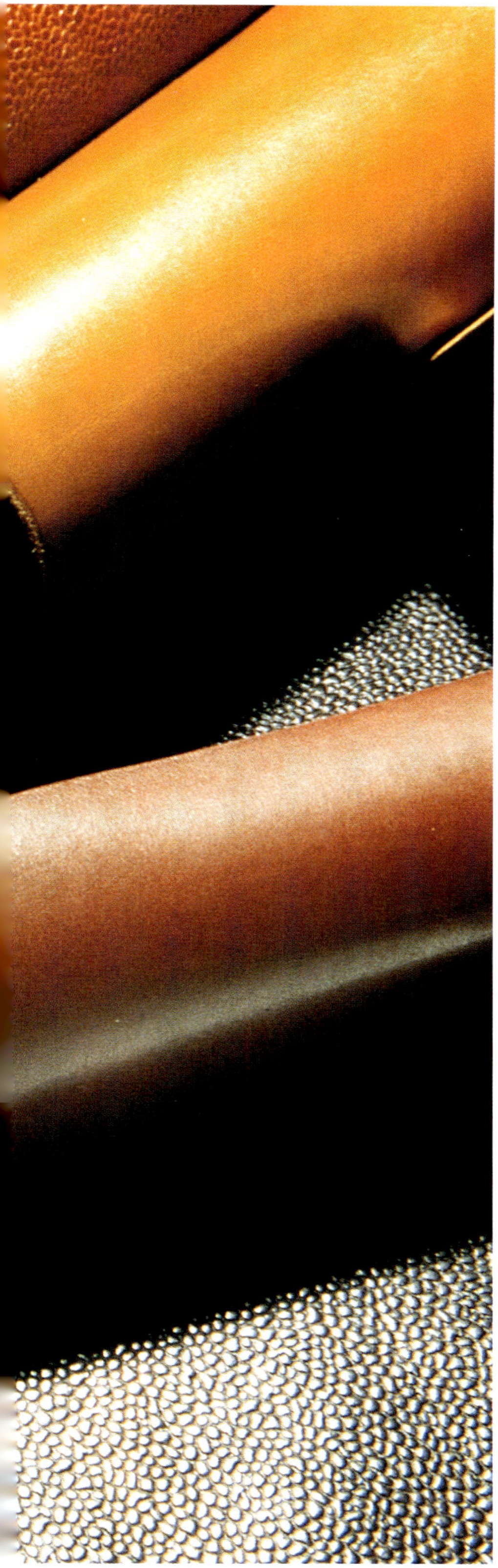

Grâce au lissage sur une plaque de verre, la surface du cuir devient parfaitement plane.

La dernière étape : la teinture et le corroyage

La dernière étape du tannage est consacrée à la teinture et au corroyage du cuir. Mais avant de teindre les peaux, le tanneur les presse pour éliminer l'eau superflue (essorage), puis il examine une fois encore les peausseries pour y détecter les éventuelles impuretés. Il existe deux méthodes de teinture. La première consiste à tremper les cuirs crus dans d'immenses tonneaux où ils seront brassés dans des colorants organiques ou synthétiques jusqu'à ce que la couleur pénètre toutes les fibres (teinture à cœur). Pour la seconde, le tanneur applique la teinture au pinceau. Mais à présent, on tend plutôt à employer la technique du pistolet (teinture sur une seule face).

Le séchage s'effectue, lui aussi, de différentes manières. À la machine, les peaux accrochées à des rails passent dans un tunnel de séchage d'une vingtaine de mètres de long. En revanche, les tanneurs qui optent pour la méthode traditionnelle étendent l'endroit du cuir sur d'immenses plaques de verre après avoir lissé les plis éventuels. Mais le procédé le plus ancien, et le plus courant de nos jours, consiste à tendre le cuir teint sur des cadres en bois. Dans un cas comme l'autre, qu'il soit lissé ou tendu sur une claie en bois, le cuir sèche à une température comprise entre 40 et 60 °C et se repose deux jours durant.

Ensuite, le tanneur graisse la surface pour lustrer et assouplir la peau. La dernière phase est consacrée au lissage de l'envers qui s'effectue soit manuellement, avec un fer très lourd, soit avec une machine comportant un rouleau qui presse l'endroit du cuir sur une plaque d'acier chauffée à 80-90 °C. Le cuir tanné au chrome présente désormais son aspect définitif.

La coupe

Avant l'industrialisation, le cordonnier taillait lui-même chacune des pièces qui composent une chaussure. À présent, sa tâche consiste surtout à monter les éléments de base : la semelle, la semelle intérieure et la trépointe. Le cuir à dessus (box, cuir de bœuf ou de cheval) est sélectionné chez le tanneur, puis envoyé à la coupe en même temps que les patrons du styliste. C'est dans cet atelier qu'un spécialiste découpe au tranchet chacune des parties composant la tige. Tout bon coupeur doit évidemment connaître parfaitement l'ensemble du processus de fabrication d'une chaussure, ainsi que les propriétés de chaque type de cuir.

« Nous avons de grandes responsabilités », affirme György Szkala, coupeur depuis plus de trente ans (actuellement à l'atelier de László Vass à Budapest), « parce que le box de premier choix est un matériau très onéreux. Si nous ne portons pas toute notre attention à la coupe, l'empeigne ou les quartiers d'une chaussure sur mesure seront bons pour la poubelle. De plus, la qualité varie en fonction des parties du cuir, même avec un excellent produit parfaitement corroyé. Il nous faut par conséquent décider de l'emplacement où nous taillerons les pièces formant le dessus de la chaussure : choisir l'endroit où le cuir est le plus beau, autour de la colonne vertébrale, ou là où la qualité est inférieure, vers le cou ou le ventre. L'expérience est un bon conseil. Mais comme chaque peau de box a ses caractéristiques propres, nous devons sans cesse réfléchir sur la disposition des patrons.

S'il s'avère ensuite qu'une empeigne taillée dans le plus bel endroit d'une pièce de box présente un défaut, nous utilisons ce morceau pour réaliser une autre partie de la chaussure. Et si, par hasard, le tranchet glisse au moment de la coupe et que la pièce de taille soit, au final, inférieure à celle indiquée sur le patron, nous l'utilisons ailleurs.

Le sens du cuir est également déterminant. Nous disposons le patron de l'empeigne là où cuir peut s'étirer en longueur, mais pas en largeur. En revanche, la quartier, la pièce latérale emboîtant le talon, ne doit pas se déformer dans le sens de la longueur, parce que la chaussure pourrait s'élargir de 1 à 2 cm, ce qui nuirait à sa forme et à sa tenue.

Un bon coupeur contribue à la beauté et à la durée de vie d'une chaussure. Il choisit et découpe les pièces de cuir destinées au dessus de la chaussure. Le coupeur est un véritable expert quand il s'agit de sélectionner la teinte, le poids, les fibres et la souplesse d'une peausserie.

Le coupeur commence par examiner chaque pièce de box dans le moindre détail pour vérifier si elle ne comporte aucun défaut oublié lors du contrôle effectué à la tannerie. Si la peau présente des entailles, des traces de rouleau ou des plis, il les marquera au crayon afin que ces endroits soient évités quand il disposera les patrons, et qu'ils ne servent en aucun cas à confectionner les pièce de la tige.

Le coupeur étire la peau dans toutes les directions pour étudier le sens du cuir et son élasticité. Il dispose ensuite les patrons en observant des règles très strictes. L'empeigne est toujours la plus importante, puis viennent les quartiers et les autres éléments. Les empeignes sont taillées dans une ou deux bandes de peau bordant la colonne vertébrale, tandis que les autres parties du cuir servent pour d'autres pièces.

Peu importe le type de cuir utilisé – box, cuir de bœuf ou Cordovan (cuir de cheval) –, la méthode reste la même. Le coupeur étale le cuir sur une table couverte d'un revêtement en caoutchouc d'environ 8 centimètres d'épaisseur qu'il pourra entailler sans risque puisque le caoutchouc se referme. Avant la coupe, il compte les éléments et les dispose de façon rationnelle : deux bouts-durs, quatre quartiers, deux contreforts, quatre renforts de laçage, et d'autres pièces si le patron est plus complexe. Il dispose, deux par deux, les éléments destinés aux pieds gauche et droit, en veillant à ce que le cuir possède les mêmes propriétés. L'espace entre deux découpes n'est parfois que d'un millimètre.

Ensuite, le coupeur presse le patron sur le cuir et taille l'empeigne, les quartiers et les autres pièces de la tige. Son outil, le tranchet, ressemble à un scalpel. Il l'affûte régulièrement pour éviter qu'il ne glisse ou que les bords de la coupe soient irréguliers, ce qui rendrait le travail du piqueur plus difficile.

Sur chaque pièce, il inscrit le nom du client, le numéro de la chaussure à laquelle elle appartient, et s'il s'agit du pied droit ou du pied gauche. Pour finir, les découpes sont ficelées ensemble, rangées dans un sachet, puis envoyées à l'atelier de piqûre.

Les deux patrons nécessaires à la réalisation d'une empeigne à bout fleuri sont déposés sur le cuir.

Le tranchet est un outil indispensable. Il est en acier flexible et s'aiguise à l'aide d'un fusil spécial.

Le box

La plupart des souliers de ville sont en box (ou box-calf). La peau du veau sert aussi bien à faire des cuirs lisses que grenus ou des peausseries retournées. Plusieurs hypothèses sont émises sur les origines de l'appellation box. D'une part, on pense qu'elle viendrait d'un excellent fabricant américain de cuirs, dont l'enseigne représentait un veau dans une boîte (angl. : *box*). Selon une autre explication, elle ferait référence à la perfection de la préparation d'un cuir de veau capable de conserver toutes ses qualités, même entreposé dans des caisses en bois. La troisième hypothèse attribue ce terme au cordonnier londonien Joseph Box qui aurait donné son nom à ce type de cuir. Le box, souple et résistant, occupe une place de choix parmi les cuirs. L'endroit des peausseries se distingue par la finesse de sa texture et de son grain qui dessine de jolis motifs. L'épaisseur du box oscille entre 1 et 1,2 millimètres et chaque pièce a une surface comprise entre 7 et 10 m^2 (La norme internationale est calculée en pouces, mais nous préférons appliquer le système métrique). Une peau de box suffit pour tailler deux à trois paires de chaussures d'un modèle simple, ne comportant que quelques éléments, notamment un derby dont l'empeigne est constituée d'une seule pièce.

Pour un derby dont l'empeigne est constituée d'une seule pièce, il suffira de découper l'empeigne, les quartiers et le contrefort. Le cuir est étalé sur la table. La marque de la colonne vertébrale dessine une ligne médiane qui va du cou jusqu'au bas du dos. Les patrons des empeignes sont disposés symétriquement par rapport à cette ligne : à droite pour la chaussure droite, et à gauche pour la chaussure gauche. Comme on peut tailler plusieurs paires de chaussures dans une même pièce de box, le coupeur dispose successivement plusieurs patrons le long de cette ligne médiane. La région du cou n'est jamais employée pour confectionner l'empeigne, car le cuir est trop lâche et présente souvent des plis qui nuiraient à l'élégance et à la tenue du soulier. Les morceaux restants sont utilisés pour les quartiers et le contrefort.

Compte tenu de leur taille, les pièces de cuir de bœuf sont livrées en deux moitiés. Le cuir de premier choix se trouvant le long de la colonne vertébrale, c'est dans cette partie que l'on découpe l'empeigne de la chaussure.

La texture du cuir de bœuf est presque toujours obtenue par superposition d'une couche de cuir grenu.

Le cuir de bœuf

Le cuir de bœuf, de structure plus grossière, est la matière première qui sert à fabriquer les chaussures de travail robustes. À l'inverse du box, les fibres réticulaires sont très épaisses (*voir* page 130). Elles supportent au moins 20 000 torsions sans que le cuir ne se déchire ou devienne cassant. En général, la couche papillaire est rarement visible, parce que sa surface est traitée et recouverte d'une couche de cuir grenu.

La surface du cuir de bœuf est beaucoup plus rugueuse que celle du box. En général, les pièces de cuir de bœuf atteignent 3 m^2. À cause de leur grande taille, on préfère souvent les livrer à l'atelier de coupe en deux moitiés séparées de part et d'autre de la colonne vertébrale. Le coupeur répartit les patrons des différentes pièces de la tige sur le cuir en appliquant par conséquent une méthode différente de celle utilisée dans le cas du box. En effet, même si les parties les parties les plus précieuses sont ici aussi celles situées le long de la colonne vertébrale, le coupeur disposera les patrons des empeignes des pieds droits et des pieds gauches non pas l'un à côté de l'autre, mais l'un derrière l'autre le long de la colonne vertébrale. Il respectera le sens du cuir – notamment dans le cas d'une peausserie recouverte d'une couche de cuir grenu – pour éviter que le grain ne s'efface à l'usage. Car c'est précisément la texture grenue d'une peau qui confère à la chaussure son caractère et son originalité.

Le cuir d'un cheval ne permet de confectionner qu'une seule paire de budapest.

Le Cordovan

Alors que jadis, le cuir de Cordoue désignait un cuir de chevreau (cordouan) d'une extrême finesse, traités avec des tans spéciaux, ce terme tend aujourd'hui à désigner un cuir de cheval (Cordovan) extrêmement résistant qui se prête parfaitement à la fabrication de modèles classiques aux lignes rustiques. Ces chaussures, destinées à durer longtemps, sont souvent pourvues d'une double semelle et d'une doublure plus solide que pour les modèles courants. Les plus beaux souliers en Cordovan sont probablement les budapest.

Le Cordovan n'est guère plus lourd que le box, et la différence d'une paire à l'autre est de 80 à 100 g au maximum (une chaussure en box pèse environ 500 g contre 540 à 550 g pour une chaussure en Cordovan). Le prix très élevé de ce matériau est dû à ses propriétés, mais également à sa rareté, car il représente une infime partie de la peau de l'animal, à savoir deux petits ovales d'environ 3 m^2 que l'on tire de la croupe du cheval. Étant donné que les bottiers n'utilisent que les peaux de cette partie de l'animal, on pourrait presque poser l'équation suivante : un cheval = une paire de chaussures.

Ce cuir d'une épaisseur comprise entre 1,6 et 1,8 millimètres est aussi souple que le box. Mais à l'inverse du box et du cuir de bœuf, le coupeur n'a plus aucun repère (par exemple : la colonne vertébrale) quand il place ses patrons. Il palpe alors la peau pour rechercher les endroits où elle est la plus épaisse ou la plus souple, puis il répartit ses patrons de façon à ce que les pièces des chaussures droite et gauche possèdent les mêmes propriétés. Tandis que les creux qui marquent la racine des poils ont disparu du box, le Cordovan présente parfois des traces qui n'ont pas pu être estompées lors du corroyage. On enduit alors ces pores d'une crème, puis on polit le cuir pour obtenir une surface parfaitement lisse et lustrée.

Les peaux exotiques

Le lézard

La superficie d'une peau de lézard atteint tout juste 1 m^2, alors qu'une paire de chaussures en requiert au moins trois ou quatre fois plus. Le coupeur doit par conséquent prouver ce dont il est capable. Comme une pièce de peau ne suffit pas pour tailler deux empeignes, il lui faudra trouver deux peaux ayant approximativement la même couleur et les mêmes dessins. L'empeigne doit être coupée là où le cuir est le plus épais et où les écailles sont les plus belles. On ne réussit à trouver un dessin symétrique qu'en recherchant l'axe médian des peaux.

Les modèles particulièrement raffinés sont fabriqués en assemblant une multitude de petits morceaux de peau. Les combinaisons de lézard et de box sont particulièrement séduisantes.

Le bout, le contrefort de talon et le renfort de laçage de ce modèle sont taillés dans une pièce de lézard.

Le crocodile

C'est la peau du jeune crocodile qui se prête le mieux à la confection des chaussures parce que les écailles de l'animal adulte tendent à devenir cassantes quand on les travaille. La peau d'un crocodile suffit pour fabriquer une paire de chaussures. Le coupeur dispose ses patrons sur le cuir en veillant bien à ce que le dessin des écailles soit identique sur les chaussures droite et gauche.

Pour le lézard comme pour le crocodile, le sens du cuir ne joue aucun rôle. Comparées au veau, les peaux de reptiles sont relativement fines et plus bruyantes lors de la marche, elles sont donc garnies d'une doublure intermédiaire en box qui leur donne davantage de souplesse (la peau de lézard est fixée sur une fine couche de box). Les souliers en lézard ne portent ni piqûres, ni perforations car les motifs que dessinent les écailles sont le plus beau des ornements.

Les motifs que dessinent les écailles du lézard (à gauche) et du crocodile (à droite) font toute la beauté d'une chaussure de luxe.

Divers renforts montés à l'intérieur de ce derby en box prolongeront sa durée de vie.

Le bout en box fin de ce derby est renforcé par des bandes de lin contrecollées.

La chaussure et ses parements

Pour plus de confort, les chaussures sur mesure cousues à la main ont toujours une doublure qui sert également à cacher les renforts. Les pièces qui composent la partie visible de la chaussure sont certes découpées dans un matériau souple et solide, mais le cuir ne prendra sa forme définitive qu'après toute une série d'opérations successives. Même si le tannage donne à la peau toute sa solidité, le bottier la renforcera lors du montage en cousant divers renforts intérieurs qui augmenteront sa tenue. La doublure cache ces renforts qui, en frottant, pourrait irriter le pied.

À l'inverse du cuir à dessus, celui de la doublure n'est pas tanné au chrome mais en fosse, avec des tans végétaux qui donnent des peausseries permettant à la peau du pied de mieux respirer. En général, les bottiers confectionnent les doublures en veau, car ce matériau résistant, souple et élastique est extrêmement perméable à l'air et à l'humidité.

Les pièces destinées à doubler la chaussure ne sont pas identiques à celles de la tige. Pour ne pas gêner le pied, il faut, en effet, absolument éviter que les coutures de la tige ne se superposent avec celles de la doublure. Par ailleurs, l'intérieur comportera le moins de pièces possibles, afin de limiter le nombre de piqûres. Lors de la conception des patrons, les éléments qui serviront à tailler la doublure seront donc confectionnés séparément.

Certaines garnitures, notamment celles que l'on applique sous les perforations du bout, des quartiers, des bordures supérieures des quartiers et parfois même en haut de la languette d'une chaussure à bout golf fleuri, sont souvent coupés dans le même cuir que la tige. Le passepoil, utilisé pour renforcer les bords, est considéré comme l'une des méthodes les plus sophistiquées (*voir* page 111). On le réalise dans le même matériau que le dessus du soulier.

Par ailleurs, pour certaines chaussures exigeant une tenue à toute épreuve, le coupeur renforce l'empeigne et les quartiers en collant des bandes de lin sur l'envers du cuir.

D'autres parements, notamment les renforts des pattes de laçage et les passepoils des modèles à bout golf fleuri sont coupés dans le même cuir que le dessus de la chaussure.

On remarque à la couleur du cuir que la pièce que l'on coupe ici est destinée à une doublure.

Préparation et montage de la tige

Le piqueur marque les piqûres,...

...ainsi que les œillets.

Il biseaute les bordures avant de les assembler.

Les bordures sont durcies par brûlage.

Les arêtes sont imprégnées d'une teinture.

Une fois découpés, les différentes pièces de la tige, la doublure et les parements sont envoyés à l'atelier de piqûre. Jadis, l'assemblage des pièces de la tige était une tâche qui incombait au bottier. Mais, de nos jours, le métier de piqueur est une profession à part entière.

Avant d'être piquées à la machine, les pièces de cuir doivent subir une préparation particulière. Le piqueur commence par marquer les endroits où les pièces doivent se rejoindre, puis il note l'emplacement des ornements et des œillets.

Le biseautage des bords des pièces prédécoupées est un moment important car il permet d'obtenir des raccords parfaits. Si l'on ne réduisait pas l'épaisseur du cuir, il formerait un bourrelet sur les coutures.

Ceci ne concerne évidemment pas la bordure supérieure des quartiers et de la languette, mais c'est en revanche le cas pour les éléments visibles qui se recouvrent et mettent l'empeigne en valeur, notamment si l'on a un bout droit ou golf. Qui supposerait le soin et la minutie exigée pour qu'une chaussure soit belle dans le moindre détail ? Pour cela, les cordonniers ont mis au point des méthodes parfois très sophistiquées. Il existe néanmoins des procédés moins complexes comme celui qui consiste à plier les bords et à surpiquer les deux couches superposées. Mais les techniques les plus perfectionnées sont indéniablement la dentelure et le passepoil (*voir* pages 105 et 111).

Avant de plier, denteler ou passepoiler la bordure du cuir, le piqueur la biseaute puis il la brûle. Cette opération sert à ôter les restes de peau qui dépassent après la coupe, et à durcir les bordures. Comme l'envers des cuirs teints au pistolet est souvent plus clair, on passe une éponge imprégnée de teinture autour de chaque pièce pour éviter toute différence de couleur.

Les quartiers sont prêts pour l'étape suivante.

Les dentelures

Les dentelures n'ont pas pour seul but de nettoyer les bordures du cuir, elles servent également de décoration. Cette méthode, surtout recommandée pour les modèles composés de plusieurs parties, confère un charme particulier à la chaussure. Souvent, le haut de la languette, voire la languette entière, est agrémentée de dentelures pour une meilleure harmonie des motifs.

La machine à denteler fonctionne selon le même principe qu'une machine à coudre. Mais, au lieu d'avoir une aiguille, on y monte différents outils coupants en acier qui permettent d'obtenir des motifs et des profils droits ou arrondis. Une fois cette étape terminée, les bordures du cuir sont également imprégnées d'une teinture à l'aide d'une éponge.

Le bout golf d'un budapest est presque toujours orné d'une fine dentelure au motif régulier.

Les dentelures servent à embellir et à renforcer les bordures. Les dentelures des quartiers de la chaussure sont souvent passepoilées.

Les dentelures le long de la bordure du cuir sont réalisées à la machine à denteler.

Les perforations (*brogueings*)

La plupart des modèles de chaussures pour hommes existent soit en cuir uni sans trous, soit dans une version ornée de perforations (*voir* Les modèles). Un soulier dont les coutures et le bout sont agrémentés de trous, est dit à bout fleuri. Si le bout est droit, on parlera d'un bout droit fleuri, et si les perforations décorent un bout golf – c'est-à-dire couvrant l'avant et les côtés –, on parlera d'un bout golf fleuri. Les trous que l'on voit le long des coutures forment des lignes, tandis qu'ils dessinent de jolis motifs géométriques sur la pointe et parfois sur les quartiers de la chaussure.

Les perforations en ligne mettent en valeur les formes et les courbes des éléments qui composent la tige, notamment les coutures qui relient l'empeigne et les quartiers, le contrefort du talon et les quartiers, mais aussi, dans le cas des bout droit ou golf fleuris, le bout et l'empeigne. La bordure supérieure des quartiers est elle aussi agrémentée de perforations en ligne.

Le décor le plus simple consiste à percer les uns après les autres des trous de 3 millimètres écartés d'environ 5 millimètres. Certains motifs plus complexes présentent une alternance de trous de petite et de grande taille : un petit trou d'un millimètre de diamètre est placé entre deux autres de 3 millimètres. L'écart entre le décor et la bordure du cuir doit être assez large pour qu'une ou deux piqûres puissent encadrer ces perforations.

C'est le piqueur qui réalise les perforations. Il se fie à son œil et à son expérience, car les espaces entre les trous ne sont pas marqués d'avance. Il utilise pour cela un emporte-pièce bien affûté qu'il pose à la verticale sur le cuir tendu sur une plaque de caoutchouc, et d'un coup de marteau, il perce les trous l'un après l'autre à un rythme régulier.

Pour réaliser les perforations, on utilise un emporte-pièce bien aiguisé dont le diamètre est compris entre 1,3 et 5 millimètres.

D'un mouvement régulier, le piqueur crée un dessin parfait en alignant bien les trous.

Il commence par percer des trous de 3 millimètres à intervalles réguliers.

Pour terminer, le piqueur perce deux petits trous parallèles entre les gros trous.

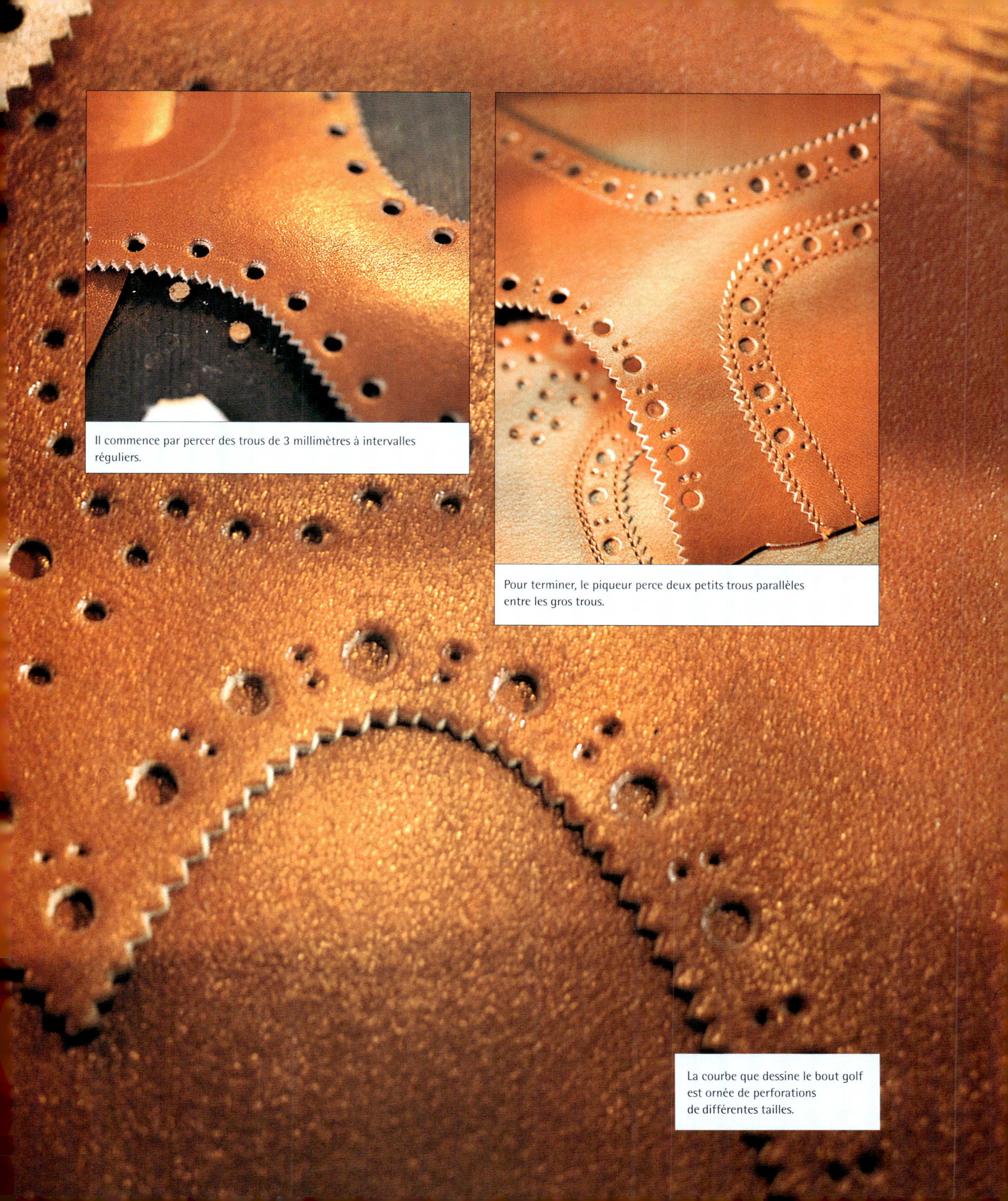

La courbe que dessine le bout golf est ornée de perforations de différentes tailles.

Le bout fleuri

Le bout et l'empeigne des modèles à bout droit ou golf fleuris présentent de jolis motifs perforés (brogueings). Ces motifs, réalisés par des trous plus ou moins gros ou de même taille, sont disposés de façon à créer des lignes, des courbes et des formes géométriques et symétriques d'une extraordinaire diversité. Des perforations d'un diamètre variant entre 1 et 3 millimètres alternent parfois avec des trous plus gros (environ 5 millimètres) qui se trouvent au centre d'un dessin, lequel ne couvre pas entièrement le bout de la chaussure.

Le client peut choisir l'un des motifs créés par le styliste, mais aussi demander un dessin plus original imaginé exclusivement pour lui. D'un point de vue technique, les perforations du bout de la chaussure sont réalisées selon la même méthode que les trous alignés, mais le piqueur utilise ici les patrons du styliste. Il place une feuille de papier fin sur le cuir et le perce soigneusement à l'emporte-pièce en respectant les emplacements marqués sur le modèle.

Comme les perforations en ligne suivent les contours des éléments de la tige et se trouvent souvent au niveau des coutures, la couleur du cuir transparaît obligatoirement sous les trous. On risque aussi d'apercevoir la peausserie de la garniture sous les motifs qui décorent le bout, et si le soulier ne comporte pas de garniture, les perforations laissent apparaître le cuir de la doublure. Pour éviter ces différences de couleur, le cordonnier colle, sous les perforations, une fine couche de cuir coupée dans une pièce qui a servi à réaliser le dessus de la chaussure.

Le but des perforations n'est pas uniquement d'ordre esthétique, il est également pratique. Les chaussures d'été sont souvent pourvues de gros trous de 5 millimètres qui permettent une meilleure aération du pied.

Les trous les plus gros sont encadrés de petites perforations qui dessinent des cercles et des lignes droites.

Ce motif en forme de lierre est très courant sur les arrondis.

Le dessin est réalisé à l'aide d'un patron.

La rigueur de ce dessin géométrique est égayée par des trous de différentes tailles.

Une parfaite harmonie se fait jour ici entre le motif et les alignements de trous.

Le piqueur renforce l'empeigne et les quartiers avec des garnitures de cuir ou de textile.

Un renfort en cuir dont on a biseauté les bords est collé sous les œillets de laçage.

Aux arrondis, le passepoil empêche le cuir de se distendre.

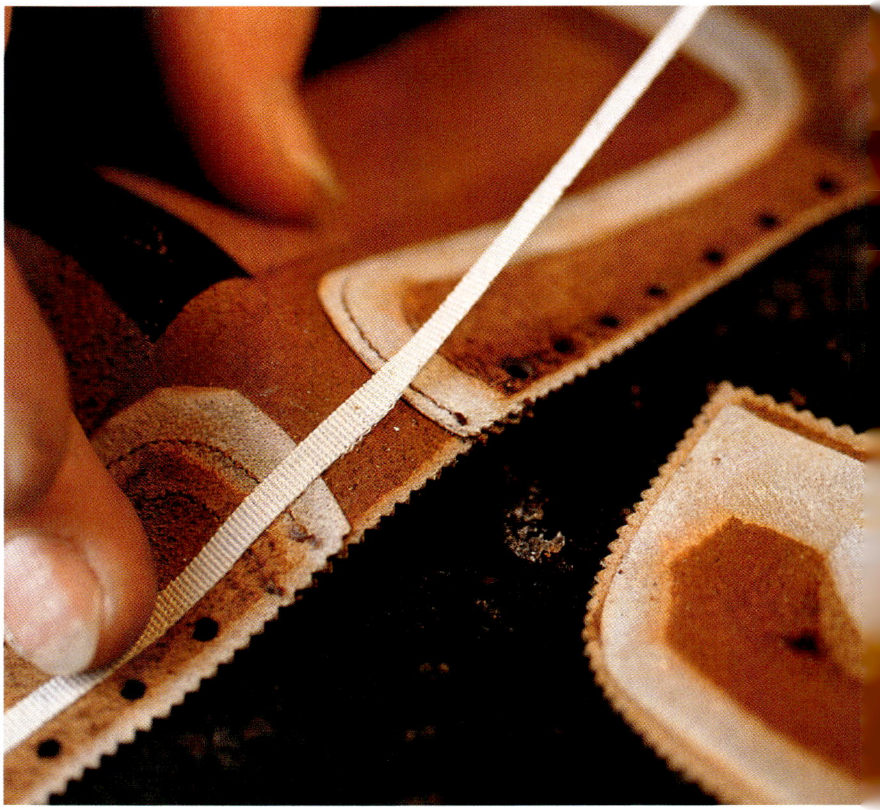

Un gros grain maintient les pièces cousues en place.

Renforts de la tige

Pour qu'une chaussure conserve toute sa beauté et sa solidité pendant de longues années, la tige est garnie de renforts qui l'empêchent de se déformer à l'usage. C'est au piqueur qu'incombe la tâche de confectionner certains renforts, tandis que d'autres sont montés par le cordonnier au cours d'une autre étape de travail.

Les endroits qui seront renforcés se trouvent avant tout là où la chaussure tend à se déformer, notamment sur les bords supérieurs des quartiers. On y applique un textile très résistant, par exemple un gros grain de 3 à 5 millimètres de largeur, capable de s'allonger sans se distendre. Par ailleurs, le piqueur glissera un morceau de drap de lin entre le cuir à dessus et la doublure des quartiers et de l'empeigne.

Ces renforts sont collés avec une solution faite de caoutchouc dilué à l'essence. Ce type de colle met entre 10 et 15 minutes pour sécher et reste souple et élastique.

Pour renforcer les parties du soulier qui s'usent le plus à l'usage, notamment le bout, le piqueur utilise des bandes du cuir coupées dans les parties qui ont servi à confectionner le dessus de la chaussure. Il apporte également un soin particulier aux zones sensibles, comme le tour des œillets de laçage, très sollicité lorsque l'on a tendance à trop serrer ses lacets. Il colle alors des bandes de cuir de 2 à 2,5 centimètres de largeur sous le cuir à dessus, perce les trous, puis pique les renforts en même temps que la bordure des quartiers de la chaussure.

Comme les bandes de lin collées ou piquées le long des coutures des quartiers empêchent le cuir de se distendre, mais ne préviennent pas le risque de déchirure sur les bordures supérieures des quartiers, on utilise un autre type de renfort, le passepoil, qui confère un charme supplémentaire à la chaussure. Pour cela, le piqueur utilise une bande de cuir d'environ 1,8 centimètre de largeur. Celle-ci sera biseautée, pliée, collée à la bordure du cuir, puis surpiquée. Une fois l'opération terminée, une bande de cuir de 1 à 1,5 millimètres reste visible au-dessus de la bordure.

Le passepoil est collé sous la bordure des quartiers.

La couleur du fil supérieur doit être choisie dans un ton plus foncé que le cuir.

La couleur du fil inférieur doit être assortie avec celle du fil supérieur.

Les coutures du dessus de la chaussure doivent toujours être précises et régulières.

Montage des pièces de la tige

Dès la préhistoire (env. 50 000 ans av. J.-C.), l'homme a assemblé des pièces de cuir pour confectionner des vêtements de toutes sortes. Il les cousait avec des épines, des arêtes de poisson, des os et des ligaments. Lors de fouilles sur des sites datant de l'âge de bronze (IIIe-Ier millénaire av. J.-C.) on a mis au jour des aiguilles à coudre rudimentaires constituées d'une fine tige de bronze, pointue à une extrémité et dotée d'un trou dans lequel on pouvait passer un fil. Jusqu'au milieu du siècle dernier, ce genre d'outil servait encore au montage des parties qui composent le dessus de la chaussure. De nos jours, ces aiguilles sont encore employées pour assembler la tige et la semelle.

En 1845, Elias Howe (1819-1867), un jeune tisserand américain, construisit la première machine à coudre capable de faire des doubles piqûres, que les fabricants des machines modernes n'ont fait que perfectionner.

Trois paramètres déterminent les piqûres extérieures : la couture doit être solide et durable, droite et régulière, et souligner l'esthétique du soulier.

Une ou plusieurs rangées de piqûres sont toujours nécessaires. Pour coudre la bordure des quartiers, une piqûre simple ou double suffit dans la plupart des cas. Mais aux endroits les plus sollicités, par exemple à la jonction entre l'empeigne et les quartiers, quatre piqûres seront souvent utiles. La distance entre les coutures est en général de 1 à 1,5 millimètre, et 1 centimètre peut comporter 5 à 6 piqûres.

En règle générale, le piqueur monte les parties en cuir très fin au fil de coton et utilise un gros fil de lin pour les peaux plus épaisses. Pour les éléments très fins, les cordonniers recommandent l'usage d'un fil de soie. Le fil employé lors de cette étape est composé de trois, quatre, six ou neuf torons. Pour déterminer la finesse d'un fil, on calcule le rapport entre sa longueur (en mètres) et son poids (en grammes). Ainsi, une bobine qui porte la mention 80/4 contient 80 mètres de fil pesant 4 grammes. Quand on coud à la machine, le fil supérieur et le fil inférieur passent l'un dans l'autre en formant une boucle, et la couture est capable de tenir plusieurs couches de cuir. Le fil supérieur est visible à l'endroit de la peau, tandis que le fil inférieur est caché à l'intérieur de la chaussure.

Comme les piqûres remplissent souvent une fonction décorative, le piqueur opère avec plusieurs épaisseurs de fil et varie le pas des points. Il soulignera le style sportif d'un modèle en optant pour un gros fil et des points plus larges (trois points par centimètre) ou en juxtaposant des piqûres fines avec d'autres, plus grossières.

Mais avant de commencer à piquer, il lui faudra d'abord marquer toutes les pièces et inscrire les endroits où elles seront cousues. Pour cela, il assemble provisoirement les morceaux de cuir et les colle avec une solution de caoutchouc en suivant bien les marques. Cette étape facilite beaucoup le travail de couture car elle empêche les éléments de glisser sous l'aiguille de la machine. La couture doit toujours être précise et régulière car le moindre défaut nuirait à l'harmonie de ce futur petit chef d'œuvre.

Assemblage du bout fleuri et de l'empeigne.

Le piqueur fixe l'empeigne et les quartiers.

Une fois collé, le contrefort de talon est cousu avec les quartiers.

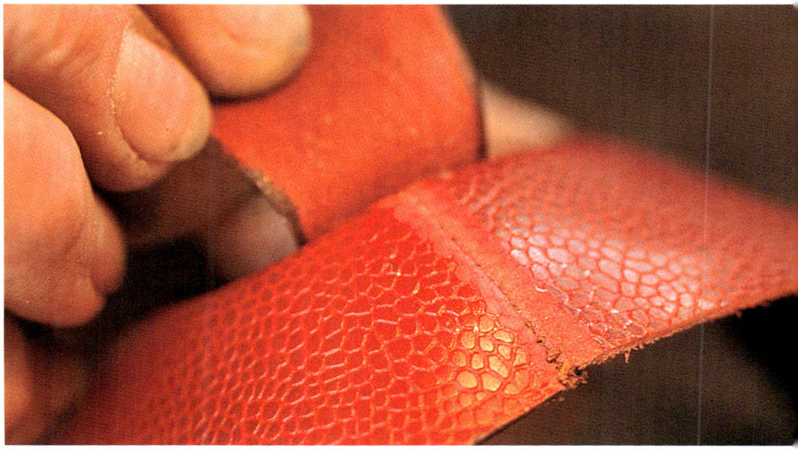

Si la chaussure ne comporte pas de contrefort au talon, le piqueur fixe une bande de cuir sur la couture.

On pique la doublure sur la bordure des quartiers.

Ici, la doublure d'un derby est soigneusement glissée dans la chaussure.

La doublure

Les patrons qui servent à couper la tige ne sont pas les mêmes que pour la doublure, et le piqueur monte les pièces séparément. Pourtant leurs formes s'ajustent parfaitement. La doublure est d'abord cousue sur la bordure du quartier uniquement, car le bottier doit ensuite placer plusieurs renforts entre les deux couches de cuir. Par ailleurs, il doit aussi ajouter le bout-dur, l'ailette (renfort latéral) et le contrefort du talon.

La doublure – en cuir souple et extrêmement résistant que l'on ajuste sous le dessus du soulier – est constituée de trois parties : l'empeigne et deux quartiers. On la place de façon à ce que son endroit tapisse l'intérieur de la chaussure. Pour doubler les mocassins, on a recours à une petite astuce. Quatre pièces composent la doublure : l'empeigne, deux quartiers de petite taille et un élément à part que l'on fixera aux deux quartiers au niveau du talon. Au moment de la couture, le bottier retourne cette pièce en veillant à ce que la face mate du cuir soit à l'intérieur. Ce procédé permet une meilleure adhérence et empêche le pied de sortir de la chaussure lors de la marche.

La doublure d'un derby diffère de celle d'un richelieu. Tandis que la languette et l'empeigne du derby sont doublées en même temps puisque ces deux parties sont coupées d'une pièce, la languette du richelieu est un élément à part que l'on commence par doubler avant d'être piqué sur l'empeigne.

Pour les chaussures d'été, la doublure n'est pas une mince affaire, car les cuirs tressés ou perforés doivent pouvoir respirer. Pourtant, ces modèles – tout comme les sandales – sont souvent doublés d'une peausserie fine qui les empêchera de se déformer. Pour les chaussures à perforations, le piqueur percera les trous dans le cuir à dessus et dans la doublure. Quant aux sandales, la doublure est ajustée dans la chaussure, puis piquée sous le cuir. Pour finir, les parties qui dépassent seront coupées avec un tranchet bien aiguisé.

Les deux quartiers sont doublés.

Les finitions

Le piqueur a monté les éléments qui constituent le dessus de la chaussure, puis il a cousu la doublure, mais son travail n'est pas terminé pour autant. Il doit ensuite couper la doublure à environ 1 ou 2 millimètres au-dessus de la piqûre qui borde les quartiers en veillant bien à ne pas endommager les piqûres. Cette découpe sera parfaite puisque la doublure ne doit pas dépasser de la bordure des quartiers.

Ensuite, le bottier perce des œillets de 2 à 3 millimètres à intervalles de 1 à 1,5 centimètres. Il choisit le diamètre de façon à ce que les lacets accrochent, car avec le temps, les œillets tendent à s'élargir. Par ailleurs, les œillets plus fins sont plus esthétiques.

Après chaque piqûre, le piqueur coupe les fils. Il les dissimule en les glissant dans la doublure avec une alène, fait un nœud bien serré avec le reste du fil inférieur, puis coupe l'excédent ou le brûle.

Comme la partie supérieure de la chaussure est souvent mise à l'épreuve lors du montage, on ne se soucie pas encore du nettoyage et du polissage. Toutefois, le piqueur doit encore effectuer une tâche importante : il fixe une garniture sous le bout perforé en la collant avec une solution de caoutchouc, puis il nettoie les trous avec un bâtonnet – également en caoutchouc – afin d'ôter l'excédent de colle et éviter ainsi que la poussière ou un petit morceau de cuir ne s'y dépose au cours des étapes suivantes.

La doublure qui dépasse des bordures est soigneusement coupée.

Le piqueur perce les œillets.

Le dessus d'un budapest à bout golf fleuri est prêt à partir à l'atelier de cordonnerie.

La chaussure

1166
BUDAPEST

L'atelier du cordonnier-bottier

Le métier de cordonnier-bottier existe depuis que l'homme a imaginé de se protéger les pieds, c'est-à-dire depuis quelque 15 000 ans. À l'âge de la pierre, ce sont les femmes qui se chargent de la confection des souliers. La spécialisation fait son apparition lorsque plusieurs familles finissent par se réunir et confient cette tâche, à l'instar d'autres travaux, à l'un de leurs membres.

Une des plus anciennes représentations de cordonnerie se trouve sur les parois de la tombe de Rekhmiré à Thèbes et date de près de 4 000 ans. Différents métiers y sont illustrés un peu comme sur une bande dessinée : constructeur de bateaux, joaillier, sculpteur, scribe et... savetier, plus exactement sandalier. La présence de ce dernier atelier parmi les peintures murales de la tombe du vizir de Toutmôsis III prouve que cette profession occupait une position en vue dans la société égyptienne de l'époque.

La division du travail y existe déjà. C'est, entre autres, le cas pour le galbage et le perçage des avant-trous facilitant le passage des fils.

Dans la Rome antique, pour mettre un terme à d'incessantes querelles, l'empereur Numa Pompilius (715-672 av. J.-C.) divise tous les citoyens en neuf collèges (du latin *collegia*) selon leur origine; celui des cordonniers (en latin, *sutores*) vient au cinquième rang. En ce qui concerne l'Empire romain, des regroupements corporatifs ne sont cependant attestés qu'à partir du IIe siècle av. J.-C. Contrôlées par l'État, ces associations avaient essentiellement pour tâche d'organiser des cérémonies religieuses et des assemblées communes ainsi que de fixer les règles de la profession. Les artisans isolés se regroupent géographiquement et viennent installer leurs échoppes dans les mêmes rues des grandes villes. Les cordonniers suivent évidemment cet exemple et on retrouve dans bien des centres urbains actuels des rues portant le nom de cette corporation.

Ce dessin sur une amphore grecque du VIe siècle ap. J.-C. (British Museum, Londres) montre un cordonnier en train de tailler du cuir. Au-dessus de lui, on distingue des outils et des modèles de chaussures. L'artisan travaille sur un établi horizontal où il procède également à l'essayage.

Savetier sur un relief tombal en provenance de Reims (IIe siècle av. J.-C.) en train de confectionner une chaussure sur un chevalet. À ses pieds, repose un panier rempli de morceaux de cuir, tandis qu'au mur sont suspendus des outils.

Les premiers documents écrits – des textes juridiques bourguignons – attestant l'existence de cordonniers-savetiers en pays germanique ne remontent qu'au VIe siècle de notre ère. Au IXe siècle, cet artisanat est mentionné dans la loi salique, au titre XLV, qui traite des fermages. Il y est fait obligation aux fermiers, c'est-à-dire aux administrateurs d'un fonds, de recourir à de bons « forgerons, orfèvres, savetiers, tourneurs... ».

Un tournant décisif pour ces artisans se manifeste au cours des Xe et XIe siècles : ils se regroupent en guildes. Ce sont désormais celles-ci qui défendent leurs intérêts sociaux et commerciaux. Les cordonniers établis dans les villes bénéficient non seulement de leur protection mais aussi des avantages des marchés, plaques tournantes du commerce. Les guildes sont soumises aux lois épiscopales et leur activité sociale est nettement influencée par le clergé.

Les saints Crispin et Crispinien sont les patrons des savetiers du Moyen Âge ; on célèbre aujourd'hui encore leur fête le 25 octobre. D'après une légende française, ces deux frères issus d'une excellente famille romaine ayant embrassé la foi chrétienne et, de ce fait en butte à la vindicte de l'empereur Dioclétien (284-305 ap. J.-C.), se réfugient à Soissons. Ayant appris le métier de cordonnier, ils prêchent l'Évangile durant les journées et, la nuit, ils confectionnent – gracieusement – des chaussures pour les pauvres. Leur vie exemplaire leur attire bientôt des ennemis qui les dénoncent au gouverneur romain Maximien Hercule. Toutefois, ni la torture – les pointes métalliques qu'on tente de leur enfoncer sous les ongles en rejaillissent violemment en blessant certains spectateurs – ni les pierres meunières – attachées à leur corps pour les noyer – ne peuvent rien contre eux. On finit par les décapiter. Les soldats jettent leurs cadavres aux animaux sauvages qui les laissent intacts. Une autre légende veut que, sur les instances d'un ange, un vieillard accompagné de sa sœur, ait procédé à leur inhumation aux environs de Soissons. Selon une autre légende, des chrétiens les auraient emmenés à Panisperma, en Italie, pour les ensevelir dans l'église San Lorenzo. Les bourgeois de Soissons (siège épiscopal depuis le IIIe siècle) leur consacrent une église. Finalement, au IXe siècle, leurs reliques trouvent leur dernière demeure à Osnabrück.

Selon une légende anglaise, les deux frères étaient en fait les enfants de la reine de Kent. Pourchassés par le gouverneur Maximien Hercule, ils s'enfuient à Faversham déguisés en paysans miséreux. Crispin entre en apprentissage chez un cordonnier et son frère devient légionnaire. Le maître savetier charge son élève d'apporter une paire de chaussures à Ursule, la fille de l'empereur Maximien (nommé co-César en 288 ap. J.-C. par l'empereur Dioclétien). Les deux jeunes gens tombent amoureux l'un de l'autre et se marient en secret. Lorsque Maximien l'apprend – la noble origine des deux frères et les hauts faits de Crispinien dans l'armée romaine plaident en leur faveur –, il finit par leur pardonner et reconnaît officiellement, un 25 octobre, leur union.

Le retable *Deux scènes de la vie des saints Crispin et Crispinien* du « Maître aux œillets » bernois (1500-1510) montre, en haut, les deux frères en train d'offrir des chaussures aux pauvres ; en bas, les deux saints sont emmenés à leur exécution après avoir été torturés (Schweizerisches Landesmuseum, Zurich).

Les corporations de cordonniers

À la fin du XIe siècle, les guildes se transforment en corporations. D'après les documents qui nous sont parvenus, la première corporation de cordonniers en Allemagne est fondée en 1104 à Trêves. D'autres ne tardent pas à lui succéder : à Rouen avant 1135, à Wurtzbourg en 1128, à Toulouse (les corroyeurs) en 1158, à Brême en 1274 et en 1377 à Francfort-sur-le-Main. 1272 voit la création à Londres de la « Guild of Cordwainers » (à l'instar du mot cordonnier français, altération de « cordouanier » – artisan travaillant le cuir de Cordoue –, ce mot anglais tire son origine de la ville espagnole réputée au Moyen Âge pour ses peaux) qui regroupe également les tanneurs et les corroyeurs. Ils avaient pour devise « corio et arte » (grâce au cuir et au savoir-faire). Les cordonniers et les savetiers de Paris adhèrent à la « Confrérie des Compagnons de Paris » en 1379. À la même époque, à Zurich, il est fait mention d'une corporation des « Suter und Altpützer » (cordonniers et savetiers).

Ces corporations édictent leurs propres règles et veillent jalousement à leur respect. Elles se préoccupent des prix pratiqués, contrôlent la qualité et réglementent sévèrement la production ainsi que la durée du travail, l'admission et la formation des apprentis et des « valets » (appelés ultérieurement compagnons). Elles maintiennent la bonne entente entre leurs membres. Les documents et l'argent étaient déposés dans le coffre de la corporation confié aux membres les plus honorables ; il présentait la plupart du temps la forme d'un autel portatif. On y conservait le nom des membres, les papiers importants, les gobelets de valeur, les linceuls et d'autres symboles de l'association. Dans certaines villes, les corporations riches possédaient une maison où elles tenaient leurs assemblées et leurs réunions périodiques ; les compagnons accomplissant leur « tour » y trouvaient également le gîte et le couvert.

Le jeune homme désirant s'orienter vers le métier de cordonnier doit satisfaire à de nombreuses conditions. Il ne peut devenir apprenti que si sa lignée tant maternelle que paternelle est honorable. En outre, le postulant doit passer quinze jours dans un atelier pour faire la preuve de son habileté et de son talent. Une fois ces conditions satisfaites et son apprentissage payé, il peut enfin conclure un contrat avec le maître. Ce dernier assume désormais l'obligation d'enseigner au jeune homme tous les arcanes du métier et de veiller à sa moralité. Le jeune reste en moyenne trois ans chez son maître, et un an de plus s'il ne peut payer les frais. Une fois cette période écoulée et une œuvre de fin d'apprentissage exécutée, le compagnon entreprend un « tour » de six à neuf ans, au cours duquel il a l'occasion d'approfondir et d'élargir ses connaissances auprès d'autres maîtres. (À partir du XVIIe siècle, la durée de cette pérégrination est ramenée à un an et demi et fait désormais partie de l'apprentissage obligatoire). Au cours de son périple, le compagnon doit passer au moins six semaines dans chaque atelier ; la durée de son séjour, ainsi que son comportement sont notés sur un parchemin, plus tard sur un carnet de route. Une fois son « tour » accompli, le compagnon exécute son chef-d'œuvre afin de témoigner de son art devant un jury

Cette eau-forte d'Abraham Bosse (vers 1650), intitulée *Un atelier de cordonnier*, nous renseigne sur l'aisance du maître artisan que l'on voit debout derrière son comptoir en habit d'apparat.

d'examen composé de quatre des plus anciens membres de la corporation. Il doit confectionner quatre paires de chaussures et de bottes dans un délai de huit jours. La charte des artisans de Wurtzbourg mentionne en 1763 l'obligation de réaliser les pièces suivantes : « une paire de bottes de cavalier, une paire de chaussures fines pour homme, une paire de souliers de dame à talon de bois et une paire de pantoufles de dame à talon de bois. » C'est seulement après avoir réussi cet examen – au demeurant très coûteux, car les jurés exigeaient une pièce de prix – que l'impétrant obtient le titre de maître et le droit d'adhérer à la corporation. Il acquiert, ce faisant, et avec lui toute sa famille, la reconnaissance sociale et la protection du groupe et de la communauté.

Les documents anciens montrent que les cordonniers pouvaient vivre sur un grand pied. Par exemple, à l'époque du roi d'Écosse Jacques V (mort en 1542), John Peachey, un maître cordonnier de Fleet Street, employait plus de quarante compagnons ou apprentis, qui l'accompagnaient partout y compris à l'église, revêtus de livrées conçues spécialement pour eux et portant l'épée au côté. John Camps, un maître de Cheapside, également en Angleterre, lègue à sa mort, en 1736, 37 000 livres à des œuvres de bienfaisance.

Un des cordonniers allemands les plus célèbres, Hans Sachs (1494-1576) n'était pas seulement réputé pour l'excellence de son travail, mais aussi pour ses talents de poète et de maître chanteur. À côté de nombreuses comédies satyriques où il se moquait des artisans et des bourgeois de la ville, il a écrit plus de 4 000 chansons et 85 pièces de théâtre pour le carnaval.

À la campagne, on trouvait des cordonniers plus modestes. Ils confectionnaient et réparaient pour les paysans des chaussures simples mais solides. Officiant généralement dans de misérables échoppes, ces savetiers y jouissaient pourtant d'une meilleure réputation qu'à la ville; ils étaient en effet capables de réparer si bien une chaussure qu'elle paraissait neuve. Dans les campagnes, on pouvait également rencontrer des cordonniers itinérants. Ils transportaient leurs outils avec eux et confectionnaient des souliers pour les habitants des fermes avec le cuir que ceux-ci leur fournissaient. Les cordonniers des campagnes ont toujours représenté une concurrence non négligeable pour les corporations citadines, c'est pourquoi ces dernières ont toujours strictement contrôlé l'équilibre de l'offre et de la demande sur le marché local. La ville de Nuremberg, par exemple, fait afficher en 1800 une interdiction à toutes les domestiques de se procurer des chaussures ailleurs qu'en ville.

Les couleurs sombres et terreuses ainsi que les têtes penchées avec application sur l'ouvrage soulignent la pauvreté de la famille du savetier dans cette peinture à l'huile de David Ryckart qui date de 1684 : *Savetier et ses compagnons dans son atelier* (Museum der bildenden Künste, Leipzig).

Les artisans constituent un des thèmes de prédilection de l'époque de la Renaissance. *Un Cordonnier*, une eau-forte de 1750 en témoigne. D'un intérêt historique évident, elle nous livre des informations pratiques sur les modèles et les procédés de fabrication.

Il convient cependant de mentionner la concurrence que se livrent les différents ateliers entre eux. En dépit des contrôles, certains engagent plus d'ouvriers qu'ils n'en ont le droit ou exigent d'eux plus d'heures de travail que celles permises par les règlements (dix en été et onze en hiver) ou encore produisent des modèles non autorisés.

À l'origine fabricant de rubans et de bretelles, le Suisse C.F. Bally a su tirer profit, comme tous les autres industriels de la chaussure, des innovations techniques du XIXe siècle (gravure sur bois, vers 1881, Musée de la chaussure Bally, Schönenwerd, Suisse).

La révolution industrielle et ses conséquences

À partir de 1750, les villes perdent progressivement de leur importance politique. Ce changement qui s'accompagne de la nouvelle liberté de commerce et d'industrie – introduite en France en 1791 et au début du XIXe siècle en Prusse, elle n'est reconnue définitivement dans toute l'Allemagne que par un édit de 1869 – entraîne la dissolution des corporations. Les syndicats sont, dans une certaine mesure, leurs actuels héritiers.

Pour l'artisan cordonnier, l'avènement de l'ère industrielle au début du XIXe siècle marque le commencement des difficultés. Les premières machines à coudre d'Elias Howe précèdent de peu les premières machines « petits points » pour coudre la tige (1856) et fixer semelle et talon ; en 1874 apparaît la machine Goodyear qui permet d'assembler trépointe, tige et première en une seule couture, ce qui assure à la fois souplesse et étanchéité. Vers 1900, la machine à coudre « de part en part » de McKay marque l'avènement de la mécanisation dans la cordonnerie. Les fabricants de chaussures retirent d'énormes avantages des innovations techniques. La fabrication et le commerce de cet article se répandent particulièrement vite en Amérique. Dès 1901, les États-Unis exportent plus d'un million de paires vers l'Angleterre. Ne pouvant rivaliser ni avec la rapidité des grandes manufactures, ni avec les prix pratiqués, les petits artisans disparaissent les uns après les autres. Le cordonnier finit par être ravalé au rang de réparateur de chaussures. Toutefois, le facteur qualité ne tarde pas à opérer une nette distinction entre production industrielle et artisanale. De nombreux ateliers, fiers de leur tradition, trouvent une clientèle relativement importante chez les personnes qui, aujourd'hui comme hier, adoptent la devise « c'est la chaussure qui fait l'homme » et attachent une grande importance à la qualité et à la facture de leur garde-robe.

Certains bottiers de Londres, Paris, Rome, Vienne ou Budapest font honneur aujourd'hui encore à leurs traditions qui remontent pour certains à plus d'un siècle.

Depuis 1568, date de la gravure sur bois de Jost Amman et Hans Sachs, *Le Cordonnier*, tirée de la série *Description réelle de tous les métiers de la terre*, rien n'a changé, ni les outils ni les opérations successives de l'assemblage.

Dans l'atelier de László Vass à Budapest, pour assurer une qualité constante tout au long des différentes phases de la confection d'une chaussure, chacun est concentré sur son travail, chacun est fier de la maîtrise de son art.

Ainsi László Vass à Budapest respecte-t-il à la lettre les règles de qualité édictées autrefois par la corporation. Chacun des employés n'est pas seulement fier de son travail, il l'adore; une atmosphère cordiale, voire familiale règne dans l'atelier.

Bien qu'en Hongrie les artisans n'aient dorénavant plus à confectionner de chef-d'œuvres, ils portent à chaque paire qui sort de leurs mains autant d'attention que s'il s'agissait de cette réalisation. En Allemagne, en revanche, l'examen de maîtrise est encore une condition préalable pour ouvrir un atelier et pour former des apprentis.

Les cordonniers-bottiers travaillant dans les ateliers traditionnels clouent, martèlent et cousent avec les mêmes gestes que leurs prédécesseurs d'il y a plus de 2 000 ans. On aperçoit à maintes reprises leurs mains dans les illustrations de cet ouvrage : portant des traces de coupures et de piqûres, déformées par les innombrables coups de marteau et points de couture, elles évoquent le temps passé et le travail d'antan. Ils ont confectionné eux-mêmes la plupart de leurs outils : tranchets, alènes et aiguilles ne se différencient pas de ceux que l'on voit sur les vieilles gravures. Chacun veille jalousement sur les siens car, à les en croire, « ils se manient tous différemment ».

Dans l'atelier de László Vass, il n'existe aucune division du travail, c'est-à-dire aucun travail à la chaîne où chaque pièce passe de main en main, où l'un s'occupe de la « première », l'autre de la trépointe, un troisième de la semelle et un quatrième du talon. Ici, chaque chaussure est entièrement confectionnée par la même personne et donc empreinte de sa personnalité. Il arrive fréquemment que, devant une paire achevée, le client soit capable de reconnaître la « patte » de l'artisan.

L'établi du bottier est un monde en miniature où – en dépit du désordre apparent – chaque morceau de cuir, chaque fil, chaque outil, sans compter la cire ou la teinture, tout occupe sa place et remplit sa fonction.

Ni les matériaux utilisés ni les outils n'ont connu de grandes modifications au cours des siècles passés. Si l'on compare un atelier de cordonnier du XVIe siècle, tel qu'il nous apparaît dans la gravure ci-dessus à gauche, à un établi traditionnel d'aujourd'hui, on ne constate pas de grande différence. On retrouve encore toutes les phases, tous les procédés d'antan. Les pages suivantes vont certainement vous en persuader.

Le montage d'une chaussure

Le cuir nécessaire à la confection de l'ensemble de la semelle, laquelle correspond au dessous de la chaussure, arrive sur l'établi du bottier en même temps que la forme (au nom du client) et la tige (déjà cousue). Il peut alors entreprendre l'assemblage. Ce terme est d'ailleurs parfaitement approprié puisque, au fil des étapes, l'ouvrier adapte une pièce à l'autre en les cousant ou collant en dessus ou en dessous. À partir de peaux planes, il va créer un objet tridimensionnel.

Il commence par découper soigneusement au tranchet les différentes pièces de dessous : première, semelle, trépointe, sous-bouts et bon-bout. Après le montage des pièces supérieures, les pièces de renfort sont mises en place : bouts-durs, contrefort et ailettes.

L'étape suivante consiste à poser la première sur la forme en la maintenant à l'aide de clous, c'est-à-dire, en termes de métier, à l'afficher. En s'aidant de la pince, on monte ensuite la tige en la fixant provisoirement par des pointes.

Ensuite trépointe, première et tige sont cousues ensemble avec des points parfaitement réguliers. Sous le talon, la trépointe s'arrête souvent pour être en quelque sorte remplacée par des chevilles qui donnent plus de résistance au bon-bout. On place alors le cambrillon, un morceau d'acier ou de cuir très dur, pour donner la forme cambrée. Le reste du creux occasionné par l'épaisseur de la trépointe et de la tige est comblé par le remplissage, généralement en liège. On pose alors éventuellement une semelle deuxième (ou double) ou on coud directement la semelle d'usure. Avant la pose du talon, il est nécessaire d'aplanir la semelle, ici plus bombée, en posant une bande de cuir parée (c'est-à-dire aux bords amincis), en forme de fer à cheval, le couche-point. Pour terminer, on monte les sous-bouts et le bon-bout en les armant éventuellement de chevilles. La forme ayant acompli son rôle, on peut la retirer.

Le finissage donne à la chaussure son aspect définitif et esthétique. On lisse parfaitement toutes les surfaces intérieures et extérieures, on les lustre, on les polit pour mettre en valeur les points des coutures et donner son brillant final à la semelle.

Tiges, formes, patrons et peaux ont été livrés à l'atelier.
Le bottier peut désormais assembler une chaussure parfaitement adaptée.

On voit ici les parties principales d'une chaussure cousue Goodyear à semelle simple.

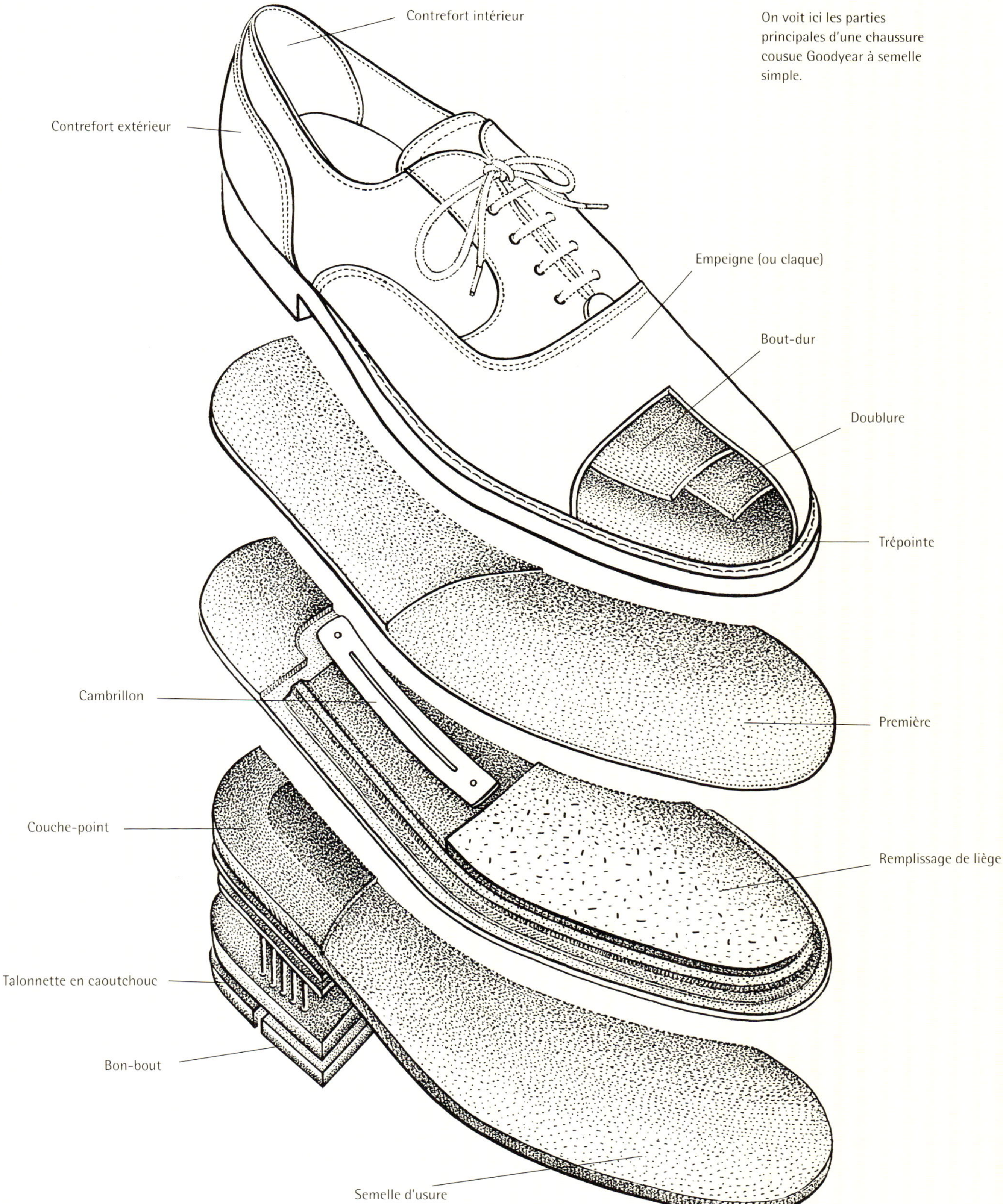

L'a b c de la chaussure

Ailette

Taillé en bandes relativement étroites dans du cuir de dessus, ce renfort latéral est placé entre la tige et la doublure ; il empêche les côtés de se déformer et assure donc le maintien du pied.

Bon-bout

Le talon est terminé par le bon-bout, la pièce de cuir dur qui vient au contact du sol.

Bout-dur

Pour garder la forme, conférer un galbe élégant, résistant aux chocs et aux intempéries, on place à l'avant de la chaussure un morceau de cuir assez épais (1,7 à 2 mm) tiré du collet. Il est taillé en fonction du modèle et de la pointure et placé entre la peausserie et la doublure. Il sert aussi de protection supplémentaire pour les doigts de pied.

Cambrillon

La forme cambrée des chaussures est obtenue par une pièce d'une dizaine de cm de longueur sur 1,5 cm de largeur qui, selon les cas, est en bois, en acier ou en cuir très dur, le cambrillon. Il s'étend du milieu du talon au début du patin, empêche la première de s'affaisser et assure ainsi la stabilité de la marche.

Contrefort

Le contrefort est un morceau de cuir maintenant l'emboîtage en forme et enserrant donc le talon du pied.

Couche-point

Le couche-point est cloué à l'arrière de la chaussure sur la première et la semelle d'usure. Cette pièce de cuir de 2 cm de large et de quelque 3 mm parée en biseau vient rendre plane la surface de ces dernières et y remplace parfois la trépointe. Dans les chaussures à cousu Goodyear, le couche-point est cloué, dans celles à montage norvégien, il est cousu.

Doublure

L'intérieur de la tige est doublé d'une fine épaisseur de cuir tanné. Comme elle vient en contact direct avec le pied, elle se doit d'être très douce et de laisser respirer la peau.

Emboîtage (ou contrefort extérieur)

Partie arrière de la tige.

Première

La première (sous-entendu semelle) est taillée dans une peau de 2,5 à 3,5 mm d'épaisseur suivant la robustesse désirée. C'est à partir d'elle que l'on procède au montage de la chaussure. Elle est généralement recouverte intérieurement par une semelle de propreté.

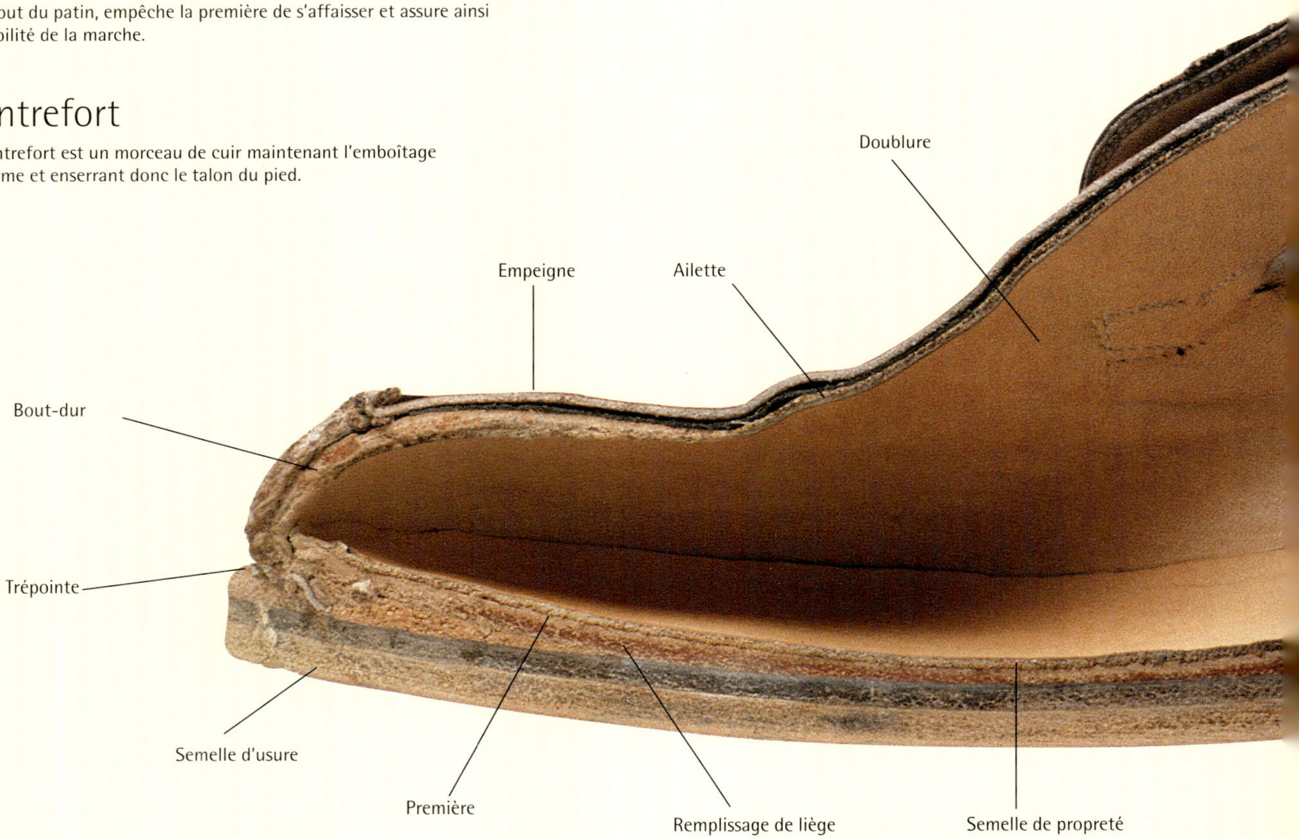

Remplissage de liège

Il sert à combler le creux entre première et semelle double ou semelle d'usure, suivant les cas, et confère donc à la chaussure confort, élasticité et isothermie.

Semelle de propreté

Appelée aussi semelle intérieure, c'est un morceau de cuir très souple et très fin qui recouvre la première et vient directement au contact du pied. Selon les vœux du client, elle peut être entière, trois-quarts ou un quart (uniquement au talon).

Semelle d'usure

Le semelle proprement dite mesure environ 5 mm d'épaisseur quand il s'agit de chaussures élégantes, sensiblement davantage pour les souliers plus robustes ; elle est dite d'usure car elle vient au contact avec le sol.

Sous-bout

La hauteur désirée du talon est obtenue par la superposition de plusieurs sous-bouts (2 à 4).

Talonnette en caoutchouc

Une talonnette d'environ 6 mm de caoutchouc dur antidérapant vient compléter le bon-bout.

Tige

La tige est composée de pièces (cousues ensemble) de cuir à dessus tanné au chrome.

Trépointe

Bande de cuir d'environ 60 cm de long, 2 cm de large et épaisse de 3 mm. Elle est cousue à la tige, à la première et à la semelle d'usure ; elle assure l'étanchéité et le maintien de la chaussure.

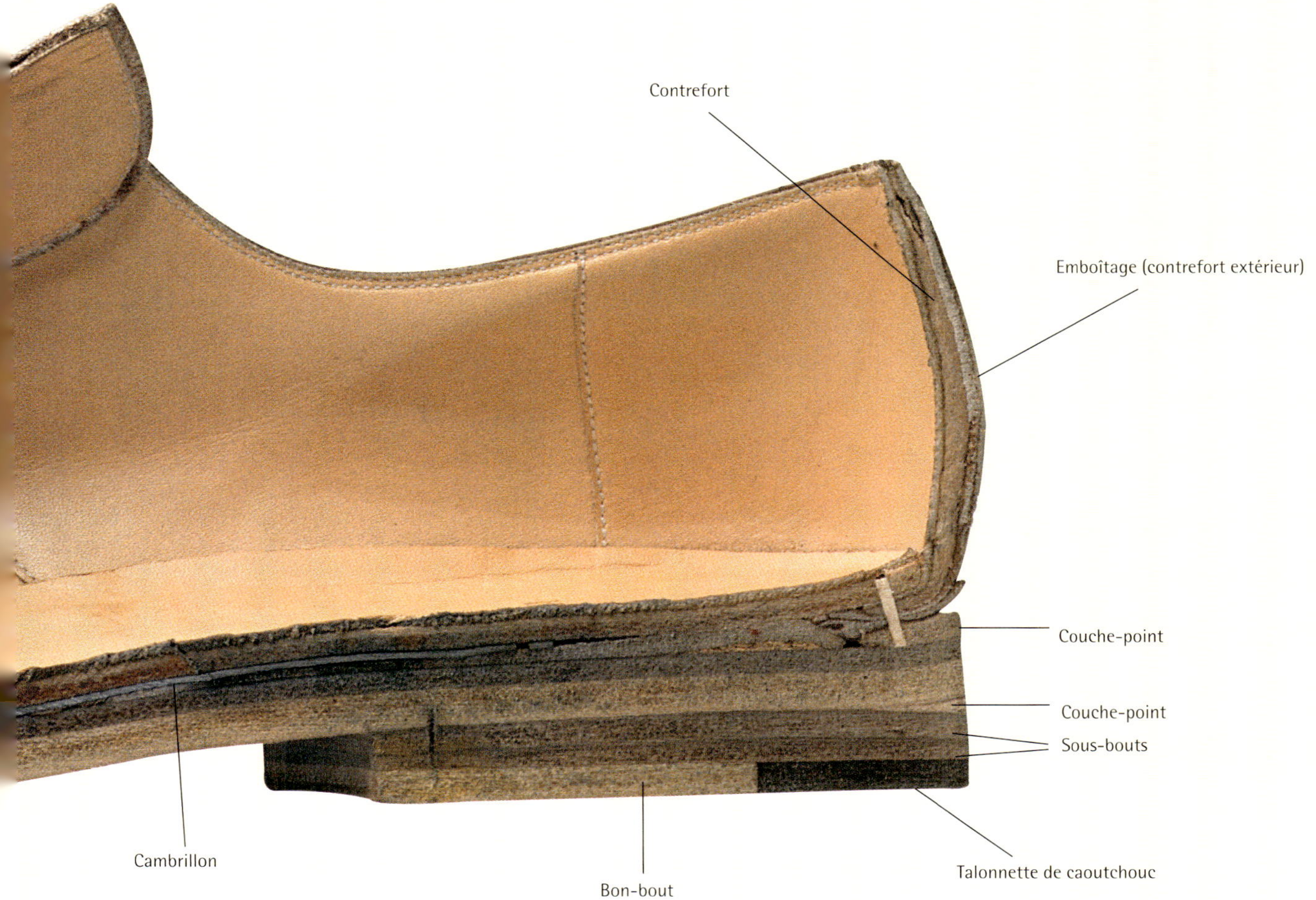

Le montage Goodyear

Parmi les chaussures cousues main, on distingue fondamentalement deux types de montage : le cousu Goodyear et le cousu norvégien.

Le principe de base, la fixation de la tige sur la première (semelle) à l'aide d'une trépointe, est identique dans les deux cas ; il en va de même de certains procédés de fabrication tels que la couture à deux aiguilles. Les deux schémas ci-dessous montrant le détail de l'assemblage, laissent cependant apparaître des différences essentielles, tant dans l'apparence que dans la destination de la chaussure.

La chaussure cousue Goodyear, qu'elle soit à semelle simple ou double, est à la fois élégante et légère. Elle est de mise pour le quotidien aussi bien que pour les grandes occasions.

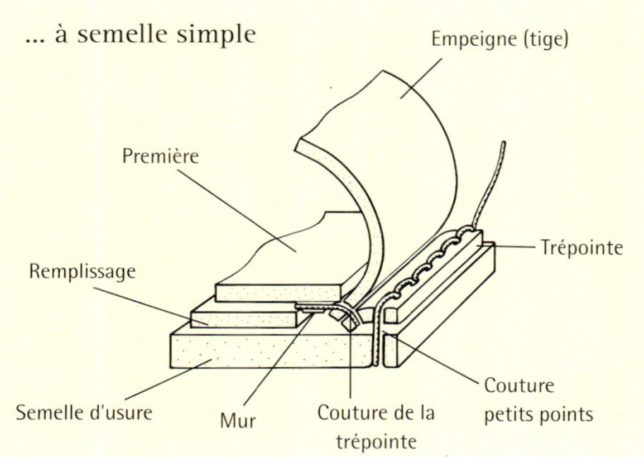

Coupe d'un montage Goodyear à semelle simple.
La première couture relie tige, trépointe et première.
La seconde couture relie trépointe et semelle d'usure.

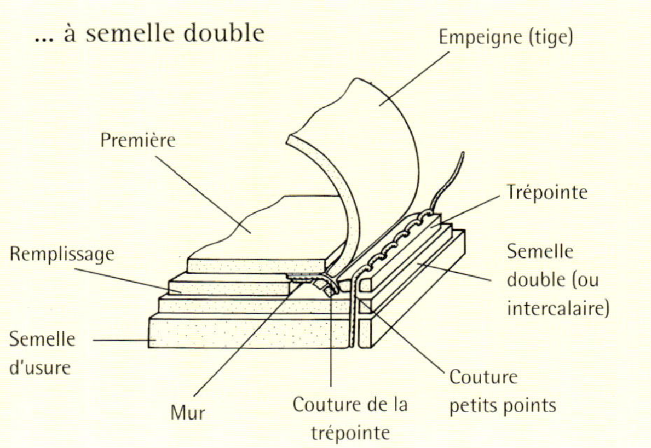

Coupe d'un montage Goodyear à semelle double.
La première couture relie empeigne, trépointe et première.
La seconde couture relie trépointe, semelle double et semelle d'usure.

Le montage norvégien

Les deux variantes du cousu norvégien – à semelle simple et couture double ou à semelle double et couture triple – constituent un type de chaussures solides, plutôt sportives. Elle peuvent toutefois conférer à un costume léger de jour une touche de raffinement. Mais elles ne sont certes pas adaptées aux événement particulièrement habillés. Le cousu norvégien présente deux variantes principales : l'une où la trépointe s'arrête au talon, l'autre où elle fait tout le tour du soulier. Dans ce second cas, le talon est plus débordant que de coutume.

Le cousu norvégien est plus approprié aux peaux épaisses et lisses ou au nubuck. Convenant à tous les coloris possibles, ce montage est particulièrement apprécié pour les bottines ou les bottes.

... à semelle simple

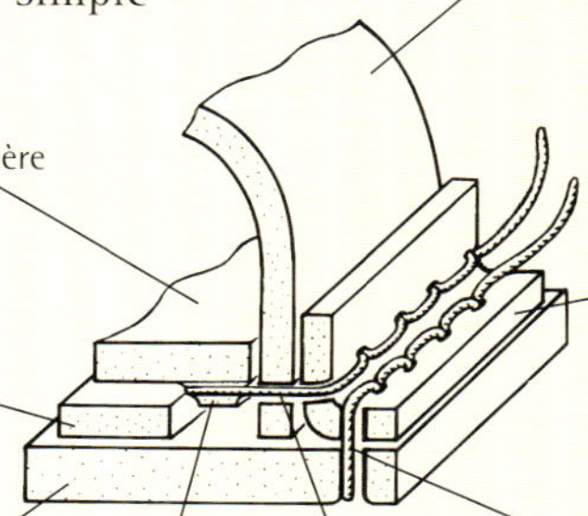

... à semelle double

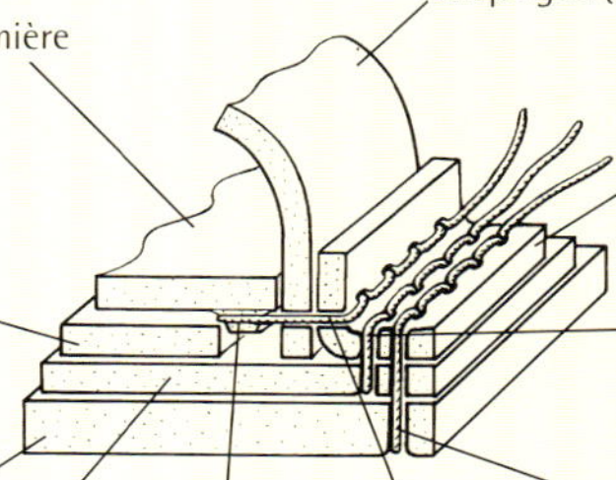

Coupes de montages norvégiens, l'un à semelle simple, l'autre à semelle double. Dans le premier cas, deux coutures parallèles, entrelacées plutôt que doubles, courent sur la trépointe à l'instar du cousu Goodyear. La couture de la trépointe, très apparente, relie la trépointe, la première et la tige. Le montage à semelle double se caractérise par trois coutures parallèles qui ont la même fonction que dans le cas précédent mais qui, cette fois, sont toutes trois apparentes. La couture de la trépointe relie trépointe, tige et première, les deux coutures petits points lient, l'une, trépointe et semelle intercalaire, l'autre, semelle intercalaire et semelle d'usure.

Le tannage en fosse

Tous les cuirs à dessous des chaussures cousues main pour homme – première, semelle d'usure, semelle intercalaire le cas échéant, contrefort, sous-bouts, bon-bout, bout-dur et trépointe – sont traditionnellement taillés dans des peaux solides afin de garantir résistance et durabilité. Le tannage végétal à la fosse consistant en un trempage dans de grandes cuves pleines de jus de tannin confère aux peaux de bœuf ces qualités. Les phases préparatoires de ces gros cuirs sont sensiblement les mêmes que pour les peaux de dessus (*voir* page 93), mais le tannage proprement dit diffère sensiblement. D'une part, on utilise d'autres produits, d'autre part, on a recours à une autre technique. Alors que, pour obtenir des cuirs à dessus, on remue continuellement les peaux dans de grands récipients, on évite au contraire d'agiter celles destinées aux semelles car cela entraînerait une diminution de la solidité des fibres collagènes, ce qui est évidemment à éviter vu les rudes épreuves auxquelles sont soumis les cuirs à dessous. C'est pourquoi on adopte aujourd'hui encore pour ces derniers la très ancienne méthode du tannage à la fosse. On a besoin pour ce procédé d'au moins trois cuves, parfois davantage. Les peaux, préalablement nettoyées tant côté fleur que côté chair, sont plongées dans un premier bain tannique relativement peu concentré, durant près de six semaines. On les trempe ensuite dans une solution nettement plus concentrée durant encore près de six semaines et, pour terminer, elles séjournent dans une troisième fosse pendant près d'un an. Le tanneur dispose entre chaque peau une couche de tannins végétaux. La pile une fois complète, on remplit la fosse de jus tannant de manière à recouvrir entièrement les peaux. La mystérieuse alchimie qui transforme celles-ci en cuirs résistants, durs, massifs, résistants aux intempéries et aux changements de température tout en demeurant faciles à travailler et conservant leur teinte naturelle, peut alors s'opérer.

Les peaux, une fois nettoyées, sont disposées dans la première fosse.

Miracle de la nature

Des dessins datant de l'Égypte pharaonique montrent que l'imagination fertile de l'homme l'avait déjà poussé à utiliser branchages, écorces et feuilles des essences végétales les plus diverses, et même les noix de galle, pour le tannage des peaux. En fait, le plus fréquemment, on avait recours à l'écorce du chêne (du latin *quercus*), du manglier noir (ou rhizophore noir, qui contient jusqu'à 40 % de tannin), du mimosa, aux feuilles de myrte (*myrtus*) ou encore aux glands de chêne.

Aujourd'hui encore, on se sert de ces mêmes végétaux quand on désire obtenir des semelles de qualité hors pair. Le tannin établit des liaisons entre les molécules de collagène, ce qui rend les peaux imputrescibles et solides.

Un vieux dicton de l'époque napoléonienne prétend que, pour obtenir un bon cuir, « il faut du tan et du temps ». Les tanneries attachant une grande importance à la qualité de leur production préfèrent les écorces et les plantes elles-mêmes à leurs extraits chimiques qui permettraient cependant d'accélérer le processus.

La différence de qualité en résultant est la même que celle existant entre le vrai café moulu et le café instantané.

Le tannage végétal prend donc énormément de temps, il faut laisser à la nature le temps de faire son œuvre. Dans un essai de 1744 (*L'Art du tanneur*), Jérôme de Lalande regrette qu'en France, on ne tanne pas les peaux durant trois ans comme en Angleterre et qu'on essaie par tous les moyens de gagner du temps. Il reconnaît toutefois qu'un an et demi pourrait suffire, mais ajoute que des tanneurs qui, de leur propre chef, tentent de descendre en dessous méritent la prison.

Les peaussiers qui, à l'heure actuelle, produisent les meilleurs cuirs et qui appartiennent tous, en Allemagne, au Altgerber Verband (Association des Tanneurs à l'Ancienne), sont en faveur d'un temps de tannage d'au moins un an, voire de quinze mois pour les cuirs les plus épais.

Ce délai garantit l'imprégnation totale des peaux qui, à certains endroits, peuvent atteindre 5 à 8 mm d'épaisseur.

Les peaux en train de sécher offrent un spectacle assez étrange.

Semelles en cuir de bœuf estampillé : produites par Johannes Rendenbach à Trêves, elles passent pour les Rolls Royce de leur catégorie et sont pourvues du label du *Altgerber Verband* (Association des Tanneurs à l'Ancienne).

Le cuir est laminé par de grands cylindres métalliques exerçant une forte pression pour le rendre étanche.

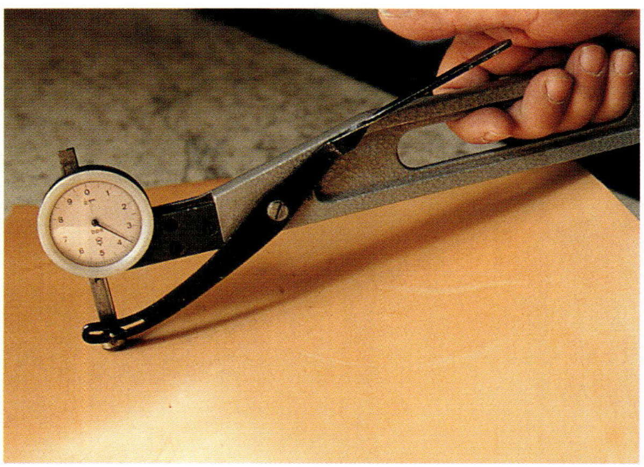

Les cuirs à dessous

Les traditions de tannage diffèrent d'un pays à l'autre. En Allemagne, par exemple, le label triangulaire, avec un chêne au centre, du *Altgerber Verband*, association unique en son genre qui, hélas, ne regroupe plus guère que trois tanneries, offre la garantie d'une tannage à la fosse avec de l'écorce de chêne. Seuls les cuirs ayant séjourné au moins un an dans des solutions exclusivement végétales ont droit à cette estampille. Dans les autres pays européens, France, Italie, Angleterre et Hongrie, certains tanneurs isolés pratiquent encore leur art en respectant les anciennes traditions.

Le tannage à la fosse permet d'obtenir des cuirs à la fois durs, résistants, souples, légers et faciles à travailler, supportant sans problème les nombreuses contraintes tant lors de la confection que plus tard, durant l'utilisation. Ce procédé est employé pour les cuirs à dessous – première, semelle d'usure, talon, trépointe et contrefort et présente de nombreux avantages : qu'ils soient exposés à la pluie ou à la neige, à l'asphalte brûlant ou aux cailloux coupants, leur forme ne s'altère pas. La trépointe ne s'étire ni ne se rétracte, et conserve ainsi constamment à la chaussure un maintien parfait. La première permet au pied de respirer, elle est capable d'en absorber la sueur sans se mouiller et possède en outre des propriétés germicides, empêchant le développement des bactéries et des mycoses. Les tannins végétaux confèrent aux cuirs une magnifique teinte naturelle et la fragrance qu'ils dégagent vaut bien celle d'un spray !

Même si la couleur et le toucher du cuir permettent de juger de sa qualité, il ne faut pas négliger pour autant l'examen à l'aide d'un instrument. Celui que nous reproduisons ici permet de mesurer très précisément l'épaisseur de la peau en tout point de sa surface.

Les cuirs forts

Les cuirs pour les semelles de chaussures proviennent de peaux de bovidés tannées à la fosse puis livrées aux ateliers où le bottier taille les pièces dont il a besoin. Il découpe premières, bouts-durs, contreforts, trépointes et, le cas échéant, semelles intercalaires dans du collet, éventuellement dans du flanc, c'est-à-dire dans des peaux de 2,5 à 3,5 mm d'épaisseur. Le cuir le plus résistant et le plus massif se situe de part et d'autre de la colonne vertébrale de l'animal entre le collet et les flancs ; on appelle cette partie le croupon (le terme crouponnage désigne d'ailleurs le découpage de la peau). Une fois tannée et corroyée, elle mesure en moyenne 6 mm d'épaisseur ; on en tire donc volontiers les pièces requérant une forte résistance : semelles d'usure, bons-bouts et couche-points ; les sous-bouts, par contre, sont fréquemment pris dans la tête, dans les pattes ou dans les restes de flanc. Alors que le patronnier-coupeur découpe toutes les pièces de la tige et les envoie à l'atelier de couture, le bottier ne taille que celles dont il va se servir pour la prochaine étape : en effet les dimensions exactes de certaines de celles-ci ne peuvent s'établir qu'au montage de la chaussure.

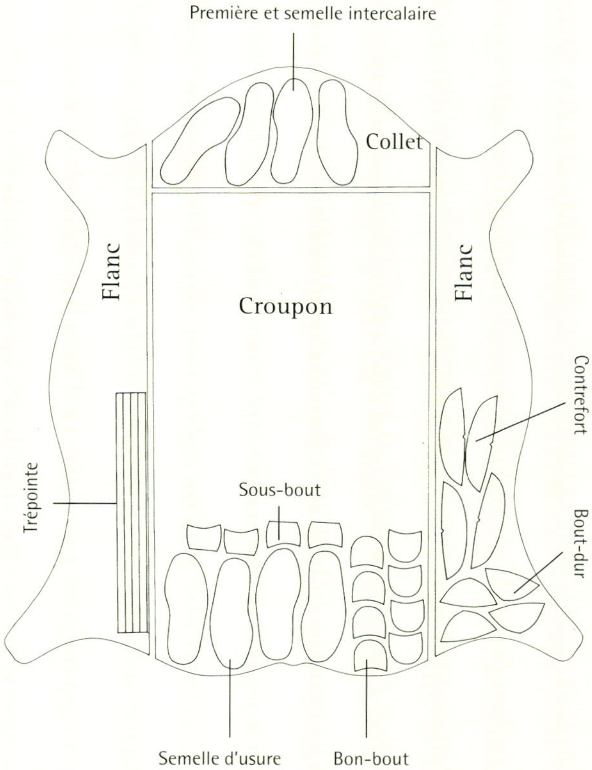

Le bord du collet et du flanc est plus fin que celui du croupon. Le bottier taille les morceaux dont il a besoin dans les parties qui lui paraissent le plus appropriées.

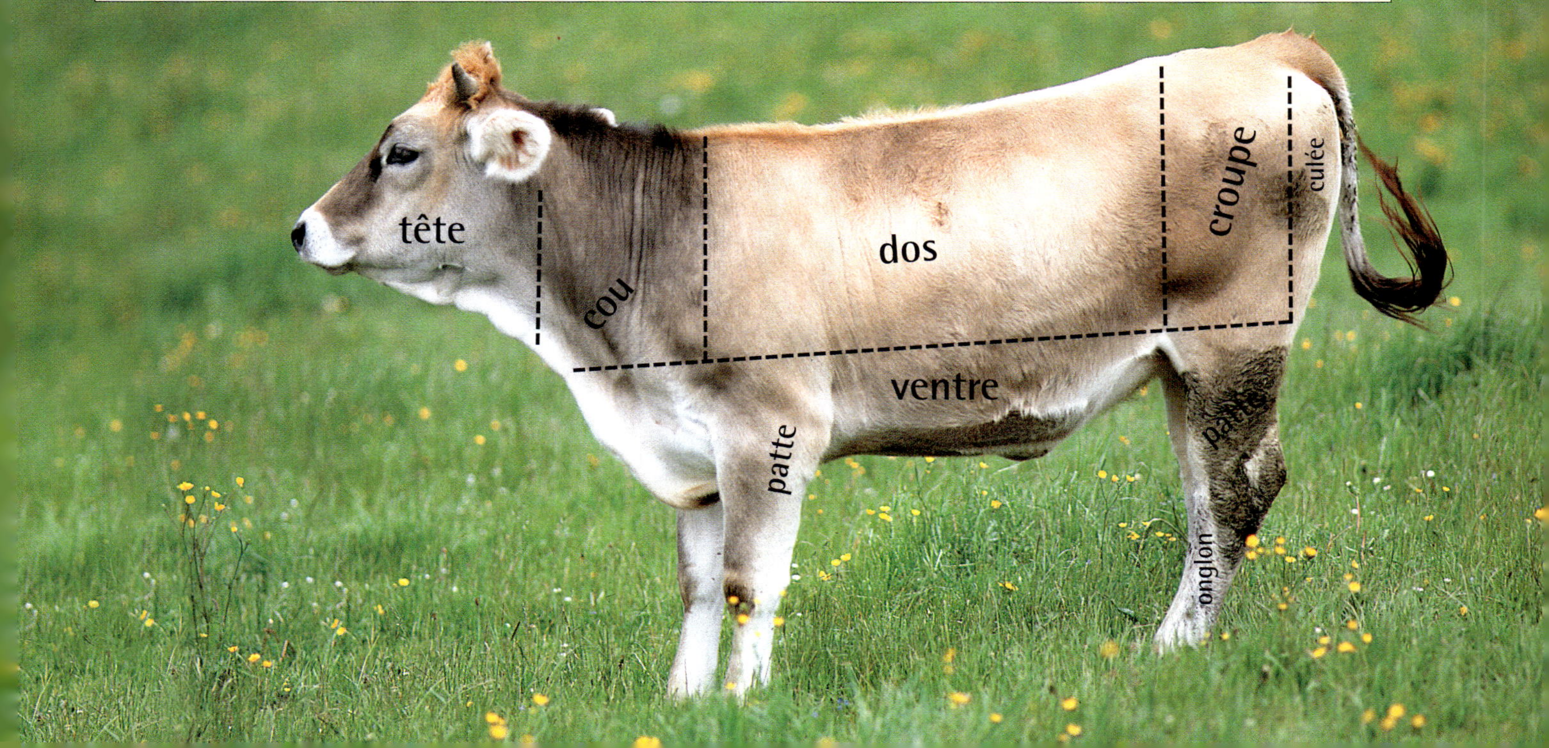

Découpage des cuirs à dessous

L'outil de coupe utilisé pour la semelle — le tranchet — est une simple lame d'acier, affûtée sur un seul biseau et légèrement tordue pour en faciliter le maintien. La poignée est recouverte de plusieurs couches de cuir qui permettent à l'artisan d'exercer une grande force sans se blesser. Pour faciliter le travail et réaliser des coupures franches, il est recommandé de l'aiguiser entre chaque morceau.

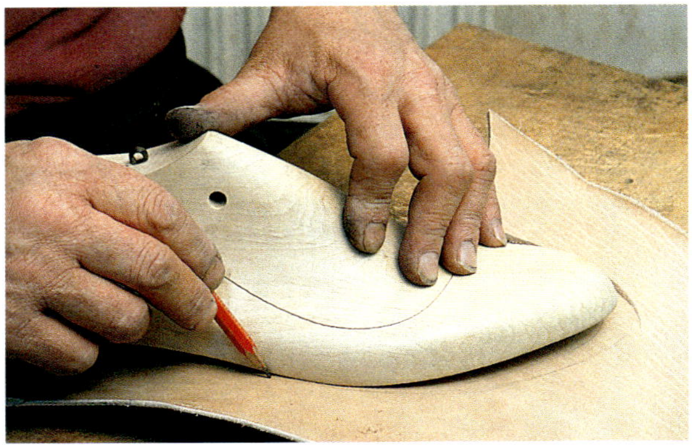

Les cuirs à dessous tirés du collet, du flanc ou du croupon sont livrés par la tannerie. Le découpage de chaque pièce est réalisé au fur et à mesure des besoins du bottier. Il commence par la première, taillée dans le collet. Il place chaque forme sur le cuir pour y reporter soigneusement les contours. La différence de taille entre le pied gauche et le droit d'une même personne peut atteindre une pointure.

D'une épaisseur de 5 à 6 mm, le croupon est livré en morceaux rectangulaires. La photo permet de juger de la solidité de ce matériau qui va être utilisé à plusieurs reprises dans la confection d'une paire de chaussures. Par exemple, le soulier à moitié terminé, on y taille la semelle d'usure. Après la pose de la trépointe sur la première, le bottier les place sur un morceau de cuir pour en relever les contours, comme il l'a fait précédemment avec la forme. Les sous-bouts sont également tirés du croupon. Suivant la hauteur du talon, 4 à 6 sous-bouts sont nécessaires. Ces dernières pièces ne sont cependant découpées qu'une fois le semelage terminé car c'est la semelle qui en dicte les dimensions précises.

La première doit être résistante et souple à la fois. Le cuir du collet, avec ses 2,5 à 3,5 mm d'épaisseur, possède ces qualités. Centimètre après centimètre, le bottier taille le cuir pour les deux pieds. De la taille de la première découle celle de la trépointe.

La première

La première est la partie essentielle pour l'assemblage d'une chaussure : on y fixe la tige et la trépointe. La première opération du montage est donc son affichage sur la forme.

Au préalable, à l'aide d'un morceau de verre, le bottier lisse parfaitement le cuir côté fleur en grattant une fine pellicule ; ce côté vient à l'intérieur.

Il dispose ensuite la forme, dessous en l'air, sur ses genoux, y affiche la première, mise à tremper dans de l'eau, en l'adaptant fermement à l'aide du tire-pied. La pince lui permet de la tirer en galbant dans tous les sens. Il la fixe alors avec 3 ou 4 pointes dont il recourbe les extrémités pour être certain que le cuir va rester bien en place (ultérieurement ces clous, devenus inutiles, pourront être enlevés). Il arase ou « broche » alors définitivement la première en suivant exactement le bord de la forme et en plaçant le tranchet bien à plat contre la carre de celle-ci.

Un morceau de verre constitue le meilleur outil pour polir la surface de la première.

On distingue ici parfaitement la manière dont le bottier maintient la première sur la forme à l'aide du tire-pied.

Le cuir superflu est broché, c'est-à-dire arasé en épousant exactement la carre de la forme.

Le tire-pied

Le bottier a besoin la plupart du temps de ses deux mains. Aussi, pour assujettir plus ou moins fermement la pièce qu'il est en train de travailler, se sert-il d'une épaisse lanière de cuir – le tire-pied – large de 1,5 à 2 cm, dont les deux extrémités sont assemblées ; il en entoure ses jambes et un pied et, avec ce dernier, il tire plus ou moins fortement sur la boucle ainsi formée.

Le morceau de verre

Utilisé depuis des éternités par les bottiers, d'une simplicité inégalée, le morceau de verre – une vitre ou une bouteille cassée – est encore employé à l'heure actuelle pour le verrage, le grattage ou le polissage des cuirs. C'est là un outil très bon marché qui n'a besoin d'aucune réparation et peut facilement être remplacé – en quelque sorte un outil jetable.

Le mur de gravure

Sur la première, on marque avec un crayon ou un morceau de verre l'emplacement du talon et du mur de gravure. Ce mur, d'environ 6 mm de largeur et 2 mm de hauteur, court tout autour de la première (sauf sur le talon) à quelque 6 mm du bord pour permettre de fixer la trépointe par une couture à larder. Elle est légèrement plus éloignée du bord sous le gros orteil pour lui éviter d'être perceptible. Le bottier creuse deux petits sillons de part et d'autre du trait à l'aide du tranchet ou du couteau à parer. En termes de métier, on appelle cela le gravurage.

Le couteau à parer (en acier) permet de biseauter le cuir.

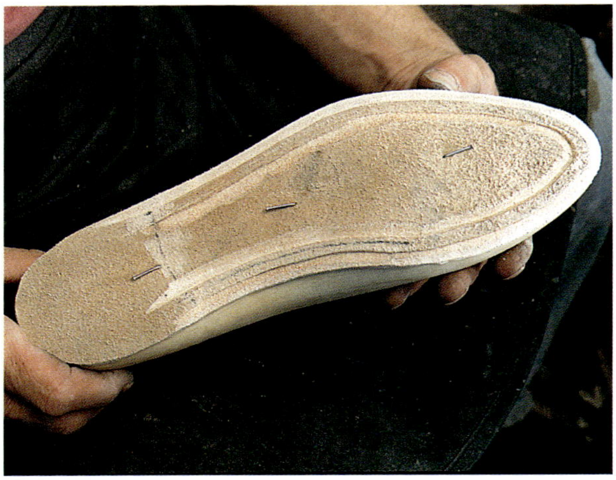

Le mur de gravure se distingue parfaitement sur cette première ; on peut y coudre la trépointe.

Bout droit

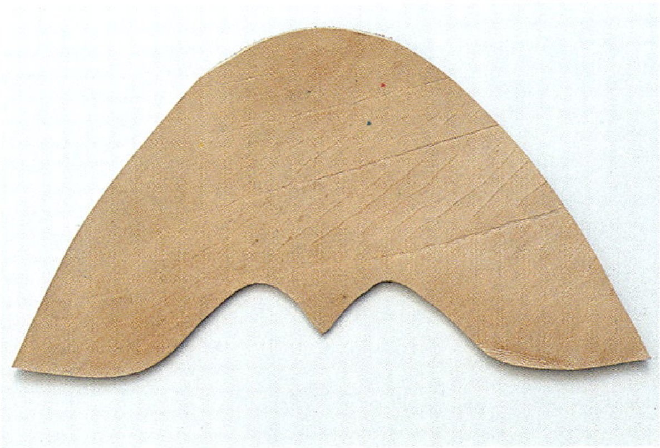

Bout golf

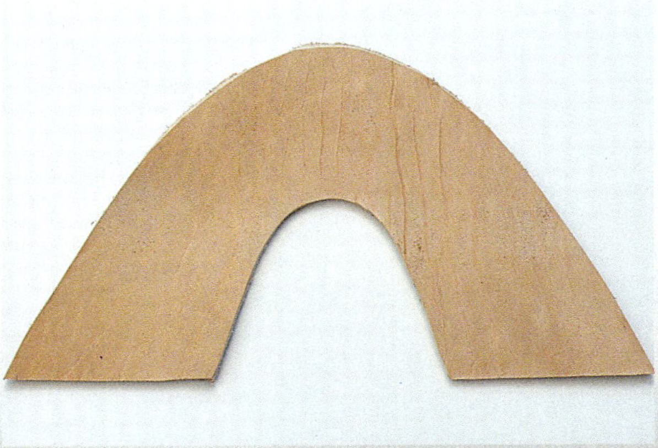

Bout de loafer

La préparation de la tige

Le bottier réalise quelques compléments pour la tige, même si celle-ci est déjà assemblée et doublée. Il prend les bouts-durs dans du collet ou du flanc, les contreforts dans les bords du flanc et les ailettes dans des restes de cuir de dessus. Il les pare (taille en biseau), les encolle sur les deux faces et les glisse entre la doublure et la tige respectivement à l'avant, à l'arrière et sur les côtés de la chaussure. Il presse alors fortement à la main la tige étalée sur son établi d'abord côté extérieur, puis côté doublure pour bien répartir la colle et être sûr que les trois épaisseurs adhèrent. On voit au premier coup d'œil si une chaussure possède un bout-dur ou non. Celui-ci constitue une protection solide pour les orteils ; la cavité qu'il forme doit être suffisamment grande pour que ceux-ci puissent bouger aisément et ne soient pas comprimés par la dureté du cuir, même lorsque tout le poids du corps repose sur eux durant la marche.

Un bout-dur ne possède jamais partout la même épaisseur. Il est plus épais à l'extrémité des doigts ; en fait, c'est là qu'il conserve son épaisseur d'origine et on l'affine en allant vers le cou-de-pied. Cela autorise une plus grande facilité aux mouvements du pied. Le bottier commence par le parer au tranchet et termine en le nivelant avec une râpe et enfin avec un morceau de verre pour qu'il ne mesure plus que 0,5 mm d'épaisseur.

La technique du collage du bout-dur contribue à la fermeté de l'extrémité de la chaussure : la colle est posée relativement épaisse à l'extrémité et plus fine en allant vers le cou-de-pied, sa masse jouant un rôle de raidisseur.

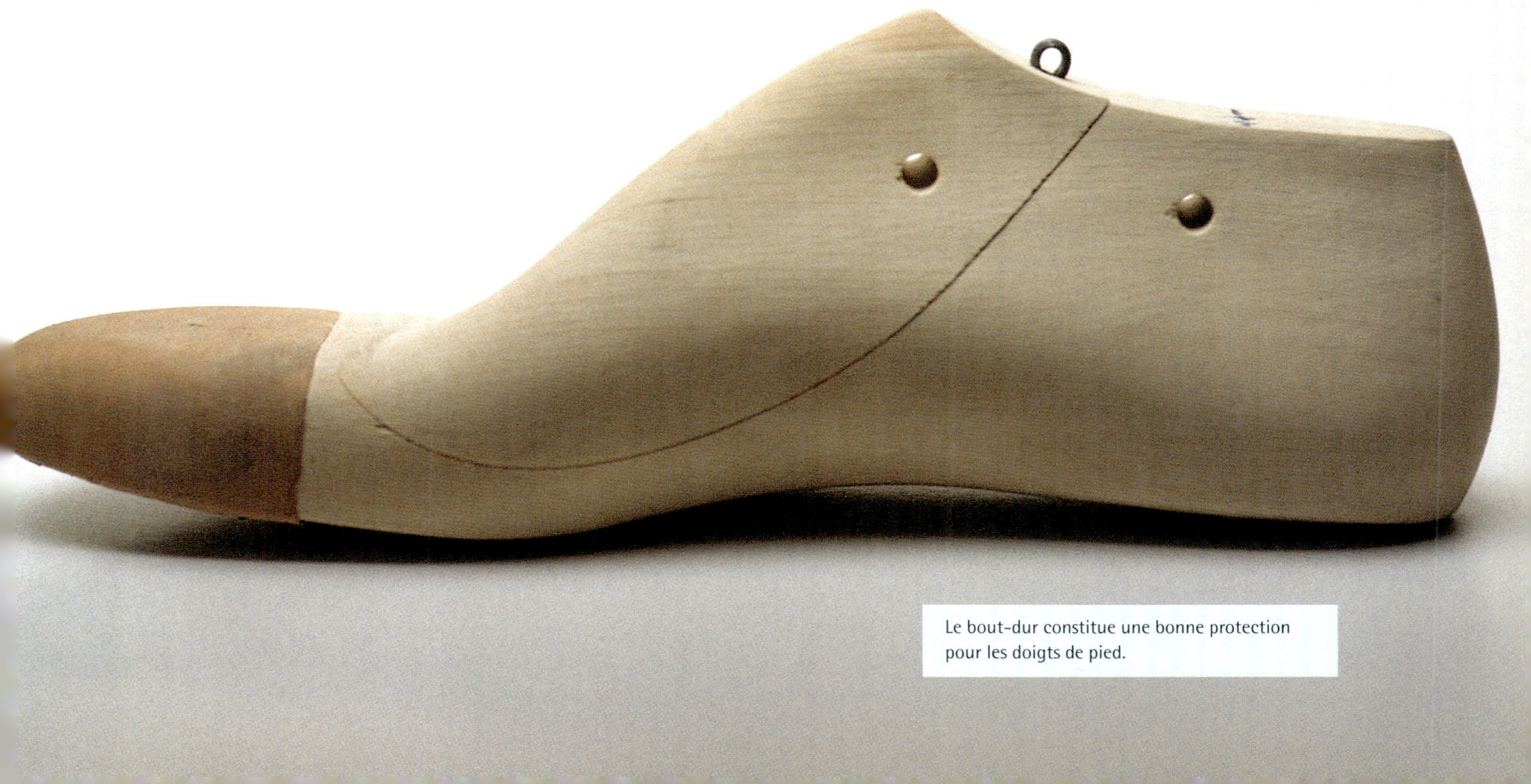

Le bout-dur constitue une bonne protection pour les doigts de pied.

Le bottier pare le contrefort en haut et en bas pour faciliter son galbe et lui assurer une certaine souplesse.

Le contrefort

Ce renfort empêche l'emboîtage de « s'éculer ». L'arrière de la chaussure est en effet fortement mis à contribution, tant en la chaussant et déchaussant qu'en marchant, et le cuir de dessus, à lui seul, n'offrirait pas une résistance suffisante. D'autre part, placé dans le prolongement du talon, il assure un bon maintien du pied. On l'amincit vers le haut et le glisse également entre la doublure et le cuir de dessus jusqu'au sommet de celle-ci. Si le contrefort montait moins haut, le cuir de dessus ne tarderait pas à se plisser. La fin du montage du contrefort s'opère de la même manière que celui du bout-dur.

Cette illustration montre comment le contrefort est moulé sur la forme. Il vient s'intercaler entre le cuir de dessus et la doublure de manière que les trois épaisseurs de cuir viennent épouser la forme.

Les ailettes

Leur fonction est de maintenir les deux côtés, intérieur et extérieur, de la chaussure et d'empêcher ainsi le cuir de prêter exagérément lors de la marche et de faire des plis. Ces renforts latéraux sont taillés dans des morceaux de cuir de dessus d'environ 1,2 à 1,4 mm d'épaisseur.

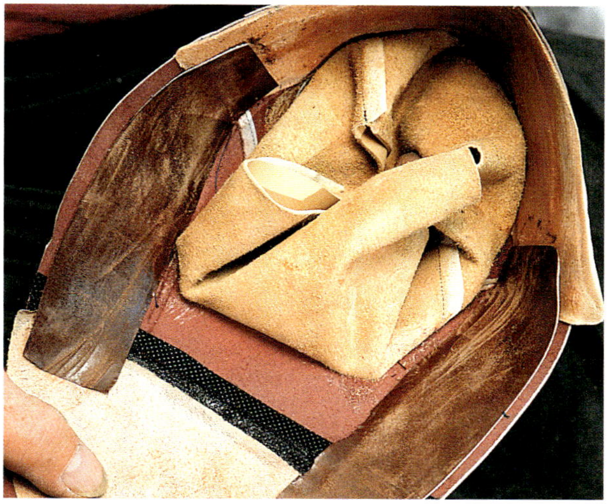

La doublure est retournée pour ne pas gêner le montage et le collage des bouts-durs, du contrefort et des ailettes. Ces différents renforts sont reliés l'un à l'autre.

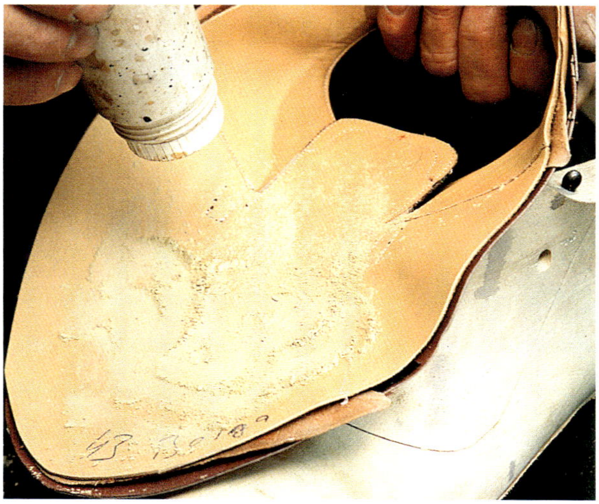

Après avoir monté les renforts, le bottier remet la doublure en place et lisse les trois couches de cuir enduites de colle. On met du talc sur la doublure pour faciliter l'enlèvement de la forme une fois la chaussure achevée.

La colle

Les bottiers respectueux des traditions préparent eux-mêmes leur colle à partir d'amidon, de châtaignes ou de pommes de terre broyées. Les morceaux séchés sont dissous dans l'eau et on remue le tout jusqu'à obtention de la consistance adéquate. Le dosage exact est une question d'appréciation personnelle. Trop liquide, la pâte va couler, trop épaisse, elle est trop difficile à étendre. Il faut également veiller à ne pas en mettre trop, de peur qu'elle ne traverse le cuir de dessus ou de la doublure et ne laisse des taches disgracieuses.

La colle est obtenue en mélangeant de l'eau avec de l'amidon, des châtaignes ou des pommes de terre broyées. Le bottier la prépare lui-même et en conserve jalousement la recette exacte.

L'affichage

Le bottier a affiché la première sur la forme et peut donc passer à la phase suivante de l'assemblage d'une chaussure : le montage de la tige.

Le but essentiel – la partie la plus délicate d'ailleurs – consiste à mouler celle-ci sur la forme. Le galbage du bout-dur et du contrefort requiert une adresse et un soin particuliers car les plis qui se forment dans un premier temps doivent être éliminés en étirant et en lissant le cuir.

On travaille désormais côté semelle. Le bottier tire sur l'empeigne avec la pince à monter en saisissant toutes les épaisseurs de cuir à la fois. L'opération consistant à fixer en galbant se nomme l'affichage. La chaussure commence à prendre forme.

La pince à monter a deux usages : ses mâchoires recourbées servent à tirer vigoureusement le cuir, et son appendice strié carré est utilisé comme marteau pour enfoncer les pointes placées lors de chaque tirage. Un seul outil lui sert donc pour ces deux opérations successives et répétées.

La tige est solidement fixée par huit pointes – trois devant, deux sur chaque côté et une à l'arrière – sur la forme. Le bottier tire sur le cuir, l'étire pour le galber à l'aide de la pince à monter en le saisissant tous les 5 à 6 cm environ. Il replie l'empeigne sur la première et la fixe avec des pointes. De temps à autre, il retourne la forme pour vérifier la position et le galbe de l'empeigne.

Les pointes idéales pour fixer le cuir tiré mesurent 25 mm de long et 1,2 à 4 mm de diamètre. Elles ne doivent ni se recourber ni se casser. Un bon bottier est capable de traverser d'un seul coup les trois épaisseurs de cuir et d'enfoncer les clous à environ 5 mm dans la forme, ce qui assure une bonne prise.

Il est aisé de distinguer ici les trois épaisseurs de l'empeigne affichées sur la première. Comme elles débordent légèrement, il est nécessaire de les rafraîchir, c'est-à-dire de les couper au tranchet pour que leur bord s'appuie contre le mur de gravure.

Le martelage

La tige est alors précautionneusement et délicatement battue au marteau à rabattre, lequel pèse environ 500 grammes. Cette opération sert à resserrer les fibres du cuir, ce qui améliore le galbe et la résistance de la chaussure. La qualité du matériau dont est faite la forme joue ici un rôle important : un bon bois vibre à l'unisson des coups de marteau. Il vit pour ainsi dire au rythme du martelage.

Le marteau à rabattre ressemble au marteau habituel, mais son usage est multiple : d'un côté, une panne émoussée sert à aplanir les petits plis qui se forment entre deux pointes ; l'autre extrémité, la tête, lisse et légèrement bombée, sert à battre le cuir sans laisser de trace et donc à supprimer totalement les éventuels plis sur l'empeigne, les quartiers et l'emboîtage. Cet outil a encore un troisième usage : son manche sert à extraire la forme de la chaussure, une fois celle-ci cousue.

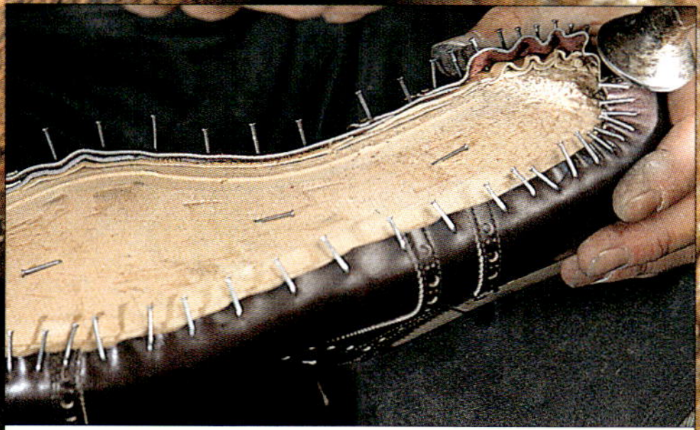

Tels les piquants d'un hérisson, des douzaines de pointes se dressent sur la forme. Le bottier les courbera vers le centre de la semelle jusqu'à les coucher complètement.

Une fois la tige affichée, le bottier la martèle précautionneusement pour la mouler exactement sur la forme.

Une suite de points parfaitement réguliers, telle est la spécificité d'une chaussure cousue Goodyear.

Le cousu Goodyear

Préparation de la trépointe

La trépointe est une bande de cuir de 18 mm de large et de 3 mm d'épaisseur taillée dans du flanc. Elle doit être à la fois solide, rigide et malléable.

Avant de l'utiliser, on la trempe dans de l'eau, puis on l'enveloppe durant une nuit dans du papier pour la ramollir. Il devient alors nettement plus aisé de la travailler (une fois sèche, la couture exécutée, elle recouvrera sa fermeté d'origine). Le bottier pare la trépointe selon un angle de 45° pour qu'elle se loge parfaitement dans la gravure de la première. Il trace ensuite, avec un morceau de verre ou une rainette, un léger sillon dans lequel le fil viendra se loger.

La trépointe est parée selon un biseau de 45°.

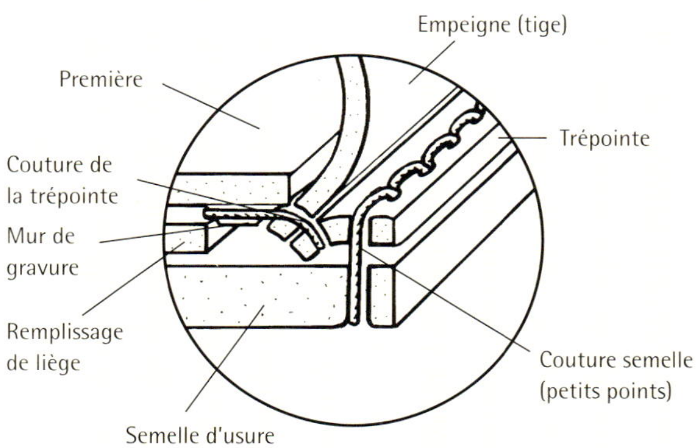

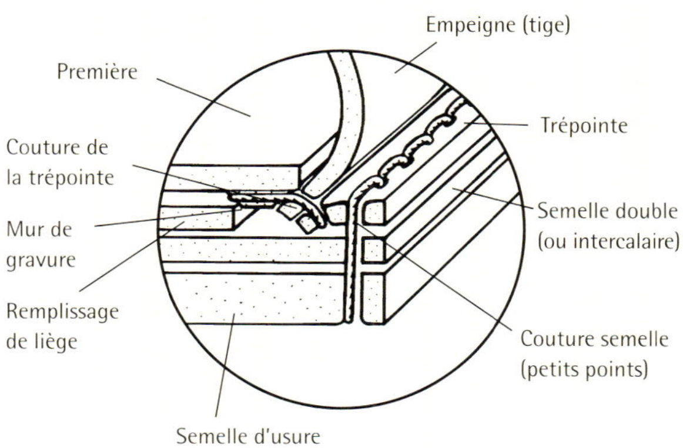

La trépointe est taillée aux dimensions exactes et pourvue d'avant-trous.

La couture de la trépointe maintient ensemble la première, la tige et la trépointe. Elle est invisible puisque la semelle d'usure vient la recouvrir. La couture petits points, par contre, qui relie trépointe et semelle d'usure (dans le cas d'une semelle simple) ou trépointe, semelle intercalaire et semelle d'usure (dans le cas d'une semelle double), reste à la vue.

Le ligneul

Pour coudre la trépointe, on utilise un fil d'environ 2 m de long composé de 12 brins de lin ou de chanvre soigneusement roulés (pour des ouvrages particulièrement solides, on peut aller jusqu'à 24 brins). On a tendance à privilégier ce dernier matériau, car il absorbe plus de poix qui assure l'étanchéité de la couture. D'ordinaire, on ne coupe pas les brins à la longueur voulue mais on détord la filasse pour obtenir des extrémités effilochées très pointues. Le bottier prépare lui-même son ligneul avec de la poix pour le rendre étanche et assembler fermement les brins en fuseau. Il chauffe résine, cire d'abeille et paraffine, verse le mélange dans de l'eau froide puis façonne de petites boules. Sans perdre de temps, pour qu'elles n'aient pas le temps de trop se refroidir, il prend l'une d'elles dans une main et fait passer le fil dessus. Les particules de poix s'y imbibent et l'enveloppent, collant les brins ensemble.

Le bottier coupe un morceau de fil de 2 m de long. Il en sépare les 12 brins et les effile. Il peut alors à nouveau les rouler. Le but de l'opération est d'obtenir une extrémité du fil suffisamment fine pour passer par le trou d'alène.

Le bottier passe le fil (généralement de chanvre) de 2 m de long à plusieurs reprises sur la boulette de poix.

Le bottier prépare lui-même ses boulettes de poix en mélangeant résine, cire d'abeille et paraffine.

Le bottier veille à disposer les fils de droite et de gauche de manière à ne pas piquer dedans. L'avant-trou percé à l'aide de l'alêne est entièrement comblé par le croisement et le nœud des deux fils ; cela en assure l'étanchéité.

Les outils utilisés pour coudre la trépointe sont l'alêne courbe (au milieu), l'alêne droite (en haut) pour percer les avant-trous et le machinoir (ou astic).

La couture

Dans le montage Goodyear, la première couture à être exécutée est celle reliant tige et première. La chaussure terminée, elle n'est pas apparente. Il est néanmoins d'une importance capitale que les points soient solides et réguliers car ils sont décisifs pour la pérennité du soulier. Les exemples que l'on peut voir dans les musées montrent qu'au fil du temps on a attaché de plus en plus de valeur à l'exécution soignée des coutures. Il n'est pas rare de trouver des chaussures vieilles de plus d'un siècle dont le cuir est usé et cassé, mais dont les coutures sont restées intactes.

Pour la couture Goodyear, on utilise deux aiguilles droites de 8 cm de long d'un diamètre de 0,5 à 0,8 mm et on en recourbe légèrement la pointe à l'aide d'une pince. On commence par les chauffer tout comme le ligneul effilé et on prépare alêne et machinoir ; puis on perce les avant-trous et on y passe les deux fils. L'ouvrage doit progresser assez vite pour éviter que la poix ne se refroidisse complètement.

Pour assurer une régularité parfaite des points, le bottier doit s'en remettre à son œil et à son habitude acquise par la répétition des mêmes gestes.

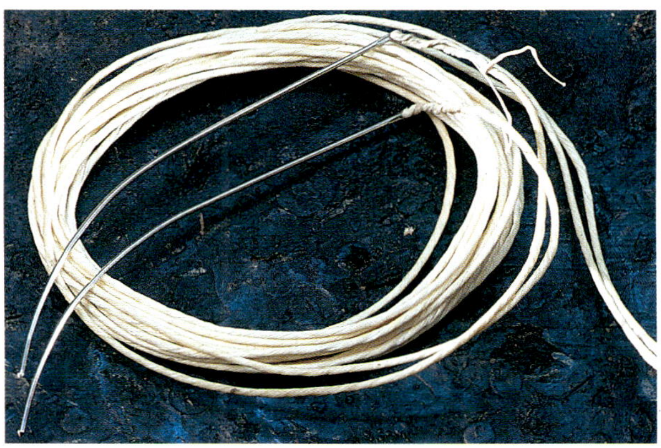

Pour coudre la trépointe, le bottier utilise deux aiguilles de 8 cm de long, chauffées et la pointe recourbée, permettant le passage des fils dans le trou.

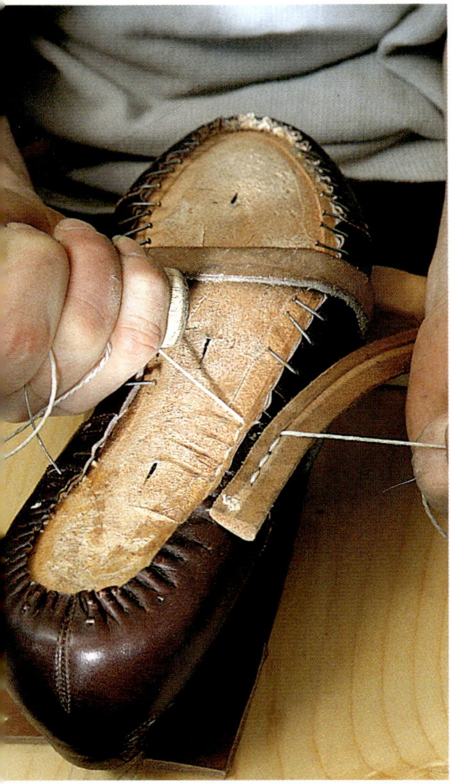

On commence la couture de la trépointe au talon et on progresse vers le bout.

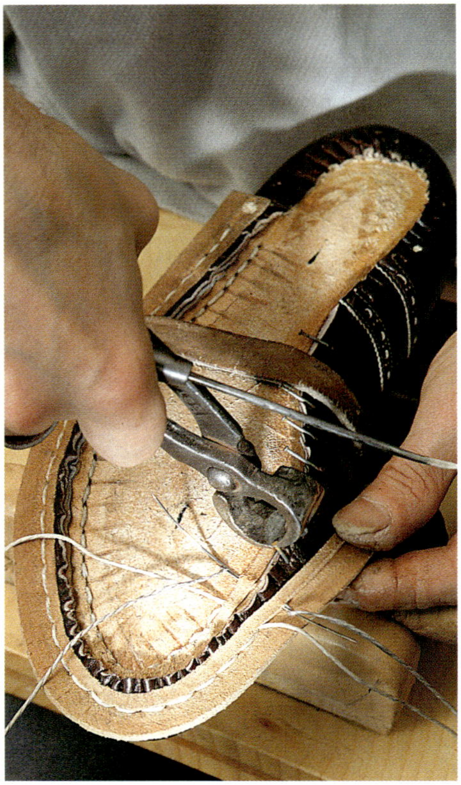

Au fil de l'avancement de la couture, les pointes peuvent être retirées une à une.

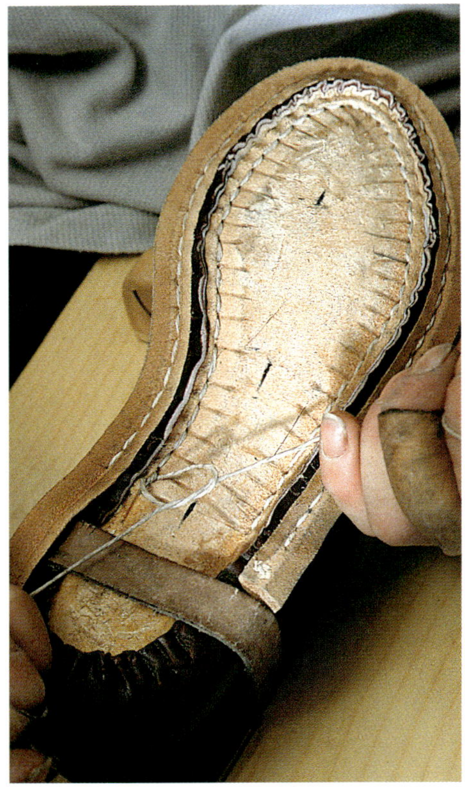

On termine la couture à nouveau au talon. Les deux extrémités du fil sont solidement nouées.

La couture de la trépointe

Selon un ancien proverbe, « Petits points engendrent chagrin, grands points sont source de pain » ; cet adage de bottier atteste la nécessité de faire de petits points pour assurer la solidité et la pérennité des chaussures, mais montre bien que cela n'est pas très rentable, car la confection en est évidemment plus longue. En fait, le point devenu la règle pour le cousu Goodyear mesure 6 mm. Pour le montage norvégien, il est plus grand, environ 10 mm, mais comme la couture est double, elle assure la même résistance (*voir* page 157).

Le bottier place la trépointe sur la tige et la première le long du mur de gravure et la coud en commençant au talon et en progressant vers le bout-dur. L'alêne, donc le fil, traverse à la fois le mur de la première, la tige et la trépointe. Les deux fils doivent passer dans chaque trou, l'un de haut en bas, l'autre de bas en haut, puis inversement. Après chaque point, on tire sur les fils pour serrer la couture au maximum afin que le ligneul se colle et se moule au cuir. Le bottier a intérêt à se munir d'une manicle protégeant ses doigts du frottement du fil. Pour avoir davantage de force de traction, il enroule souvent le fil autour de l'alêne. Au fur et à mesure de la progression de la couture, il peut retirer les pointes devenues sans effet ; au dernier point, elles seront toutes enlevées. Pour arrêter la couture, il noue solidement les deux fils et en coupe les extrémités.

Tige et trépointe sont toujours plus longues que nécessaire pour faciliter le montage. Une fois la couture achevée, il les rafraîchit donc au ras de la gravure et aplatit le tout par un léger martelage. Il termine en redressant la trépointe à la pince et en faisant disparaître les traces de celle-ci au machinoir.

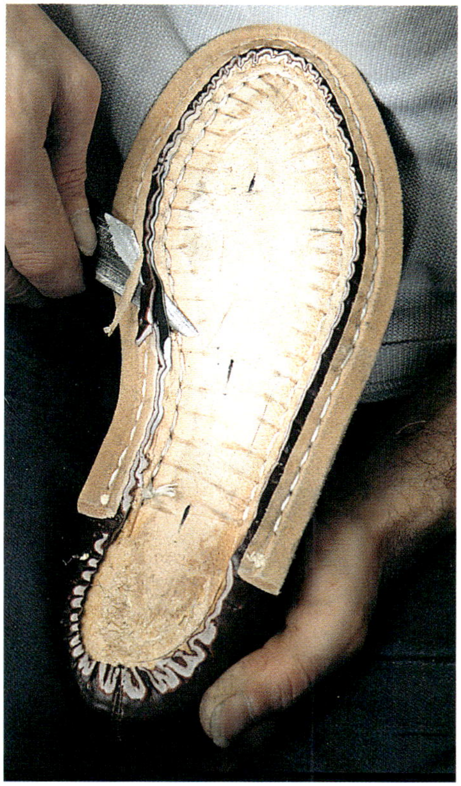

Le bottier arase prudemment les bords superflus de la tige et de la trépointe en veillant à ne pas endommager la couture.

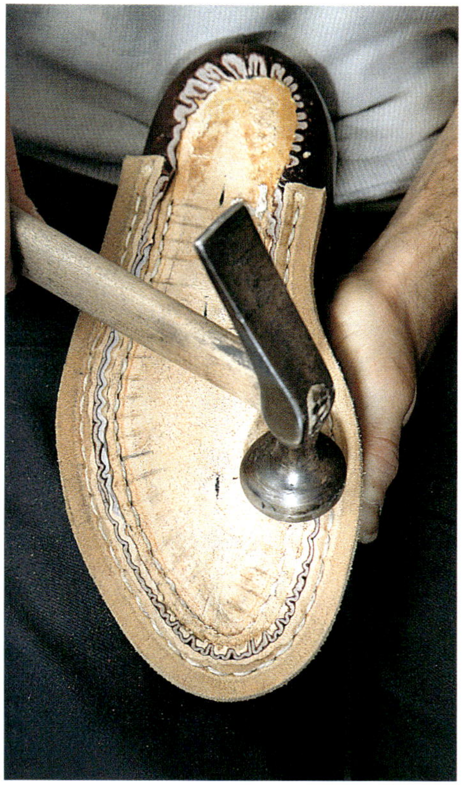

Un martelage léger vient aplanir la couture pour en améliorer l'étanchéité.

La pince sert à redresser la trépointe pour préparer la couture de la semelle.

Le machinoir sert ici à lisser la trépointe.

Le complément de la trépointe : le couche-point

Afin de pouvoir épouser la courbure du talon, on découpe de petits triangles dans une bande de cuir qui correspond plus ou moins et a la même fonction que la trépointe : le couche-point. On s'en sert en effet pour fixer le talon ; mais alors que la trépointe est cousue, le couche-point est armé de chevilles de bois que l'on plante à travers la première, la tige, le contrefort et la doublure. La largeur et l'épaisseur de cette pièce sont plus ou moins celles de la trépointe.

Après avoir fixé le couche-point à la première à l'aide de quelques chevilles, le bottier le coupe à la longueur adéquate. Pour le fixer définitivement, il augmente le nombre de chevilles et en enfonce une tous les 6 à 7 mm après avoir percé un avant-trou avec une broche et l'avoir encollée. L'avant-trou est toujours d'un diamètre inférieur à celui de la cheville pour lui permettre de se fixer solidement. On termine en lissant les pointes qui dépasseraient à la râpe.

Les chevilles sont en bois de bouleau, de charme ou de hêtre, mais on privilégie généralement le premier. Il est en effet facile à fendre dans la longueur mais résistant à la cassure et se laisse donc travailler facilement. La longueur de ces chevilles est généralement de 14 mm et leur diamètre de 4 mm.

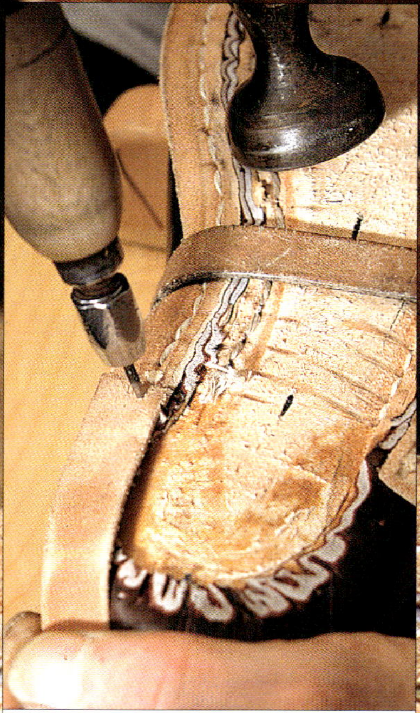

Le bottier perce un avant-trou avec une alêne.

Le couche-point est fixé par des chevilles de bois et coupé aux dimensions exactes.

Les chevilles doivent être très rapprochées pour assurer un bon maintien.

Les points réguliers de la couture de la trépointe sont visibles. Ils seront ensuite cachés par la semelle d'usure.

La pose des semelles

Vu l'épaisseur de la tige et de la trépointe puis de la tige et du couche-point, il devrait y avoir un espace entre la première et la semelle d'usure ; le bottier le comble pour obtenir une surface légèrement bombée. Il commence par placer le cambrillon qui maintient la cambrure et donne plus de stabilité à la chaussure et remplit le creux restant avec du liège.

Suivant les modèles, il ajoute une semelle double ou non. Dans le cas de la semelle simple, celle-ci est cousue directement à la trépointe. Avant de poser la semelle d'usure, il colle sur le remplissage et la trépointe une semelle (taillée dans le collet) légèrement plus fine que cette dernière. Pour terminer, il coud les trois épaisseurs de cuir ensemble.

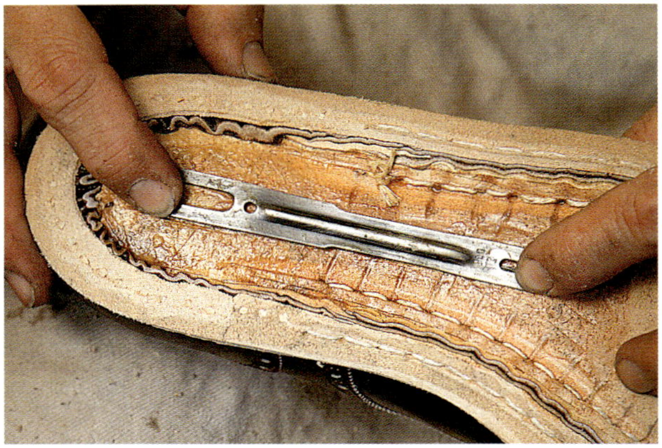

Lors de la marche, seul le premier tiers de la chaussure se plie. Pour soutenir correctement le pied, semelle et talon doivent rester solidaires et le talon ne doit ni basculer ni branler. Ce qui assure cette rigidité est une pièce métallique nommée cambrillon ; il est placé dans le creux formé par la trépointe et la tige et va du milieu du talon au patin, c'est-à-dire la cambrure. Sa longueur est donc fonction de la pointure, de l'importance de la cambrure et du modèle. Il est maintenu sur la première par une épaisseur de cuir fixée par des chevilles de bois.

Après la pose du cambrillon, le creux qui subsiste est rempli de morceaux de liège, choisi pour sa légèreté et sa souplesse.

Cambrillon et remplissage de liège forment une surface légèrement bombée que le bottier lisse à la râpe.

Les semelles de cuir, tout comme la trépointe, sont mises à tremper puis conservées durant 24 heures dans du papier journal humide. Elles sont ainsi plus faciles à travailler.

Le bottier passe la râpe sur les surfaces qu'il va coller pour qu'elles adhèrent mieux. Il lui faut veiller à ne pas endommager les points de couture.

La semelle encollée est vigoureusement pressée avec le manche du marteau puis martelée uniformément pour répartir la colle et raffermir le cuir. Pour ce faire, le bottier assujettit la chaussure avec son tire-pied.

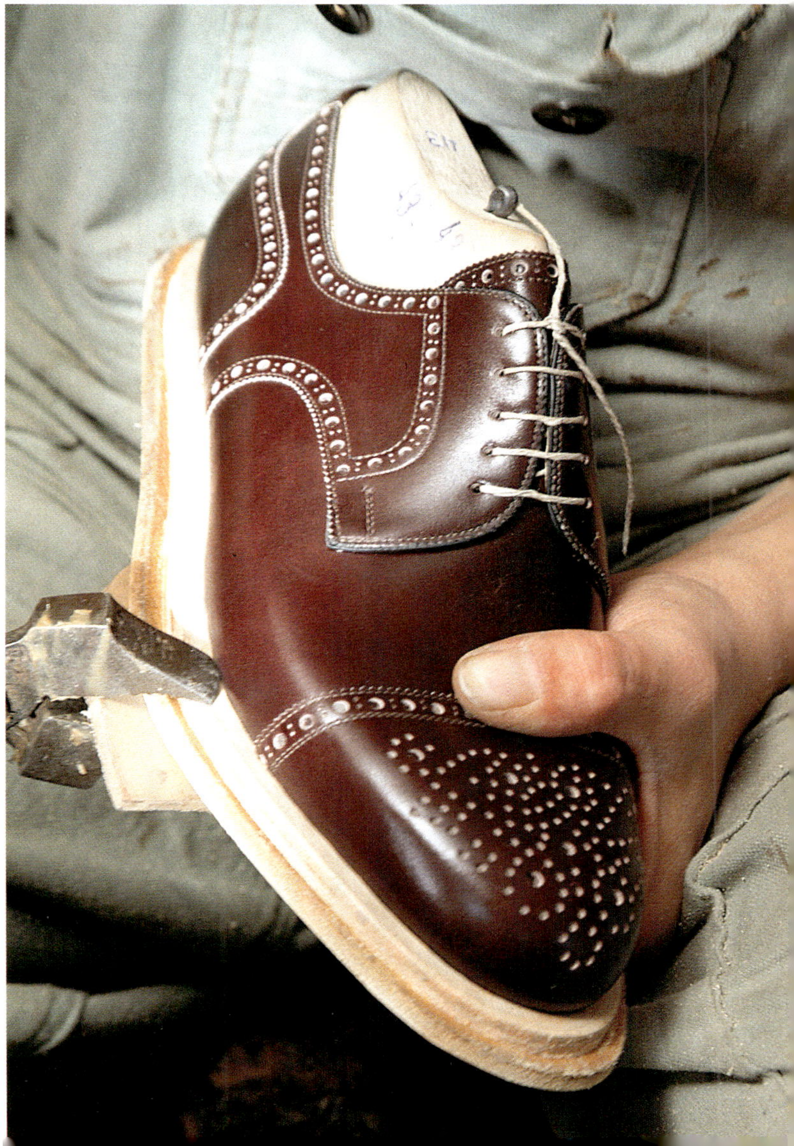

On serre semelle et trépointe à la pince pour faire pénétrer la colle dans le cuir et on termine par le brochage, c'est-à-dire la coupe au tranchet du cuir superflu, ce qui égalise parfaitement trépointe et semelle.

La semelle d'usure

Dans le montage Goodyear, seule la couture sur la trépointe, celle qui la lie à la semelle d'usure, permet de s'apercevoir qu'elles ne sont pas simplement collées, mais cousues. Du côté semelle, elle est invisible, car elle disparaît dans une gravure que l'on referme une fois la couture exécutée.

À 5-6 mm du bord, on marque un trait avec un morceau de verre puis on incise le cuir à 45° le long de cette ligne jusqu'à la moitié de l'épaisseur au moyen d'un tranchet bien affûté. Le fond de cette gravure est creusé d'une rigole au fer à racler ou à la rainette. Il faut bien se garder de casser ou d'endommager la lèvre ainsi formée car, le travail fait, on la recouchera à sa place, faisant ainsi disparaître la couture.

On retire les petits morceaux de cuir du fond de la gravure et on en lisse les bords au machinoir – un tibia de bœuf à la forme voulue et poli.

Le bottier doit veiller à la profondeur de la gravure : trop petite, les fils de la couture s'useraient trop vite ; trop profonde, elle affaiblirait la semelle qui risquerait de se casser. De plus, les points doivent être bien serrés pour remplir entièrement la rigole creusée à leur intention car, sinon, on décèlerait un creux et l'étanchéité ne serait pas parfaite.

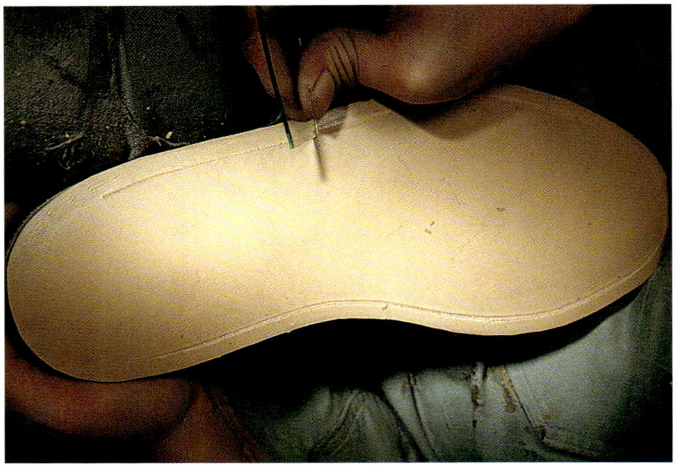

Le bottier fait dans la semelle d'usure une gravure dont la profondeur doit être égale à la moitié de l'épaisseur de la semelle.

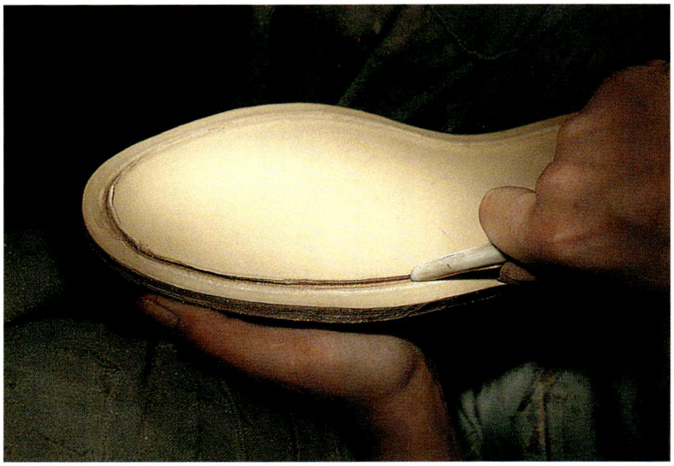

Le fond de la gravure est creusé d'une rigole à l'aide de la rainette pour y loger les fils de la couture. Les bords de cette gravure sont lissés au machinoir.

Le racloir est utilisé pour approfondir la rainure.

Un machinoir confectionné par le cordonnier lui-même – il est ici taillé en pointe.

Le marque-point

Pour la régularité des points de la couture Goodyear reliant trépointe, première et tige, le bottier se fie à son œil. Cette couture restant invisible et ne jouant qu'un rôle fonctionnel, l'expérience et la précision de l'artisan suffisent. Des points suffisamment rapprochés et des fils serrés sont suffisants pour la pérennité de la couture.

Mais la couture liant la trépointe et la semelle d'usure reste apparente. Elle remplit donc également un rôle esthétique. La stricte égalité de ces points représente un ornement essentiel. Pour cette raison, on va donc se servir d'un marque-point.

Cet outil de métal possède deux pointes séparées par une partie concave. On le presse fortement sur le cuir pour y laisser deux marques et on poursuit l'opération tout au long de la trépointe en marquant un point supplémentaire à chaque fois. En France, on utilise plutôt la roulette marque-point, ce qui est certainement plus rapide. La couture de la semelle se fait avec des points de 6,6 mm. Son emplacement sur la trépointe doit correspondre exactement au fond de la gravure de la semelle de manière que l'alêne, donc le fil, traverse droit et verticalement les deux ou trois épaisseurs de cuir. L'épaisseur de celles-ci peut atteindre 9 mm en cas de semelle simple, 12 mm en cas de semelle double.

Le marque-point donne l'emplacement de chaque point sur la trépointe.

Les épaisseurs de cuir sont transpercées jusqu'au fond de la gravure.

Le marque-point possède deux pointes émoussées séparées par une partie concave. Il a deux fonctions : marquer l'emplacement de chaque point où devra piquer l'alêne et l'aiguille, et donner même apparence et relief à tous les points une fois ceux-ci effectués. L'épaisseur de cuir à traverser par l'alêne est de 9 mm pour une semelle simple et de 12 mm pour une semelle double.

La couture semelle

La couture semelle est en fait réalisée selon la même technique que celle liant trépointe, tige et première.
Le ligneul abondamment poissé – le rôle hydrofuge de la résine est ici encore plus important – est passé avec une aiguille recourbée dans les trous faits par l'alêne.

La finition du cousu Goodyear

Grâce aux marques laissées par le marque-point, le bottier n'a à veiller qu'à la tension régulière de ses fils. En effet, si certains points étaient moins serrés que les autres, l'esthétique et la solidité en pâtiraient. Une fois la couture achevée, les deux extrémités sont solidement nouées. Durant toute cette opération, l'artisan veille à ne pas endommager la lèvre de la gravure qu'il peut désormais remettre en place. La semelle recelant la couture recouvre donc aspect et épaisseur d'origine.

La gravure est enduite de colle et refermée. On rabat la lèvre, encore humide et souple, bien à plat avec la panne du marteau. Une fois le cuir sec, seule subsiste une ligne presque imperceptible.

Pour parfaire l'apparence de la couture, le bottier passe le marque-point sur tous les points pour leur donner du relief. Telle une couronne de perles, ils ornent désormais la trépointe.

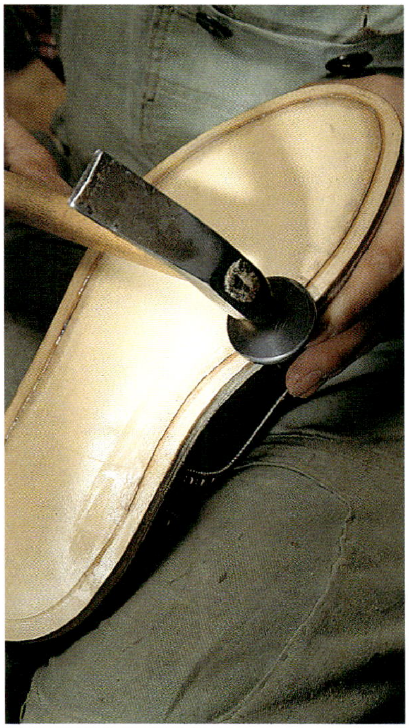

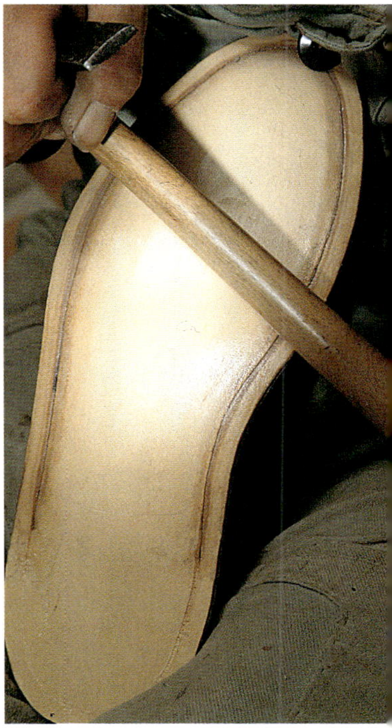

Pour le rabattage de la semelle, un seul outil est de mise : le marteau à battre. On l'utilise de trois manières différentes bien mises en valeur ici : sa panne sert à refermer et à rabattre la lèvre de la gravure. On martèle avec sa large planche non seulement la gravure mais aussi toute la surface de la semelle pour raffermir le cuir et égaliser creux et bosses. Enfin, on frotte vigoureusement avec le manche pour lisser parfaitement la gravure et obtenir une surface rigoureusement plate.

La caractéristique du cousu norvégien : une trépointe fortement rythmée par deux rangées de grands points.

Le cousu norvégien

Le montage norvégien à semelle simple se signale par deux rangées de grands points et, pour la semelle double – ce qui est généralement le cas –, par trois rangées. Dans les pages suivantes, nous allons décrire pas à pas le cousu norvégien à semelle double. C'est toujours la trépointe, tant dans le montage Goodyear que dans le cas présent, qui assure la jonction de la tige, de la première et de la semelle d'usure. La différence entre les deux montages réside dans le rôle esthétique conféré à la trépointe et aux coutures. À la différence du premier, assez élégant et léger, le second, plutôt robuste et sportif, leur accorde une fonction décorative très importante.

La seule différence fondamentale réside dans la largeur de la trépointe : elle est ici d'environ 22 mm, c'est-à-dire 4 mm de plus que sa variante. Les autres divergences sont infimes. Tout comme nous l'avons vu précédemment, la première est fixée sur le dessous de la forme, la tige affichée et les pointes recourbées.

La trépointe est parée selon un angle de 45° au moyen du tranchet.

Le mur étant gravé dans la première, l'affichage peut commencer. Cette opération se déroule comme pour le cousu Goodyear. La tige est fixée par des pointes à la première et à la forme.

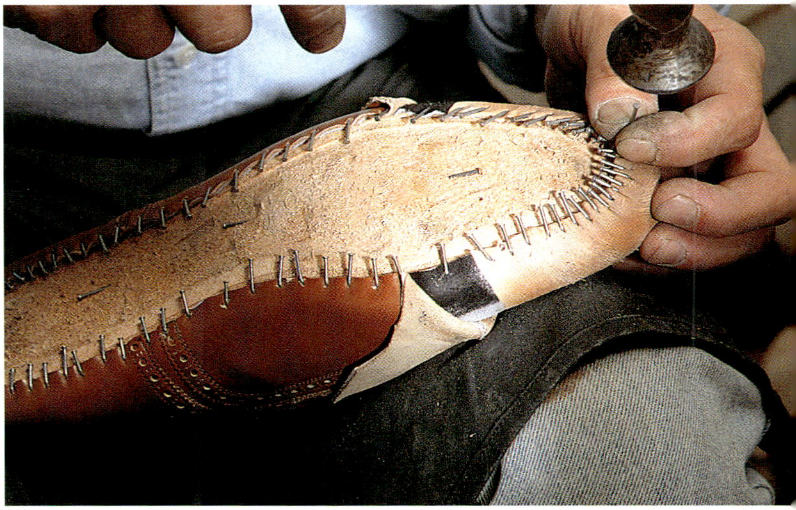

Si le modèle possède un bout-dur particulièrement grand, son affichage se fera après celui de la tige. L'étape suivante sera l'affichage de l'emboîtage afin d'éviter l'apparition de plis dans le cuir.

La couture de la trépointe

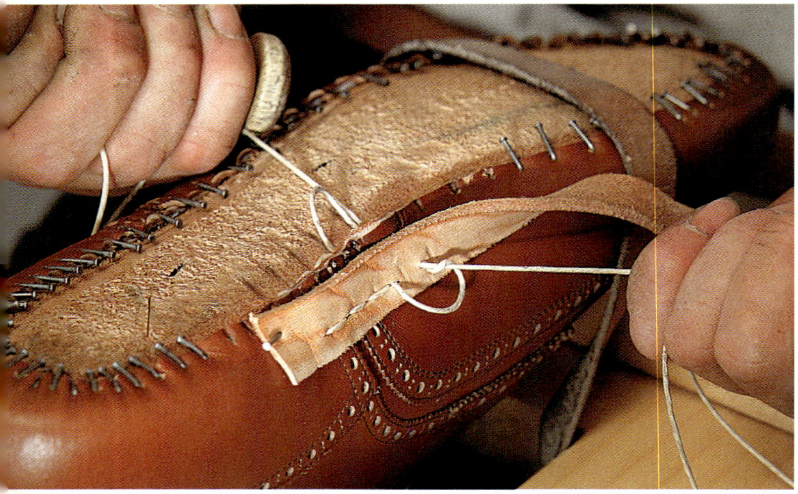

À l'aide de l'alêne, on perce trépointe, tige et première. Deux ligneuls de douze brins – vingt-quatre pour des chaussures de sport –, enfilé chacun dans une aiguille, sont passés à travers ces trous par entrecroisement. La longueur de chaque point peut atteindre ici près de 10 mm. Cette couture restera apparente.

On peut enlever les pointes au fur et à mesure de l'avancement de la couture reliant solidement tige et trépointe. Comme les points sont grands, le travail progresse relativement vite.

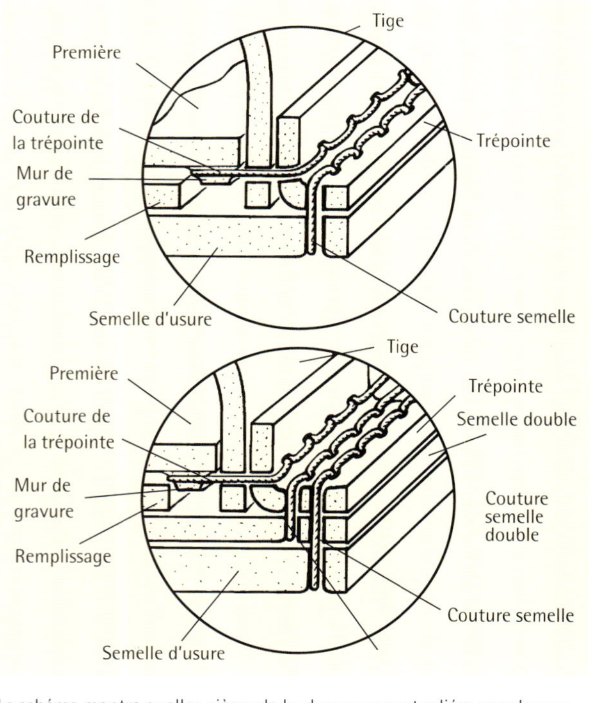

Le schéma montre quelles pièces de la chaussure sont reliées par chaque couture – couture trépointe, couture semelle intercalaire, couture semelle. Toutes trois restent apparentes.

Dans le cas présent, la trépointe fait le tour complet de la chaussure, talon compris. À l'aide d'une pince, on la replie à angle droit.

Préparatifs de la couture semelle

Avant d'entreprendre la couture de la semelle, le bottier doit exécuter les mêmes préparatifs que pour le montage Goodyear (*voir* pages 143 et suivantes). Il comble le creux entre la première et la semelle avec le cambrillon, la languette de cuir et le remplissage de liège. Il martèle légèrement le remplissage pour que la colle adhère plus facilement.

Une chaussure à semelle double est nettement plus confortable pour la marche car celle-ci le protège mieux contre les inégalités du terrain. Cette semelle intercalaire, épaisse de 3 à 4 mm, est en fait plus fine que la semelle d'usure et donc plus souple. La surface du cuir est verrée pour que la colle adhère mieux. On enduit alors de colle, liège et languette de cuir recouvrant le cambrillon. La semelle double est alors fortement appliquée et pressée au moyen du marteau.

Le cambrillon est recouvert d'une languette de cuir.

Cette languette est fixée par des chevilles en bois.

Trépointe, remplissage de liège et languette sont enduits de colle.

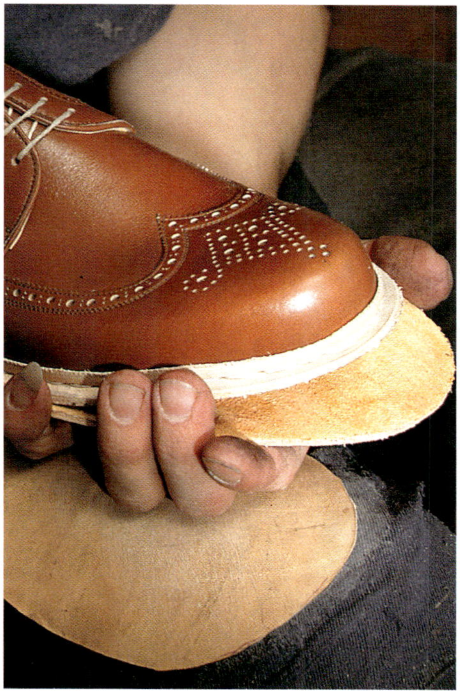

La semelle double est collée. On distingue parfaitement ici la pliure de la trépointe qui vient s'appuyer à la fois sur la tige et sur la semelle double.

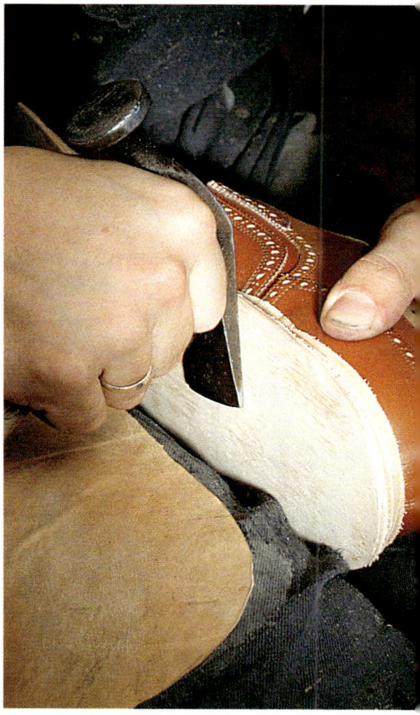

Une forte pression à l'aide du marteau est nécessaire pour faire adhérer la semelle double.

La couture de la semelle double

Cette deuxième couture relie trépointe et semelle double, par ailleurs déjà collée. Le bottier perce ses trous avec une alêne puis fait passer les deux fils en les entrecroisant. Chaque point vient se loger au milieu des points de la couture norvégienne, cette dernière venant épouser le tracé de la précédente avec toutefois un écart de 5 mm. Cela assure une répartition des forces : si le pied glisse sur le côté durant la marche, l'effort exercé sur les coutures n'est pas simultané, mais en quelque sorte décalé.

Durant le montage, le bottier veille attentivement à ne pas endommager les coutures. Elles sont protégées de différentes façons : d'abord, par sa position, la couture de la trépointe n'est pas tellement exposée, ensuite la couture de la semelle double est protégée en dessous par la semelle d'usure, enfin la couture de la semelle est cachée au fond de la gravure.

La couture de la semelle d'usure

La troisième couture traverse trois épaisseurs de cuir, ce qui peut représenter près de 12 mm (suivant la robustesse de la chaussure et essentiellement l'épaisseur de la semelle d'usure). Elle maintient en effet trépointe, semelle double et semelle d'usure. On prend cette dernière dans du croupon d'une épaisseur de 6 mm et on la colle sur la semelle intercalaire. La couture est la même que celle que nous avons vue pour le montage Goodyear (*voir* pages 150 et suivantes). On exécute une gravure à 2-3 mm du bord de la semelle (selon la largeur de la trépointe) et on perce avec une alêne des trous qui y aboutissent depuis la trépointe. Ce perçage n'est pas une mince affaire, il requiert force et précision. Les trous de cette troisième couture doivent suivre un tracé rigoureusement parallèle aux deux premières et les points conserver la même longueur : un défi relevé par l'art du bottier.

Les points de 10 mm de la couture de la semelle double courent parallèlement à ceux de la couture norvégienne, avec toutefois un décalage de 5 mm.

La gravure de la semelle d'usure est prête pour la couture qui va venir se loger au fond.

Réalisation de la troisième couture.

La semelle d'usure est brochée en suivant la carre de la semelle double.

Après le rabattage de la lèvre de la gravure pour cacher la couture, la semelle d'usure reçoit encore des clous de cuivre servant à la fois de fixation supplémentaire et de décoration.

La chaussure est prête pour le montage du talon.

La hauteur des talons confère une plus grande majesté au roi Louis XIV (tableau de Hyacinthe Rigaud, 1701, musée du Louvre, Paris).

Le talon

Le talon a été inventé en Perse au XIIe siècle ap. J.-C. pour donner aux cavaliers une meilleure assiette dans leurs étriers et leur permettre de se dresser durant les combats. Il se répand lentement en Occident en passant par la Turquie où son existence est attestée à partir de 1350 ap. J.-C. Il est probable que, dans la France du XVIe siècle, les élégants portaient déjà des chaussures à talon. Leur présence n'est toutefois certaine qu'à partir de 1605 où une liste de prix en fait mention. Il ne s'agissait alors que d'une cale de bois que l'on plaçait entre le talon du pied et la semelle de la chaussure non pour aider au maintien du pied, mais pour faire paraître plus grand celui qui en portait. Le talon extérieur ne tarde pas à voir le jour. Il trouve son apogée à l'époque baroque où cet ornement atteint des dimensions impressionnantes. Beaucoup trop hauts, ils rendaient l'équilibre très précaire. Après 1800, ils disparaissent ; durant deux ou trois décennies, seuls les souliers plats et légers sont à la mode.

Les aléas de la mode appartenant au passé – du moins en ce qui concerne les chaussures pour hommes –, le talon subsiste envers et contre tout. Entre-temps, aussi bien cordonniers-bottiers qu'utilisateurs se sont aperçus qu'un talon d'une hauteur appropriée est utile tant pour la marche que pour la station debout. En accord avec l'anatomie du pied, il permet une répartition de la charge entre talon et plante des pieds et une certaine flexibilité du soulier.

Jusqu'au XVIIe siècle, seules les bottes de cavalier possédaient un talon. À partir de l'époque baroque, on confectionne des modèles raffinés à talon, par exemple ici en brocart (Musée de la chaussure Bally, Schönenwerd, Suisse).

Le talon le plus confortable et d'ailleurs le plus courant est légèrement asymétrique.

Les souliers sport dont la pointe est assez large sont pourvus d'un talon trapézoïdal s'évasant vers le bas.

À une chaussure à bout pointu correspond un talon s'évasant vers le haut.

Les bonnes proportions

En matière de chaussures classiques pour hommes, le bottier à tout intérêt à adopter la formule « un quart de la semelle plus un centimètre » pour déterminer les dimensions optimales du talon. Généralement symétriques, en forme de fer à cheval, ils peuvent également déborder davantage vers l'intérieur du pied pour compenser certains défauts de démarche.

Une hauteur de 2,5 cm semble idéale. Elle peut évidemment être augmentée ou diminuée selon les vœux du client, mais cette modification ne devrait pas excéder 1 cm. Le meilleur aplomb s'obtient avec un talon légèrement plus large en dehors qu'en dedans, donc broché en biais du côté extérieur. Les chaussures pointues s'harmonisent avec un talon s'évasant vers le haut ; pour les souliers sport, au contraire, il doit s'évaser vers le bas.

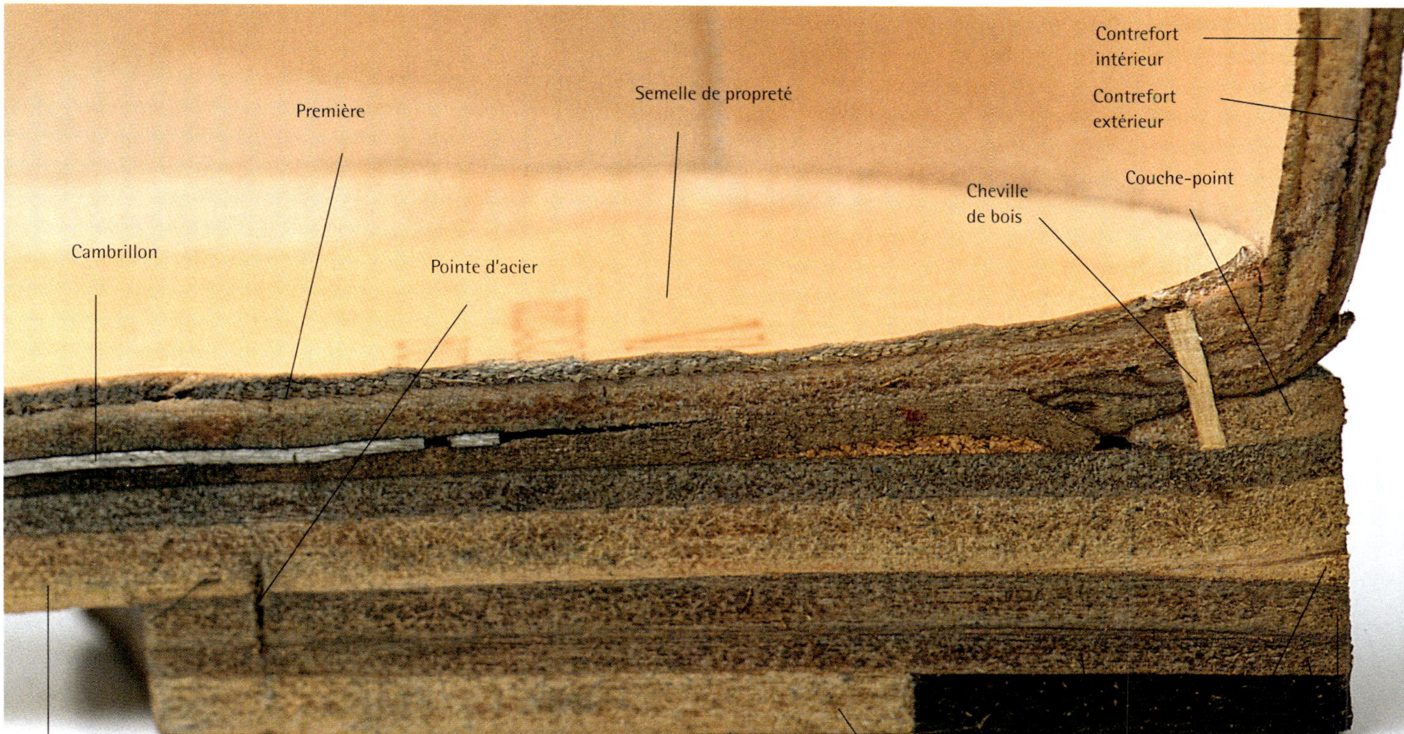

Une certaine habileté est nécessaire pour monter un talon parfait. En effet, il est composé de plusieurs couches de cuir que le bottier découpe sans patron ni modèle. Réussir un arrondi régulier et harmonieux, et identique à gauche et à droite, requiert une grande maîtrise. L'épaisseur de chaque couche doit également correspondre pour les deux pieds. C'est pourquoi le montage des talons se fait toujours par paire.
Plusieurs sous-bouts viennent se fixer sur le second couche-point grâce à des chevilles de bois. En les martelant, le bottier raffermit les morceaux de cuir qu'il avait mis à tremper puis enveloppés pour qu'ils restent humides. Ils ne doivent en aucun cas se casser ou se fendre sous les pressions répétées qu'ils auront à subir durant leur longue existence. Après la pose de chaque couche, le bottier vérifie la hauteur des deux talons. Si l'un est plus épais, il le râpe et le martèle.
La dernière couche de cuir est appelée bon-bout par les professionnels ; c'est elle qui vient au contact avec le sol.

Le second couche-point

Avant d'en entamer le montage, on procède à la détermination de ses dimensions. Sa hauteur dépend de la taille de la chaussure : les petites pointures sont pourvues d'un talon plus bas que les grandes. C'est la garantie d'un bon aplomb pendant la marche. Un sous-bout inutilisé comme tel sert de gabarit. Le bottier passe la râpe et un morceau de verre sur la surface déterminée pour les aplanir au maximum. Les bords sont légèrement enduits de colle pour accueillir le second couche-point. Après avoir fixé ce dernier, on perce des avant-trous à la broche pour y enfoncer les chevilles de bois. Elles doivent être assez longues pour traverser semelle, premier couche-point et contrefort, maintenir ensemble toutes ces épaisseurs de cuir, et donner une base solide au talon. On pare ensuite ce couche-point au tranchet en coupant en même temps les têtes des chevilles pour offrir aux sous-bouts une surface plane.

Un sous-bout inutilisé sert de gabarit pour déterminer les dimensions du talon. Les trois trous servent à marquer l'extrémité de celui-ci pour les différentes pointures : 45, 46 et 39-40.

Quatre à cinq entailles triangulaires dans le bord intérieur du couche-point permettent de le cintrer en fer à cheval.

Le bottier enfonce les chevilles dans les trous préalablement percés à l'aide d'une broche.

La semelle étant ici relativement bombée, il pare le bord intérieur du couche-point pour obtenir une surface plane.

Le montage du talon

Pour éviter les risques d'usure et de déformation, les différents éléments du talon sont préalablement battus au marteau sur la pierre à battre. Cela raffermit les fibres et rend le matériau plus dur.

Le bottier gratte la surface de chaque morceau, l'enduit de colle et le pose sur le morceau précédent ; tous les sous-bouts sont ainsi collés les uns et autres, puis au couche-point, avant d'être finalement cloués.

La talonnette, un empiècement de caoutchouc dur, résistant et antidérapant d'une épaisseur de 5 mm, est posé à l'extrémité du talon légèrement tourné vers l'extérieur du pied en complément du bon-bout. C'est l'endroit le plus sujet à l'usure.

La photo permet de distinguer très nettement les différentes couches de cuir qui composent le talon.

Dimensions et forme du talon

Une des caractéristiques du montage du talon est qu'il se fait invariablement par paires car chaque épaisseur de cuir doit être identique à gauche et à droite. Une fois chaque morceau exécuté, le bottier mesure attentivement la hauteur du talon. Si l'un est plus haut, il le râpe et le martèle jusqu'à obtenir une égalité parfaite. Une fois le talon terminé, il vérifie encore une fois.

Arrive maintenant une phase d'une extrême importance qui requiert le plus grand soin : le brochage du talon.

Cela s'effectue sur tout le tour avec un tranchet. Le taillant de l'outil doit être droit. À l'intérieur du pied, on taille à angle droit ; à l'extérieur, par contre, pour donner plus de sûreté, on coupe un peu en biais en évasant vers le bas. On martèle aussi la tranche du talon pour la durcir et la raffermir après l'avoir humecté au pinceau. Pour ce faire, on utilise la panne de l'outil et on donne de petits coups très rapprochés.

En se guidant sur le ou les précédents, le bottier broche chaque morceau qu'il vient de fixer. Sur l'exemple que nous voyons ici, le bon-bout avec sa talonnette manque encore.

Mouillé, le cuir est plus tendre que sec. C'est pourquoi il est plus facile au bottier de marteler la lisse du talon après l'avoir humecté.

Du fait de la forme de l'emboîtage, on ne peut comparer les deux talons qu'en les juxtaposant tête-bêche.

Tout le pourtour de la tranche du talon est martelé après avoir été humecté. On fera disparaître à la râpe les traces de coups.

La talonnette de caoutchouc

Le talon s'use plus rapidement au point où, à chaque pas, il entre en contact avec le sol : à son extrémité extérieure. On munit cette partie de plusieurs sortes de renforts en le décalant légèrement vers l'extérieur par rapport à l'axe de la chaussure. On emploie le plus communément un empiècement de caoutchouc durci en lui donnant diverses formes, mais il arrive aussi qu'on choisisse de petites plaques de métal.

Voici la forme habituelle d'un talon : symétrique, la talonnette légèrement décalée vers l'extérieur.

Un talon légèrement asymétrique confère au pied plat un meilleur soutien.

Le prince William d'Angleterre porte, à l'instar de son père, des souliers de chez Lobb – pourvus, bien sûr, d'une talonnette.

La talonnette de caoutchouc peut prendre les formes les plus diverses. Elle s'avance ici considérablement vers le centre du talon.

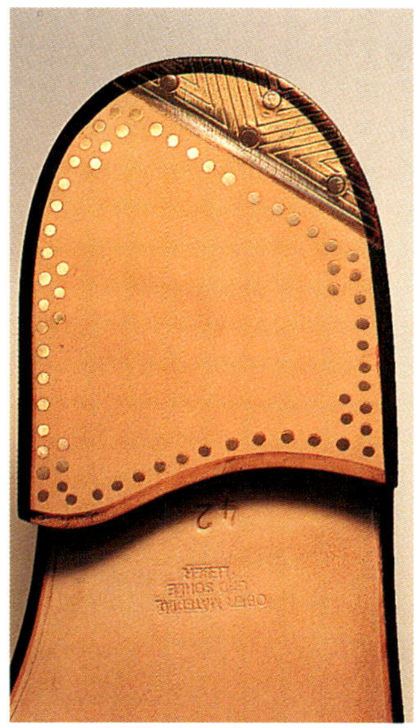

Le bon-bout peut également être pourvu d'un fer rendu encore plus solide et antidérapant par des picots. Cette habitude se rencontre surtout à Vienne, ou plutôt s'entend, car elle fait tinter la chaussure à chaque pas.

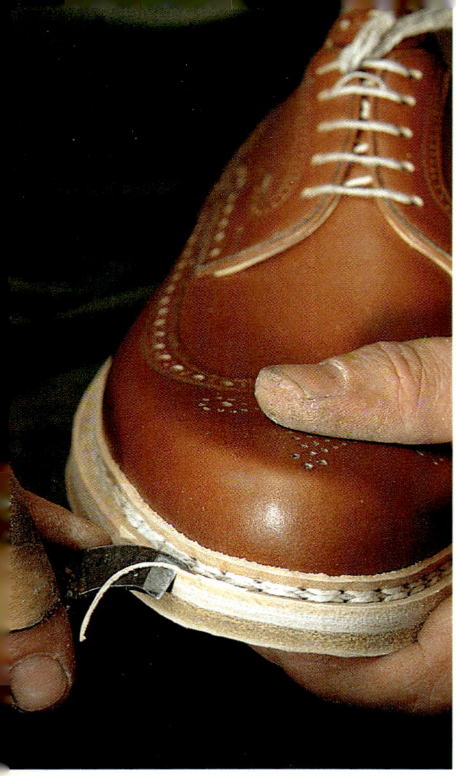

L'ébourroir, une fine lame en acier courbe munie d'un guide, sert à chanfreiner les arêtes de la lisse, sur la semelle et le talon.

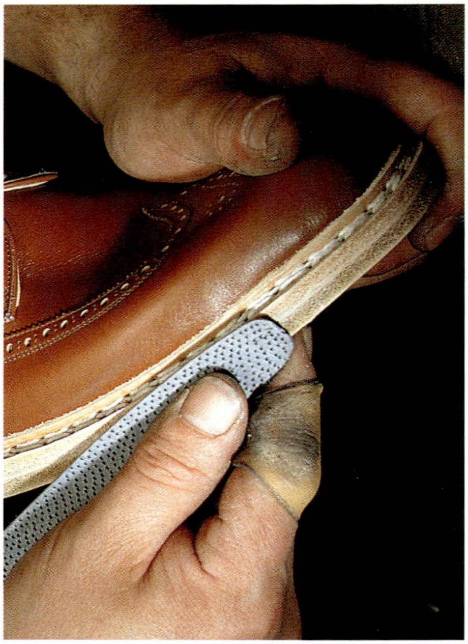

Ces lisses sont ensuite passées à la râpe pour en parfaire l'aspect et en raffermir la surface.

Enfin, après avoir humidifié le cuir, on passe le fer à lisse, ce qui raffermit encore la tranche et fait disparaître les traces de râpe.

Le finissage de la semelle et du talon

Semelle et talon sont désormais montés, mais le travail n'est pas terminé pour autant. La tranche a encore sa couleur naturelle et quelques traces d'outil sont perceptibles sur la lisse. Le bottier entreprend donc les opérations de « finissage », terme utilisé dans la profession pour désigner la finition. Elle contribue non seulement à l'esthétique, mais aussi à la pérennité de la chaussure.

Pour des souliers d'été blancs ou très clairs (cognac, par exemple), on laissera leur couleur naturelle aux tranches. En général, pourtant, on teindra ces dernières de la couleur de la tige ; si elle est noire, la tranche le sera forcément aussi. On peut toutefois envisager des déclinaisons de teintes en veillant cependant à ce qu'elle reste plus foncée que la tige. Si on désire lui conserver sa teinte naturelle, on la lissera à l'aide d'un morceau de verre et on la badigeonnera de cire incolore ou très claire que l'on fera pénétrer dans le cuir pour le rendre étanche. Cela mettra la matière et la couleur du cuir parfaitement en valeur. La semelle, une fois astiquée à la crème, est tout d'abord quelque peu glissante. Quelques pas pourtant suffisent à la rendre légèrement rugueuse et pallient cet inconvénient. Si l'on teinte les tranches de la semelle et du talon, il faut teinter également le bon-bout et la cambrure. Une étroite bande colorée (2 à 3 mm de large) encadre alors le patin. Il existe deux variantes couramment utilisées : pour la chaussure à bout droit fleuri, le bottier borde la partie teintée d'une ligne droite, à l'instar du bout droit qui les orne ; pour la chaussure à bout golf fleuri, la ligne de séparation épouse cette forme. La magnifique décoration des semelles ne dure hélas que le temps d'une rose, jusqu'aux premiers pas de leur heureux propriétaire. Mais pour offrir un instant de ravissement au client lors de l'achat, le bottier consent à bien des efforts.

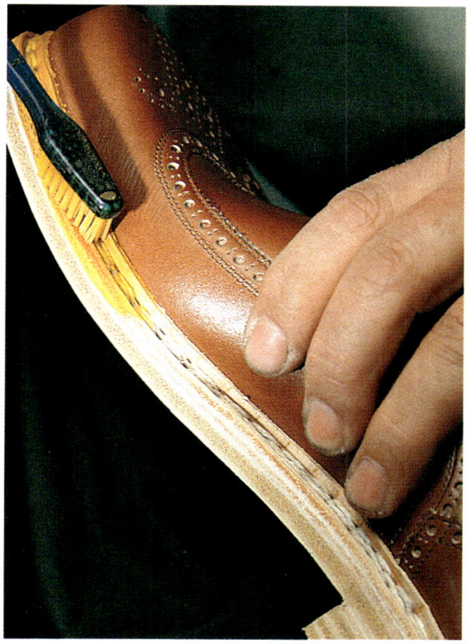

Si l'on veut que les coutures faites main ressortent – et c'est généralement le cas pour le cousu norvégien –, on passe une teinte jaune sur la trépointe et les coutures. Toutefois, on peut aussi leur donner la même couleur que l'empeigne ou la lisse.

La lisse est ensuite teintée comme on le désire puis enduite d'une fine couche de cire. Le bottier fait pénétrer dans le cuir ces deux produits en pressant avec le fer à lisse ou le pied-de-fer. On obtient ainsi une surface soyeuse lustrée dans la teinte de son choix.

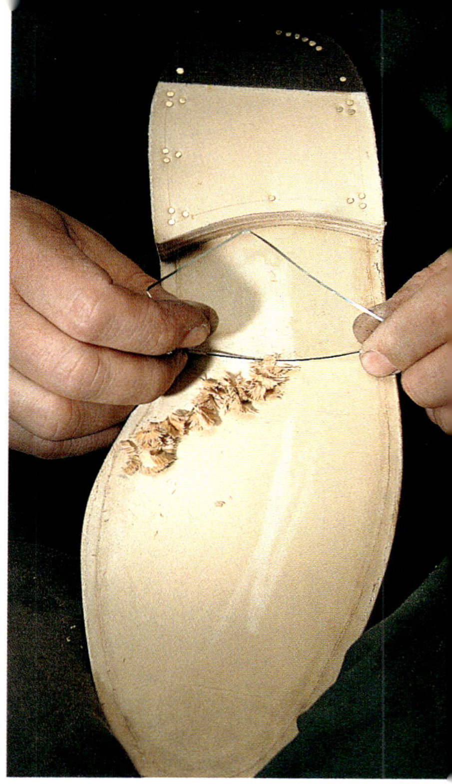

On élimine les traces d'outil en grattant la semelle avec un morceau de verre. À chaque passage, celui-ci enlève une fine couche de cuir d'environ 0,2 à 0,4 mm d'épaisseur.

Si l'on veut conserver à la semelle et au bon-bout leur teinte naturelle, on passe plusieurs couches de crème incolore en laissant le cuir reposer entre chacune pour qu'elle ait le temps de pénétrer.

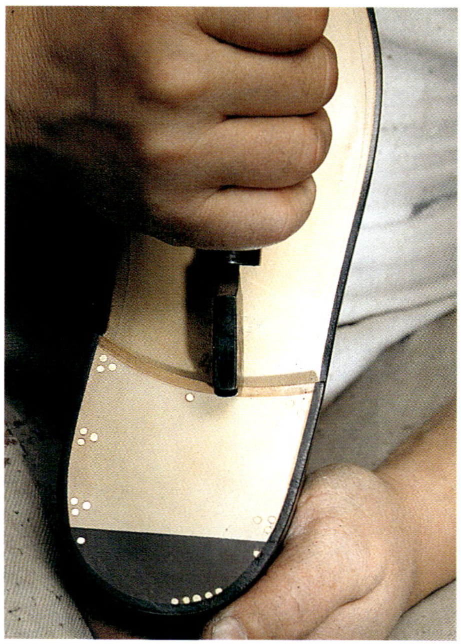

On utilise un fer chaud pour faire pénétrer la crème dans le cuir.

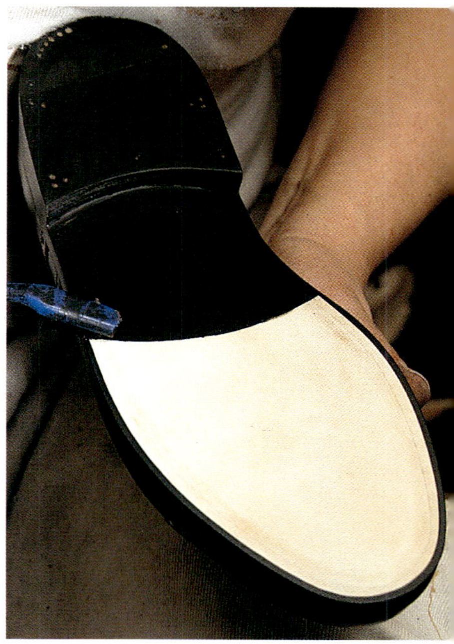

Une solution très agréable à l'œil : lisse, cambrure et talon de la même couleur.

L'ornementation

Les ornements de la semelle et de la lisse du talon sont devenus au fil des ans des marques spécifiques de tel ou tel atelier. Elles soulignent et attestent la confection manuelle et donc le montage réellement individualisé de chaque paire de chaussures. L'outil utilisé pour réaliser ce décor est la roulette.

Portant différents motifs, elles permettent d'imprimer des bordures qui viennent par exemple souligner le haut de la lisse du talon ou la limite du patin, non teinté, face à la cambrure, colorée. La roulette est chauffée sur une flamme et passée en pressant fortement sur les emplacements que l'on désire décorer.

La roulette est portée à la température souhaitée en la maintenant au-dessus d'une flamme.

Un motif en zigzag est imprimé sur les arêtes supérieures et latérales de la lisse du talon.

Le bottier décore avec la roulette le chanfrein de la trépointe à cousu norvégien de cette chaussure.

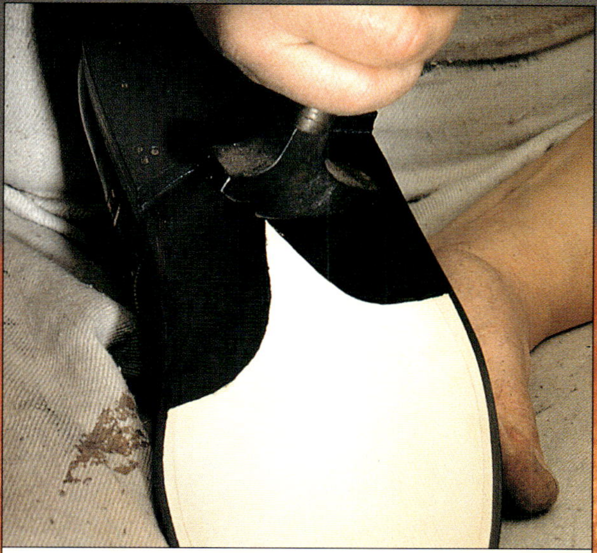

On peut agrémenter la cambrure d'une chaussure de motifs décoratifs. La forme en cœur du patin est typiquement celle d'un derby ou d'un richelieu à bout golf fleuri.

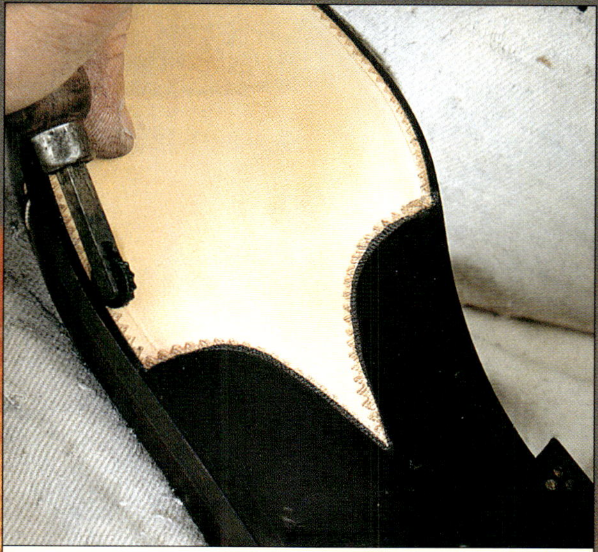

La limite entre les parties teintes et non teintes de cette semelle est soulignée d'un délicat motif réalisé à la roulette.

Une particularité historique propre au métier de bottier : sur le bord supérieur de la lisse du talon de cette chaussure vieille de plus de cinquante ans, on distingue un motif de raies parallèles et, sur l'arête verticale, une double série de triangles garnis de points.

L'extraction de la forme

La forme a rempli son office. La chaussure est achevée. Pour accomplir les ultimes travaux, le bottier retire délicatement la forme du soulier. Pour ce faire, il utilise un gros crochet d'acier de 6 à 7 mm de diamètre qu'il ôte avec le tire-pied. Il range alors soigneusement la forme pour une utilisation ultérieure.

Le crochet d'acier est placé dans un trou sur le côté de la forme et ôté doucement à l'aide du tire-pied.

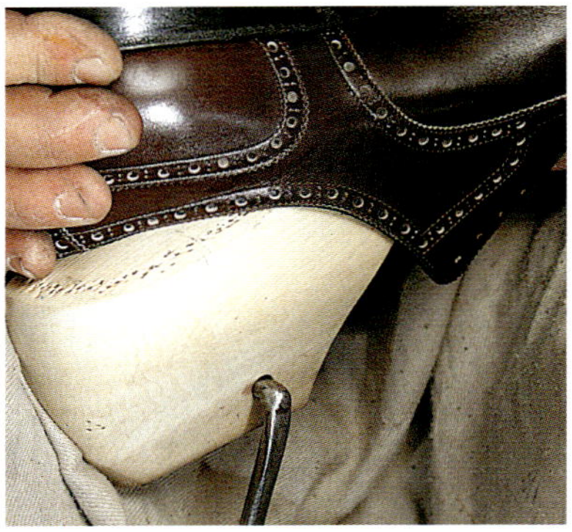

Il arrive que des chevilles de bois aient traversé la première pour se planter dans la forme. Dans ce cas, il faut encore plus de délicatesse et de doigté lors de son extraction.

Travaux de finition intérieure

Au cours des différentes étapes du montage, certaines chevilles ont pu traverser la première et certains clous fixant les sous-bouts y faire des trous. En mettant la main à l'intérieur de la chaussure quand la forme en a été retirée, on peut parfaitement sentir quelques pointes ou quelques bosses. Des râpes spéciales permettent au bottier de lisser ces inégalités. Dans la plupart des cas, il ajoute une semelle de propreté entière, taillée dans du cuir de doublure selon le même patron que la première. Les deux semelles intérieures doivent être identiques. L'avantage de recouvrir toute la première est d'offrir la douceur de son support sur toute sa longueur. Elle doit être entièrement collée car, sinon, elle se plisse lors de la marche, ce qui est souverainement désagréable.

Certains clients, cependant, préfèrent le contact direct avec la première du fait de son tannage végétal et renoncent donc à la semelle de propreté. Dans ce cas, après le râpage et le ponçage au papier de verre, le bottier lustre la première et se contente de coller une demi-semelle ou même un quart de semelle de propreté.

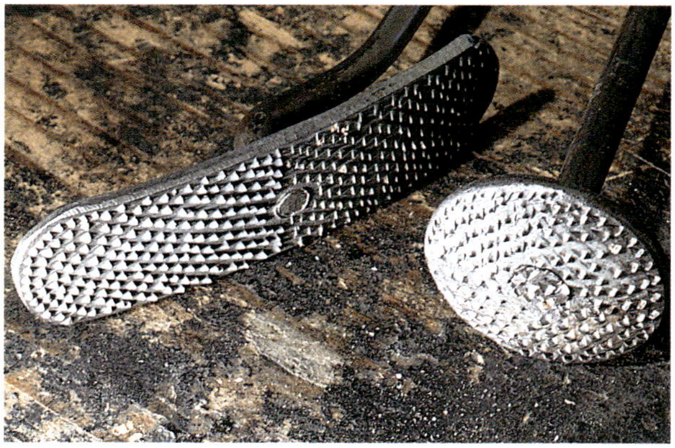

Le bottier utilise une râpe oblongue pour aller jusqu'à la pointe et une râpe ronde pour le talon.

Si, ce faisant, il rencontre une pointe métallique, il ne peut s'agir que d'un clou cassé. Il le retire alors à l'aide de tenailles.

Semelles de propreté

La première une fois lissée, on la recouvre d'une semelle de propreté en cuir souple, de la même qualité que la doublure. Selon les désirs du client, celle-ci est entière ou ne recouvre que le talon.

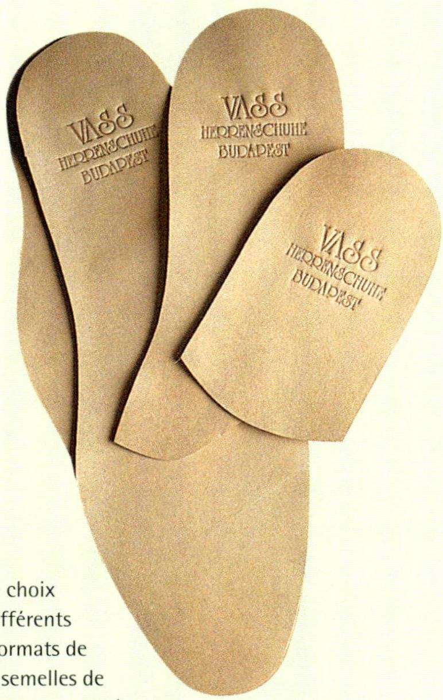

Le client a le choix entre différents formats de semelles de propreté.

La semelle de propreté légèrement enduite de colle est fixée sur la première.

Semelles orthopédiques

Bien des gens désirent des semelles spéciales qui soutiennent la cambrure bien qu'ils ne souffrent pas de pieds plats ni même d'un affaissement quelconque de la voûte plantaire. Après avoir examiné la forme de leur pied, le bottier ajoute une pièce en liège sous la cambrure ainsi qu'un disque d'environ 2 cm de diamètre au centre de l'éminence du gros orteil.

Il ne colle ces deux morceaux que provisoirement sous la semelle de propreté. C'est seulement lorsque le client a essayé sa paire de chaussures et fait quelques pas qu'il les fixera définitivement au cas où ils donnent satisfaction. Si besoin est, il en corrige la forme, l'importance et l'emplacement exact avant de fixer définitivement la semelle de propreté.

Quant aux semelles orthopédiques prescrites par un médecin, elles seront exécutées par un podo-orthésiste qui les fixera sur la semelle de propreté. Les exigences particulières de ces dernières auront été notées lors de la prise des mesures et prises en considération lors du montage. Pour en assurer un chaussant agréable après l'ajout de la semelle orthopédique requise, l'intérieur de la chaussure est généralement confectionné en laissant une marge de 1 cm et en faisant monter la tige et le contrefort plus haut que de coutume.

Les semelles du bottier ne remplissent évidemment pas les mêmes fonctions que les semelles médicales, elles se contentent d'assurer au pied un maintien confortable.

Les morceaux de liège sont parés et placés à l'endroit idoine entre la première et la semelle de propreté.

L'épaisseur du morceau de liège peut aller jusqu'à 8 mm. Son emplacement exact est déterminé au cours de l'essayage.

Les embauchoirs

Si la forme est nécessaire au montage de la chaussure, l'embauchoir est indispensable à sa conservation. Il a pour fonction principale de préserver aussi longtemps que possible la plastique créée par le bottier. Dans le cas de chaussures faites sur mesure, le mieux est d'opter pour un embauchoir confectionné d'après la forme.

L'embauchoir n'est pas, loin s'en faut, soumis à autant de contraintes que la forme, son matériau est donc différent. Ses qualités principales résident, en somme, dans sa légèreté, sa facilité de taille et la possibilité d'en polir parfaitement la surface. Ces propriétés se retrouvent dans le bois d'aulne (*alnus glutinosa*), de tilleul (*tilia cordata*), de cèdre (*cedrus*) ou de cerisier (*prunus*); ce dernier est apprécié surtout pour sa magnifique veinure.

Le bois brut est travaillé aussi longuement et soigneusement que pour une forme. Jusqu'à un certain stade, la confection de l'un est à ce point identique à la taille de l'autre que l'on à du mal à les distinguer.

Les travaux de finition diffèrent toutefois : le premier doit être facile à enfiler et à enlever d'une chaussure. Les deux types que l'on rencontre le plus fréquemment sont l'embauchoir articulé – en trois parties – et l'embauchoir à ressort (*voir* page 188).

Les pièces préparées, qui évoquent déjà parfaitement des embauchoirs, attendent la finition définitive en fonction des mesures du client.

La forme faite sur mesure est placée sur le tour et ses dimensions exactes analysées afin de pouvoir reproduire une pièce identique.

Un des bois de prédilection pour les embauchoirs : l'aulne. Il pousse dans des terrains humides, voire marécageux. En trente à quarante ans, c'est-à-dire relativement peu de temps, son tronc atteint un diamètre de 40 cm.

L'embauchoir articulé

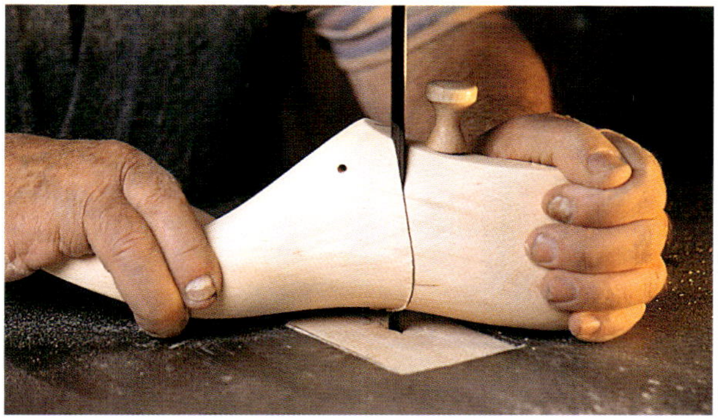

L'embauchoir est scié légèrement en biais devant le bouton permettant de le saisir.

La même opération est répétée derrière le bouton. L'embauchoir comporte désormais trois parties.

On commence par placer la pièce avant puis arrière. La partie centrale, qui fait office de coin, est insérée en force entre les deux précédentes ; l'embauchoir est alors prêt à l'emploi.

L'embauchoir à ressort

Il est également coupé en trois, mais on ne garde pas la partie centrale.

Un embauchoir à ressort est composé des éléments suivants :
talon, piston, ressort, goupilles et partie avant. Ils sont assemblés et fixés.

Une fois terminé, l'embauchoir reçoit une fine couche de cire d'abeille.
On le frotte alors avec un chiffon doux pour lui donner son brillant final.

Le bottier passe sur le cuir encore humide avec une mailloche ou un pied-de-fer, préalablement chauffé, pour le raffermir une dernière fois et lisser d'éventuels plis qui auraient subsisté. La tête de l'outil presse vigoureusement la chaussure en passes répétées, en va-et-vient sur les surfaces planes, en rotations sur les parties galbées. Cette phase apparemment simple de la confection d'une chaussure joue pourtant un rôle déterminant pour son avenir : c'est d'elle que dépend la qualité du lustrage final.

Le lustrage

Il ne reste qu'à porter la dernière main. L'art du cireur transforme les chaussures en un véritable chef-d'œuvre. Même en apportant le plus grand soin à leur entretien, jamais elles ne brilleront autant qu'au moment de l'achat. Ce spécialiste utilise éventuellement les mêmes crèmes, pâtes, chiffons et brosses que le commun des mortels, mais le résultat qu'il obtient – sans doute grâce à son savoir-faire – est de loin meilleur. Petite consolation : le client peut en tout temps apporter ses souliers à l'atelier pour les faire nettoyer !

Avec de l'eau savonneuse tiède, le cireur fait disparaître les traces de colle et de doigts que le bottier a inévitablement laissées sur la tige, quel qu'ait pu être le soin apporté à l'ouvrage.

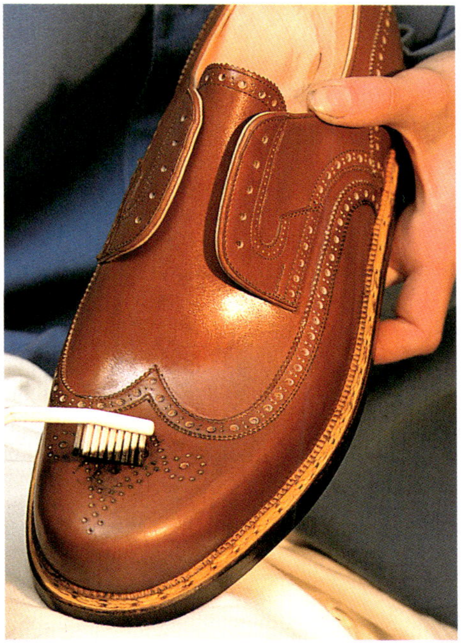

Lorsqu'on passe la mailloche, la cire, la crème et qu'on lustre et astique, il faut veiller au moindre détail. Par exemple, les perforations des bouts fleuris sont plus claires que la surface du cuir ; il convient donc de les teinter. On parvient à faire pénétrer la crème dans les moindres trous en s'aidant d'une brosse à dents.

Le lustrage de la chaussure dépend de la manière dont le grain, invisible à l'œil nu, est nourri. On étend la crème sur le cuir pour faire disparaître les dernières inégalités. On utilise un chiffon doux enroulé autour d'un doigt et on fait pénétrer doucement la crème en frottant toujours en rond jusqu'à l'obtention d'une surface digne d'un miroir. La crème forme alors sur le cuir une fine pellicule qui est absorbée en une quinzaine de minutes 180 ; on répète cette opération trois ou quatre fois. On fait alors reluire avec une brosse douce et on lustre avec un morceau de flanelle.

Chaque atelier traditionnel est fier de ses produits et les pourvoit donc de sa marque. Cela peut être le nom de l'entreprise, un logo facile à reconnaître ou une manière d'identification indirecte, telle la façon de teinter la semelle ou de décorer la lisse du talon. La méthode la plus efficace est certainement la plus directe. Le logo figure par exemple sur la semelle de propreté ou sur une plaque de cuivre fixée sur l'embauchoir (comme celle que nous voyons ici, de l'atelier Vass de Budapest).

Le laçage caractéristique
des richelieux.

Le laçage typique
des derbys.

Les lacets appropriés

Ce sont les lacets tissés qui conviennent le mieux aux chaussures masculines sur mesure : des cordons ronds pour les paires élégantes, des lacets ronds ou plats pour les souliers sport. Les deux sortes sont tressées à la machine ; les ronds sont en fait des cylindres garnissant un fil de coton ou de chanvre. Les lacets plats ne sont en général pas fourrés. Pour faciliter le passage dans les œillets, on pourvoit leurs extrémités d'embouts cylindriques en métal.

Il est important que la couleur des lacets s'harmonise avec celle de la tige ; elle peut éventuellement être une teinte plus foncée, mais en aucun cas plus claire. Si la tige est bicolore, les lacets doivent être de la couleur la plus foncée. Leur longueur est fonction du nombre d'œillets : pour 5 à 6 œillets, la taille idéale est d'environ 75 cm, jusqu'à 4 œillets, 60 cm suffisent. Il est alors encore possible d'effectuer confortablement un nœud avec une boucle suffisamment ample. Pour les bottines, on a besoin de lacets d'une longueur de 120 cm.

Richelieux et derbys possèdent tous deux un laçage spécifique. Mais il est possible de déroger à ce qui n'est, somme toute, qu'une habitude.

L'emballage

Le carton à chaussures peut servir à protéger cet article jusqu'à la venue du client, mais il peut également faire office de boîte de rangement pour une longue durée. En général, il vaut mieux conserver les souliers à l'abri de la lumière car, à la longue, celle-ci dessèche le cuir.

Il est recommandé de ranger chaque chaussure séparément. On la glisse dans un sac de flanelle, de lin ou de cachemire que l'on ferme à l'aide d'une ficelle. Elle est ainsi à l'abri de la poussière et la tige est protégée contre le contact trop rude de la semelle de l'autre soulier. Entreposées dans leur carton, les paires peuvent être rangées aussi bien debout que couchées.

L'emballage n'a qu'un rôle provisoire : il protège la chaussure jusqu'à l'arrivée du client. Il convient pourtant de garder le sac en étoffe car il est préférable d'y envelopper les chaussures plutôt que de les ranger, sans protection, sur une étagère ou dans un carton. Ce sac les met à l'abri de la poussière et de frottements contre une surface dure.

Le client reçoit ses chaussures dans une boîte en carton. Elle ne devrait être ni trop grande ni trop petite, de manière que les chaussures soient juste maintenues sans être compressées.

L’entretien

BORDEAUX
KIWI
e 50 ml
KLEURLOOS
KIWI
KIWI
CASTAÑO
KIWI
e 50ml

Le nettoyage des chaussures

Bien entretenu, le cuir conserve longtemps sa souplesse, son élasticité et son bel éclat. Tout homme chaussé de souliers impeccables donne une image avantageuse de lui-même. En revanche, le cuir des chaussures que l'on néglige se dessèche tôt ou tard, puis devient cassant au niveau des plis. La durée de vie d'une chaussure dont on ne prend pas soin est relativement brève.

La routine du nettoyage des chaussures peut être un moment agréable quand on dispose des ustensiles nécessaires et des produits appropriés. Il ne reste plus alors qu'à respecter l'ordre de la procédure.

Le coffret de nettoyage doit contenir une brosse à récurer en soies de porc, de vache ou en crin de cheval. Toutefois, les brosses végétales, faites avec les nervures à la fois flexibles et résistantes des feuilles de l'agave d'Amérique du Sud, remplissent tout à fait la même fonction ; les poils de ces brosses relativement dures éliminent facilement la boue séchée et les autres taches.

Plus souples, les brosses à cirer, souvent fabriquées en crin de cheval, servent à appliquer le cirage. Il est conseillé d'éviter d'utiliser la même brosse pour étaler différentes couleurs, car les résidus de cirage sec se mélangent et risquent de modifier les teintes, voire d'en produire de nouvelles. Pour les chaussures bicolores, la tâche se complique ; si vous possédez une paire de *spectators*, deux brosses sont nécessaires pour entretenir une seule paire de chaussures : une noire pour le cuir noir et une blanche pour le blanc. À défaut, des brosses à dent ou des chiffons feront l'affaire.

Il faut avoir autant de brosses à cirer que de produits d'entretien (liquide ou crème). Pour les chaussures de luxe, il est conseillé de n'employer qu'un produit d'excellente qualité, dont la couleur correspond exactement à celle de vos souliers. Mais si vous souhaitez qu'ils prennent rapidement une patine « à l'ancienne », mieux vaut choisir un cirage légèrement plus foncé, par exemple un bordeaux lie-de-vin pour des chaussures bordeaux clair, ou un cirage marron foncé pour des chaussures cognac. Vous étalerez régulièrement une fine couche de crème sur le cuir, puis vous la laisserez pénétrer pendant au moins dix minutes.

Le coffret contiendra également un jeu de brosses à lustrer en crin de cheval ou en soies de porc. Comptez une brosse par teinte de cirage. Ces brosses serviront à polir et à faire briller la chaussure imprégnée de cirage. À défaut, un chiffon doux remplira le même office que la brosse. D'ailleurs, le chiffon est même recommandé pour ne pas accélérer l'usure des chaussures en cuir très fin.

Pour entretenir ses chaussures cousues main, l'amateur de chaussures possédera une panoplie de cirages qu'il choisira soigneusement en fonction de la couleur de ses souliers. Il obtiendra le meilleur résultat en prenant un produit légèrement plus foncé que la couleur de la chaussure. Il est préférable de traiter les modèles d'été avec un cirage incolore.

Dix règles d'or pour entretenir ses chaussures

Au moment solennel de la remise d'une paire de chaussures, un chef d'œuvre unique change de mains. Le bottier donne alors à son client quelques conseils d'entretien. La durée de vie et la beauté d'une paire de chaussure neuves dépendent certes de la qualité du cuir et du talent du bottier, mais aussi – pour une grande part – des soins qu'on lui prodiguera. Le client commence par enfiler ses souliers, puis il fait quelques pas pour vérifier s'ils lui vont. Ils conserveront toutes leurs qualités pendant longtemps à condition d'observer certaines règles.

1. Au début, les chaussures neuves ne seront portées que pendant deux ou trois heures. Quand le pied se sera habitué à la chaussure, vous pourrez les mettre toute une journée.

2. Ne portez jamais la même paire de chaussures deux jours de suite, mais laissez-les se reposer pendant au moins vingt-quatre heures.

3. Utilisez toujours un chausse-pied quand vous enfilez vos chaussures, peu importe qu'il s'agisse de chaussures lacées ou à boucle, ou de loafers.

4. Quand vous ôtez des chaussures lacées, écartez les lacets à chaque œillet pour vous déchausser sans forcer.

5. Dès que vous retirez vos chaussures, glissez à l'intérieur un embauchoir sur mesure.

6. L'embauchoir sera également placé dans une chaussure détrempée par la pluie ou la neige. Ne rangez pas vos souliers en les posant sur la semelle, mais sur le côté, puis laissez-les sécher pendant au moins vingt-quatre heures.

7. Il est recommandé d'essuyer ses chaussures tous les jours avec un chiffon humide et de les polir au cirage, même quand elles semblent toujours aussi brillantes.

8. Si vous ne portez pas vos chaussures pendant un certain temps, étalez une fine couche de cirage sur le cuir, glissez-les dans les petits sacs que le bottier vous aura remis, puis rangez-les semelle contre semelle dans un carton.

9. Ne prêtez jamais une chaussure sur mesure, car chaque pied a sa propre morphologie.

10. Chaque paire de chaussures neuves a son caractère. Elle ne révélera sa vraie beauté que si vous la portez avec les vêtements et dans les circonstances qui conviennent.

L'art de lustrer les chaussures

Apparue au tournant du siècle aux États-Unis, la profession de cireur est devenue un véritable métier. Le « Shoe-Shine-Service », le stand des cireurs de rue, possède de nos jours encore un attrait magique. À New York, certains d'entre eux officient dans la Wall Street depuis des décennies et font déjà partie du paysage. Ces professionnels, qui possèdent une clientèle fidèle et attentionnée, maîtrisent à la perfection toutes les astuces de cet art.

Nettoyer les chaussures est un travail minutieux. La moindre tache doit être soigneusement enlevée à la brosse, car la fonction du cirage n'est pas de nettoyer, mais de nourrir le cuir en lui apportant les substances (graisse, cire et humidité) qu'il perd à l'usage.

Le cireur de chaussures étale le cirage d'un geste lent et circulaire en dosant avec précision la quantité dont le cuir a besoin. S'il est trop sec, il laissera pénétrer la première couche de cirage pendant dix minutes avant d'appliquer la seconde. Abuser du cirage ne sert à rien, parce que l'excédent n'entre pas dans la peau et le cuir est ensuite difficile à lustrer.

Qu'on frotte la chaussure à la brosse ou au chiffon, l'essentiel est que l'ustensile soit toujours impeccable.

À causes de leurs perforations, les modèles à bout fleuri requièrent des soins intensifs et souvent fastidieux. Le cirage qui entre dans les trous doit être éliminé à la brosse jusqu'à ce qu'il n'en reste plus aucune trace, parce que la poussière se dépose aussitôt sur le moindre résidu de crème. Et même si la chaussure semble briller après polissage, on aura l'impression qu'elle est mal entretenue.

Les cirages actuels répondent à toutes les exigences. Pourtant, une vieille recette fait toujours ses preuves : elle consiste à humidifier de temps en temps ses chaussures avec de la salive, car celle-ci nettoie et fait briller en même temps.

La chaussure à nettoyer est posée sur un cale-pied.

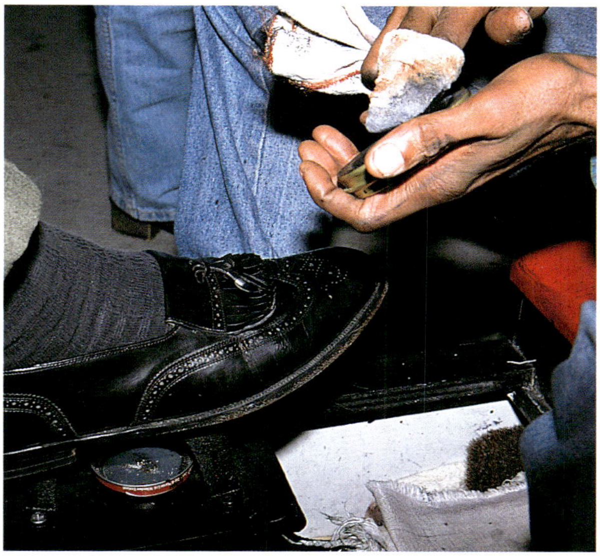

Le cirage doit pénétrer dans toutes les perforations des souliers à bout fleuri.

Le cireur n'oublie jamais le bord de la semelle et le talon.

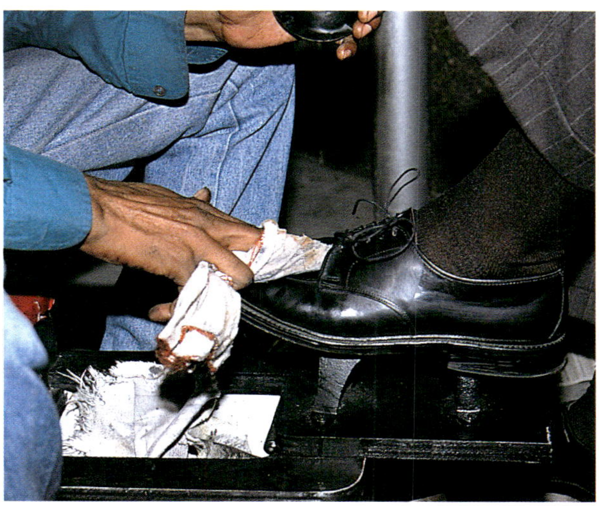

Il élimine l'excédent de cirage.

Puis il frotte le bout en effectuant des mouvements transversaux.

Les embauchoirs

Les embauchoirs articulés, spécialement fabriqués pour les chaussures sur mesure font partie du nécessaire d'entretien. Les chaussures rangées sans cet accessoire perdent tôt ou tard leur forme, le cuir se plisse et tend à devenir cassant. Sans eux, les chaussures soumises à une trop forte transpiration se déforment très vite. Par ailleurs, un soulier mis en forme sur un embauchoir est plus facile à entretenir parce que le cuir reste tendu et lisse.

Selon une opinion très répandue, les chaussures doivent d'abord « refroidir » et sécher avant de recevoir l'embauchoir. En vérité, il est plutôt recommandé de le glisser dans le soulier encore chaud qui vient d'être enlevé, car il lissera les plis et la chaussure gardera sa forme jusqu'à la prochaine utilisation.

Les embauchoirs sur mesure ne seront utilisés que pour les chaussures auxquelles ils sont destinés. Ces embauchoirs ne doivent en aucun cas être employés pour une autre paire, car celle-ci ne reprendrait pas sa forme initiale.

Bien que fabriqués en bois léger, les embauchoirs en trois parties sont les plus lourds. C'est pourquoi beaucoup d'amateurs préfèrent des modèles plus légers, à ressort et à partie centrale démontable. Toutefois, les plus légers de tous sont les embauchoirs à charnière ou pourvus d'un pas de vis permettant le réglage de la tension.

L'embauchoir ne demande aucun entretien particulier, toutefois il est recommandé de l'essuyer soigneusement tous les trois mois avec un chiffon humide.

L'embauchoir articulé classique est un bel objet aux formes simples.

Hormis le talon et le bout du pied, l'embauchoir à ressort est débarrassé de tout superflu.

Cet embauchoir à tige se règle grâce à un pas de vis. Il tend bien le bout de la chaussure, mais ne maintient pas le contrefort du talon. Il est surtout utile en voyage.

Cet élégant embauchoir, dont la couleur est assortie à la chaussure, s'ouvre et se ferme au moyen d'une charnière.

Le chausse-pied

Les chausse-pieds en corne (ici, de différentes longueurs) sont à la fois flexibles et agréables au pied.

Quand on enfile une chaussure basse sans ce précieux accessoire, le contrefort du talon risque de s'écraser, de s'élargir et de se déchirer. Qu'il soit en métal, en bois ou en corne, on veillera à ce que le chausse-pied soit parfaitement lisse et résiste à l'effort.

Le chausse-pied forme une sorte de glissière qui protège et tend le contrefort du talon quand on enfile la chaussure. Si le cuir d'une chaussure neuve est encore raide et que vous éprouvez des difficultés à l'enfiler, même avec un chausse-pied, poussez prudemment le pied dans le soulier en effectuant plusieurs mouvements.

À défaut d'un chausse-pied, vos deux index feront l'affaire ; toutefois, à la longue, cette méthode ne fait de bien ni aux doigts, ni au contrefort du talon. En revanche, l'astuce du mouchoir peut être d'un grand secours : il suffit de déployer un mouchoir contre le renfort de talon à l'intérieur de la chaussure et de glisser son pied, puis d'ôter le mouchoir en le tirant.

Nous conseillons d'enfiler les bottines avec un chausse-pied à longue tige, qui servira également pour les chaussures basses.

Un chausse-pied rudimentaire en métal remplit très bien son office.

Ce modèle en métal au design recherché épouse l'arrondi du talon.

Le chausse-pied à longue tige, très pratique pour les bottes, sert aussi pour les chaussures basses.

Quand la chaussure blesse...

Pour élargir une chaussure à la main, il suffit d'y glisser un embauchoir à vis en deux parties. Le cordonnier augmente l'écart au moyen de la vis. Pour le cordonnier, cette méthode présente l'avantage de tenir la chaussure en main et de pouvoir contrôler la tension exercée sur le cuir.

L'étireuse en métal que l'on écarte au moyen d'une vis, est capable d'élargir le dessus d'une chaussure de 5 millimètres. En général, cette opération ne dure pas plus de cinq minutes, mais il arrive qu'une chaussure en cuir épais reste 24 heures dans l'étireuse.

Le cordonnier glisse la partie avant de l'étireuse dans la chaussure, humidifie le cuir, puis tend la chaussure en tournant lentement la vis pour éviter que le cuir et les coutures ne se déchirent.

Si la chaussure est trop large, une garniture en liège de 2 à 3 millimètres d'épaisseur sera glissée sous la première. Cette garniture peut être ajoutée sur toute la longueur de la chaussure. Mais souvent, il suffit de tapisser l'avant du soulier. Par ailleurs, il est possible d'ajuster une chaussure en serrant les lacets. Si la bordure de la tige frotte la cheville, le cordonnier surélève le talon en ajoutant une semelle de liège qui peut atteindre 5 millimètres d'épaisseur.

Quand une semelle est usée, il faut toujours apporter les deux pieds à l'atelier de réparation. Le cordonnier ressemelle toujours les deux chaussures pour éviter que l'une soit en plus mauvais état que l'autre. Il utilise les mêmes outils que pour le montage.

Les réparations

Les chaussures classiques cousues à la main ne se démodent jamais. Lorsqu'il sont bien entretenus, les souliers fabriqués avec soin pourront être portés pendant plusieurs dizaines d'années et certains pourront même s'embellir. D'ailleurs, on préfère souvent ses chaussures après plusieurs années d'usage qu'au moment de leur achat. L'habitude aidant, elle devient une part de nous-mêmes.

Au bout d'un certain temps, même les chaussures les plus parfaites s'usent. Le moment où apparaissent les premiers signes de fatigue dépend du poids et de la démarche, mais aussi de l'entretien et de la fréquence avec laquelle on les porte. Les talons et les semelles, ainsi que le bout de la chaussure sont des endroits particulièrement sensibles. Or, cela vaut la peine de les porter à réparer à l'atelier de cordonnerie du bottier dès qu'elles sont abîmées. Les grandes maisons se chargent volontiers de ce type de réparations.

Toutefois si le contrefort du talon est cassé, ou si les coutures ou le cuir du dessus présentent des déchirures impossibles à réparer, vous serez bien obligé de vous séparer de vos précieux souliers.

La réparation de la semelle et du talon

La semelle de l'avant de la chaussure et du talon sont les parties qui s'usent le plus vite. En cas de forte usure, le cuir peut présenter une différence d'épaisseur de 3 millimètres entre le bout de la semelle et le reste. Il faut alors veiller à ce que la couture qui se trouve dans la rainure ne s'abîme pas. La remise en état d'une semelle usée est une réparation relativement simple.

Le cordonnier entaille la semelle à 5 centimètres de la pointe, puis il ôte la partie usée avec un couteau bien aiguisé en veillant bien à ne pas endommager la couture. Il taille une pièce de croupon, la colle à l'endroit voulu, puis la fixe avec des chevilles de bois.

Si le sous-bout du talon est également endommagé, le cordonnier devra ôter le cuir usé, le patin de caoutchouc, ainsi que la couche de cuir qui se trouve en dessous, puis il remontera le talon entier.

Le cordonnier vient de poser une pièce de cuir. Il la lime à la râpe ou avec un morceau de verre, puis avec du papier abrasif grossier et fin jusqu'à ce que la pièce et la semelle soient au même niveau, et que le bord soit de nouveau régulier.

Comme ils sont sollicités à chaque pas, les talons tendent à s'user même quand ils sont protégés par une talonnette en caoutchouc dur. Si l'usure ne concerne que cette dernière, on le remplacera de la même manière qu'on remplace une semelle.

Le ressemelage

Des réparations complexes seront nécessaires si la semelle est très usée ou même percée ; toutefois, celles-ci resteront dans les limites du supportable pour les chaussures à doubles semelles. Si les coutures des semelles et des semelles intermédiaires sont intactes, il suffira d'ajouter une demi-semelle. Le cordonnier élimine les parties endommagées au tranchet. Il dégage la semelle jusqu'au cambrillon en veillant bien à ne pas abîmer les coutures. Puis il remplace la semelle d'usure.

Il peut arriver que la marche intensive n'use pas le milieu de la semelle mais les bords externes ou internes. Ce type d'usure risque d'abîmer la couture, de relâcher les points, voire de déformer la trépointe. Dans ce cas, la réparation se fera en deux étapes. Le cordonnier placera la forme sur mesure dans la chaussure qu'il dépouillera jusqu'à la trépointe avant de la remonter entièrement.

Ce genre de « révision générale » exige souvent que l'on change aussi la trépointe. Alors le cordonnier remplit de nouveau l'espace entre les semelles, puis il coud une nouvelle semelle sur la trépointe et cloute un nouveau talon.

La question qui se pose inévitablement est de savoir si de telles réparations valent la peine. Or, l'expérience nous enseigne qu'une chaussure confortable et adaptée à la forme du pied est pratiquement irremplaçable. Des réparations simples ou plus importantes peuvent alors être une véritable cure de rajeunissement.

Ici, la semelle est percée mais les coutures latérales sont intactes. Il suffira d'appliquer une demi-semelle neuve.

Avec un semelle et un talon neufs, les chaussures usées retrouvent une seconde jeunesse.

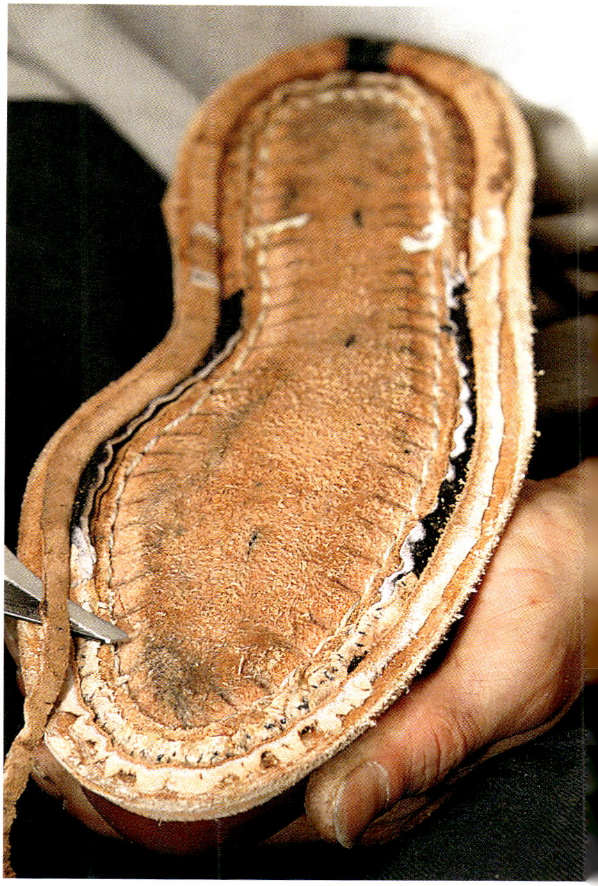

Si la couture est usée ou endommagée, la trépointe devra également être remplacée.

Les grands bottiers

Un chausseur royal : John Lobb à Londres et à Paris

John Lobb, le fondateur de l'atelier londonien de St. James's Street, est né en 1829 à Tywardreath en Cornouailles. Ce fils de paysan se signale par des talents exceptionnels de bottier et se voit accorder les plus grandes distinctions dans les expositions internationales de l'époque victorienne.

En 1863, le « Royal Warrant » l'élève au titre envié de chausseur du prince Édouard, le futur roi d'Angleterre Édouard VII (1841-1910). Si le nom de ce souverain est aujourd'hui encore synonyme d'opulence et de splendeur, les œuvres de Lobb évoquent immédiatement élégance et qualité suprême. Tous les gens riches et célèbres d'Angleterre comme du monde entier prenaient exemple sur le prince : rois, maharadjahs ou nawabs (respectivement, princes hindous et musulmans de l'Inde), acteurs ou chanteurs, politiciens ou écrivains. Les amateurs d'opéra fréquentaient la boutique de Lobb dans l'espoir d'y apercevoir Enrico Caruso, Fedor Chaliapine ou John McCormack. Les hommes d'affaires tentaient d'y glaner des informations sur Andrew Carnegie, Bernard Oppenheimer ou Guglielmo Marconi. Les écrivains en herbe venaient se pâmer devant Bernard Shaw ou Joseph Pulitzer, le fondateur de ce qui allait devenir le plus grand prix littéraire et journalistique.

La maison Lobb a résisté depuis plus d'un siècle à toutes les évolutions sociales, à toutes les tourmentes financières et économiques qui ont frappé les cordonneries traditionnelles du West End londonien ; il a su conserver la qualité de son artisanat, tant au profit de ses collaborateurs et successeurs qu'à celui de ses clients toujours aussi soucieux de suivre les traces des hommes célèbres.

Aussi longtemps qu'il y aura des hommes sachant apprécier le confort inégalable et la qualité exceptionnelle de ces chaussures cousues main, confectionnées dans les meilleurs cuirs et adaptées à chaque pied, il y aura quelque part un John Lobb.

Actuellement fournisseur attitré de Sa Majesté la reine Élisabeth II, de Son Altesse Royale le prince d'Édimbourg et de Son Altesse Royale le prince de Galles, cette entreprise familiale conserve précieusement le triple « Royal Warrant ». La tradition Lobb a su rester vivante et s'est perpétuée jusqu'à nos jours.

En 1901, alors que de nombreux bottiers traditionnels doivent fermer boutique devant le déferlement des chaussures à la mode et bon marché produites par une industrie naissante, John Lobb s'offre le luxe d'ouvrir une filiale à Paris. Cette entreprise se fait le chantre de la tradition anglaise dans la Ville lumière — aussi bien, d'ailleurs, en ce qui concerne la décoration du magasin et le service à la clientèle qu'en matière de confection de chaussures.

À l'ombre de St. James's Palace, la résidence londonienne des rois d'Angleterre entre 1699 et 1837, on trouve, au n° 19 de la rue du même nom, le magasin du bottier John Lobb. Cet immeuble a abrité, durant ses années de jeunesse, le célèbre poète anglais, lord Byron. Les trois « Royal Warrant » ornant fièrement la porte d'entrée permettent de le reconnaître de loin. Les cafés, les clubs et les magasins de mode de St. James's Street ont fait depuis des siècles de cette rue La Mecque de tous les dandys de Londres et d'ailleurs.

« La plus belle cordonnerie du monde », c'est en ces termes que la revue *Esquire* a décrit l'élégance des vastes locaux du magasin John Lobb. Une des vitrines londoniennes est réservée à certains exemplaires de la collection parisienne.

À mi-chemin entre Londres et Budapest : Benjamin Klemann à Basthorst

Benjamin Klemann est né en 1959 à Föhr, une île de la mer du Nord. Depuis 1990, il préside aux destinées d'une cordonnerie sur mesure dans la bourgade idyllique de Basthorst, à l'est de Hambourg. Dès l'enfance, Klemann caresse l'espoir de devenir bottier. Il accomplit tout son apprentissage à Neumünster auprès de Julius Harai – un nom qui s'est fait connaître au-delà du petit cercle des connaisseurs. Ce maître lui enseigne les secrets de la tradition hongroise. Durant sa période de compagnonnage, le jeune homme perfectionne son art ; en 1986, il se rend en Angleterre où il travaille durant près de cinq ans chez Lobb, le chausseur de la Cour, puis chez Foster & Son, New & Lingwood et Alan McAfee. Il se familiarise ainsi à la confection des élégants modèles britanniques.

En compagnie de son épouse Margrit, spécialisée dans la fabrication des tiges, Klemann forme depuis quelques années des apprentis. Il attache une grande importance à contrôler personnellement toutes les étapes de la fabrication.

Sa collection montre que Klemann s'inspire admirablement des deux traditions classiques de la cordonnerie. Ses modèles, où se marient à la perfection l'élégance anglaise et le savoir-faire hongrois, sont particulièrement réussis. Il apprécie tout particulièrement le box et le chevreau, sans oublier cependant les peaux plus exotiques comme l'autruche, le requin, le crocodile ou le kangourou. Tradition et expérience vont chez lui de pair. Il a aussi confectionné de magnifiques modèles à bout fleuri dans du cuir trouvé dans un bateau coulé au large de Plymouth il y a plus de deux cents ans (*voir* page 88).

« La fonction dicte la forme » : Himer & Himer à Baden-Baden

L'idée de devenir bottier est venue à Axel Himer lors d'une visite chez un ami podo-orthésiste. Pour le plus jeune de tous les bottiers traditionnels d'Europe – il est né en 1965 – il y a sûrement un moyen de rendre les souliers orthopédiques moins disgracieux et plus légers. « Mais il n'y a pas de marché pour cela » lui rétorque-t-on péremptoirement. Persuadé du contraire, il met son projet à exécution.

Ses années d'apprentissage à Cologne, Stuttgart, Hanovre et Heidelberg, et sa formation de podo-orthésiste lui servent aujourd'hui : ses vastes connaissances anatomiques et techniques lui permettent de trouver des solutions originales aux situations les plus délicates.

La principale caractéristique de son artisanat réside dans le choix des meilleures peaux, tout comme d'autres matériaux, pour réaliser une chaussure élégante, confortable et parfaitement adaptée. À la prise habituelle des mesures (*voir* pages 12 et suivantes), Axel Himer a ajouté une phase supplémentaire : il réalise un moulage en mousse des pieds de ses clients afin d'être en mesure de leur confectionner une assise parfaite. Pour lui, une paire d'essai doit nécessairement être confectionnée en cuir et portée au moins quinze jours par le client. Si des défauts sont apparus, le bottier les corrige sur la forme. La maison Himer & Himer est connue pour ses chaussures de golf : le fait d'être droitier et gaucher ne concerne en effet pas seulement l'usage des mains, mais aussi celui des pieds. Ils sont d'ailleurs toujours asymétriques. Nos deux artisans tiennent compte de cette différence lors de la confection de leurs chaussures de golf.

La devise « la fonction dicte la forme » a fait la célébrité de cet atelier. Le pied est la mesure de toutes choses, la chaussure doit donc être parfaitement adaptée. Axel et Christine Himer attachent une grande importance au confort et au chaussant de leurs réalisations.

Pour Axel Himer, confectionner des chaussures réellement esthétiques et confortables en dépit de problèmes orthopédiques est un défi passionnant.

La collection Baldessarini-Hugo Boss confectionnée dans l'atelier de László Vass constitue un pont entre des traditions vieilles de plus d'un siècle et un design moderne. Exposée avec goût dans ses locaux, elle peut servir de guide et d'inspiration pour ses clients.

Une renaissance hongroise : László Vass

Né à Budapest en 1946, László Vass appartient à cette génération de bottiers qui, avec courage et énergie, se sont plongés aux racines de leur artisanat pour faire revivre un art ancien aux richesses multiples. Ils ont ainsi donné une nouvelle jeunesse au métier de cordonnier-bottier.

L'entreprise de ces maîtres établis au début du XXe siècle sur les rives du Danube connut son apogée avec un type de chaussures qu'ils nommèrent « budapest » en l'honneur de leur ville ; ce genre de derby à bout golf fleuri dont le bout monte très haut a rapidement fait la conquête de Londres, Paris, New York et Rome.

En 1970, le jeune homme passe son examen de maître cordonnier-bottier en confectionnant à la main une paire de budapest. Il s'est depuis lors fixé pour tâche de parvenir à la perfection dans l'exécution de ce type de chaussures. Le magasin de László Vass se trouve au cœur de la capitale hongroise, au n° 2 de Haris Köz, et est quasiment devenu un lieu de pèlerinage. Attirés par la qualité de son travail, les clients viennent de toute l'Europe pour lui commander des souliers cousus main.

Cinq ans de formation chez Magyar Divatintézet, où il occupe successivement les fonctions de patronnier-coupeur, de piqueur, d'ouvrier de pied et de styliste, lui apprennent toutes les ficelles du métier. Il se préoccupe avant tout de conférer élégance, confort et pérennité à toutes ses chaussures déclinées dans de nombreux modèles, formes et couleurs.

Plus qu'un nom, une marque :

Bálint à Vienne

Agé de 45 ans, Lajos Bálint est né en Transylvanie hongroise. En compagnie de sa femme Kati, il commence une seconde existence à Vienne en 1988. Au début modeste ouvrier, il parvient en dix ans à établir sa réputation et à faire de son nom une marque réputée. Sa précision lors de la prise de mesures et la perfection de ses formes le rendent célèbre. De bonnes chaussures sont pour lui la marque de l'homme conscient de sa propre valeur et heureux de vivre.

Les chaussures cousues main de Bálint sont le reflet de plusieurs siècles de traditions. Pour être mis en valeur comme il se doit, leur classicisme requiert une élégance parfaite.

Style et notoriété :

Materna à Vienne

Le propriétaire du magnifique magasin situé à deux pas de l'opéra de Vienne est le roi de la chaussure sur mesure de la capitale autrichienne, Georg Materna. À partir du moulage des pieds et des dimensions relevées par son preneur de mesures, il sait ce qui convient à chacun, à l'instar du médecin qui examine une radiographie. Il n'utilise que des matériaux de premier choix et s'offre le luxe de faire patienter ses clients six à huit semaines. Sa philosophie : des chaussures chères sont une bonne affaire – et pour le bottier, et pour le client. Celui qui entretient ses souliers comme il se doit pourra encore bénéficier de leur confort et de leur élégance au bout de vingt ans. Cet artisan de 59 ans est l'héritier d'une longue tradition familiale : son père et son grand-père, déjà, étaient bottiers. Portés par les petits-fils, les souliers du grand-père résistent encore !

L'impressionnante collection des modèles Materna – cousus Goodyear, cousus norvégien, richelieux, derbys, mocassins, loafers, bottines, chaussures de golf – exposée dans ses vitrines.

Quatre générations de bottiers hors pair : Berluti à Paris

Alessandro Berluti (1865-1922) est né à Senigalia, près d'Urbino en Italie. Son habileté à créer des modèles lui assure rapidement une certaine considération. En 1887, muni de ses outils de cordonnier, il monte à Paris. La maison Berluti est demeurée fidèle à la tradition des chaussures cousues main.

Torello (1885-1959), son fils, perpétue la tradition et crée l'esprit Berluti, gagnant ainsi la confiance de clients célèbres comme James de Rotschild, Sacha Distel, Bernard Blier ou Yul Brunner. Il trouve un emplacement idéal pour le magasin, le n° 26 de la rue Marbeuf. Talbinio, le fils du précédent, parvient entre 1960 et 1980 à agrandir l'entreprise et à lui assurer une réputation internationale avant de la confier à sa cousine Olga.

La collection actuelle reflète le profond sens esthétique de Berluti. Comment créer une chaussure qui sache incarner la beauté classique, son aspect à la fois lyrique, solide et exquis ? Sa maîtrise incomparable de la patine, du glaçage, entre autres, lui permet de trouver une réponse éternellement renouvelée à cette question tout en créant des teintes jusqu'alors inconnues. Comme entrée en religion dans l'entreprise familiale en 1959, Olga Berluti impose en dix ans son style dont les formes effilées et les glaçages incomparables sont aujourd'hui devenus la griffe de la maison.

Piazza, *Salon*, *Lounge* et *Grotto* : les quatre espaces du magasin Berluti abritent, tels des écrins, les collections du célèbre chausseur. Pourvus de marbre de Carrare, de dessins de soleil, d'arabesques de métal et de lampadaires en vitraux, ils ne sont là que pour mettre en valeur les chaussures. Un choix de teintes inhabituelles et de formes raffinées, une disposition en demi-cercle, tout est conçu pour attirer, fasciner et charmer le client exigeant.

Un modèle intéressant signé Gatto : un loafer fermé par une splendide boucle.

Une chaussure créée par Gatto est si intemporelle qu'elle évoque l'éternité. « Nos clients – parmi lesquels figurent de nombreux aristocrates – nous restent souvent fidèles durant des décennies », raconte Vincenzo Gatto, l'actuel maître des lieux.

Un prodige romain : Gatto

Pas de vitrine, pas d'enseigne lumineuse – une simple plaque portant l'inscription « Gatto, 1er étage ». C'est la seule indication permettant de trouver l'un des bottiers les plus célèbres du continent, au 34 de la Via Salandra à Rome. Un client célèbre, le roi Alphonse XIII d'Espagne est cité en 1988 dans le magazine allemand *Der Stern* : « Il existe deux prodiges à Rome : la chapelle Sixtine et les chaussures de Gatto ». L'atelier a été fondé en 1912 par Angelo Gatto ; depuis les années 1930, il a vu défiler les personnalités célèbres : princes, rois, ambassadeurs, hommes d'affaires et stars du monde de la musique ou du cinéma : Vittorio de Sica, Tony Curtis, Alain Delon, Maurice Chevalier ou Paul Anka.

Ce richelieu à bout golf fleuri provient de la maison Gatto. La plupart des chaussures italiennes ont une forme élancée. Les perforations soulignant les coutures font de ce modèle un classique du genre.

À New York, dans Chinatown, on découvre une enseigne métallique sur un immeuble de trois étages : *E. Vogel, Custom Made Shoes & Boots, since 1879*. Le E. signifie Egidius, le prénom d'un immigrant allemand, qui a su imposer son style alors résolument avant-gardiste : les courbes de ses bouts golf étaient nettement plus marquées que chez ses confrères.

Un engagement vis-à-vis de la qualité : E. Vogel à New York

Cette entreprise familiale fondée en 1879 par E. Vogel s'est toujours efforcée de fournir à ses clients des chaussures d'une qualité irréprochable. Elles sont conçues pour offrir le plus grand confort possible durant la marche. Une finition hors pair et une pérennité hors du commun caractérisent ces produits.

Pendant longtemps, Dean Vogel, l'arrière-petit-fils d'Egidius, a confectionné les bottes pour les cavaliers américains participant aux jeux Olympiques ainsi que pour d'autres écuyers célèbres. « J'avais des clients qui commandaient chez nous des bottes durant de longues années sans s'apercevoir que nous avions également des chaussures basses. Quand, finalement, ils s'en apercevaient et demandaient depuis combien de temps, je répondais : « Oh, cela ne fait que 120 ans ! »

Le n° 19 de la Howard Street, entouré de restaurants chinois bon marché et de confiseries, est un bâtiment unique : le sous-sol abrite une collection de plus de 1 600 formes, et le livre d'or se révèle un Who's who de personnalités renommées, du général Pershing à Paul Newman en passant par Charles Lindbergh.

Tous les bottiers de renom s'efforcent évidemment d'offrir à leurs clients un choix de modèles et de déclinaisons aussi large que possible. Une chaussure sur mesure de chez E. Vogel possède une particularité unique : le nom de son propriétaire est inscrit à la main sur le cuir de la doublure.

Dans cet intérieur agréable, Oliver Moore a su initier ses clients aux arcanes de la confection des chaussures. On ne se contente pas d'y prendre les mesures, on peut également y choisir le modèle et le matériau. Lors de la visite suivante, l'amateur n'a plus qu'à procéder à l'essayage final.

Des chaussures conçues pour la marche : Oliver Moore à New York

Oliver Moore, le fondateur de l'atelier, est l'auteur de quelques-uns des plus beaux modèles de chaussures cousues main d'Amérique. Elizabeth, la veuve de Thomas, l'arrière-petit-fils du fondateur, est l'actuelle propriétaire des lieux.

Après avoir appris le métier en Angleterre, Oliver Moore est venu dans le Nouveau Monde en 1878 pour y apporter son savoir-faire et goût infaillible pour la tradition. Depuis lors, cette entreprise compte parmi ses clients des célébrités telles que Theodor Roosevelt, George Raft ou Leonard Lauder.

Du fait de l'extrême qualité de ses articles, la maison a su conserver la clientèle de nombreux habitués qui s'honorent d'y disposer de leurs formes. Il leur suffit donc de donner un coup de fil pour passer commande d'une nouvelle paire.

Il faut cinq à six ans de formation au jeune cordonnier-bottier pour parvenir à confectionner un richelieu à bout golf fleuri aussi parfait que celui-ci.

Lexique

A

Ablation (méthode par)
Procédé de finition des formes sur mesure. Si le pied est plus étroit ou le cou-de-pied plus plat que la moyenne, le formier enlève à la râpe la matière en trop.

Adjonction (méthode par)
Méthode de finition des formes. Si le pied est plus large, le cou-de-pied ou le talon plus fort que la moyenne, le formier corrige la forme en ajoutant des épaisseurs de cuir.

Affichage
Action de fixer les pièces de cuir en les tirant pour leur donner le galbe voulu. La fixation est assurée par des pointes provisoires que l'on retire en temps voulu. La tige est ainsi affichée sur la première en la tirant suffisamment pour qu'elle se moule à la forme sans faire de plis.

Aiguilles
Pour la couture de la trépointe on utilise des aiguilles recourbées de 8 cm de long. Certains bottiers préfèrent employer des soies (de sanglier ou de porc), plus souples et plus fines que les aiguilles.

Ailette
Renfort latéral taillé dans du cuir à dessus placé entre la tige et la doublure. Ce morceau long et étroit qui peut aller du bout-dur au contrefort empêche la tige de s'affaisser en la maintenant des deux côtés.

Alêne
Sorte de poinçon en acier muni d'un manche en bois ; elle sert à exécuter les trous pour les coutures reliant trépointe, première, semelle double et semelle d'usure.

Avant-trou
Trous percés avec l'alêne ou la broche pour, respectivement, y passer le fil ou y enfoncer les chevilles.

B

Basane
Peau de mouton ayant subi un tannage spécial. Souvent utilisé comme doublure à cause de sa souplesse et de sa résistance.

Bon-bout
Dernière pièce de cuir constituant le talon. Venant au contact du sol, elle doit être très résistante et, de ce fait, on la taille dans le croupon. Le bon-bout est parfois renforcée, à son extrémité, par une talonnette en caoutchouc ou en fer.

Bout-dur
Pièce rigide à l'extrémité avant de la chaussure qui protège les doigts de pied contre les chocs et empêche cette partie de se déformer. Il peut être intérieur et donc invisible. Sinon, il est droit ou golf, lisse ou fleuri.

Bout fleuri
Bout orné de perforations de différentes tailles. On dit « fleuri » parce que, au début du siècle, le motif représenté était le plus souvent des fleurs. Cette décoration est caractéristique des full- et semi-brogues.

Bout golf
Bout avant en forme de cœur. Ses courbes élégantes s'étirent presque jusqu'au sur-contrefort.

Boots
Terme anglais pour bottines : bottes courtes s'arrêtant au-dessus des chevilles.

Box (angl. box-calf)
Cuir de veau teint tanné au chrome, souvent employé pour la tige.

Broche
Tige de fer pointue dont la lame est plus courte que celle de l'alêne et qui sert à percer les avant-trous pour les chevilles ou pour les clous.

Brosse
Pour étaler la cire et faire reluire la chaussure, on utilise des brosses en crin de cheval ; il est recommandé d'en posséder une pour chaque couleur.

Brosse à reluire
Brosses en crin de cheval utilisées pour le lustrage des chaussures. On devrait utiliser une brosse différente pour chaque couleur.

Budapest
Un modèle de derby à bout golf fleuri remontant haut sur l'empeigne, inventé, on s'en doute, dans la capitale hongroise.

C

Cambrillon
Languette (généralement en acier) de 10 cm de long sur 1,5 cm de large que l'on place à la cambrure pour en assurer la rigidité. Cette pièce vient combler, en compagnie du remplissage de liège, le creux formé par la trépointe et la tige entre la première et la semelle d'usure.

Cambrure
La voûte plantaire ou cambrure du pied est en fait un ressort sur lequel repose tout le poids du corps tant lors de la marche que lors de la station debout ; elle en amortit les chocs. La partie de la chaussure entre le talon et le patin est également nommée cambrure.

Chausse-pied
Sorte de guide en bois, métal ou corne que l'on applique à l'intérieur du contrefort pour le protéger et le raidir au moment d'enfiler une chaussure. Courts pour les souliers bas, ils s'allongent pour les bottines et les bottes.

Chaussure de golf
Soulier de sport généralement cousu main. La semelle d'usure est pourvue de neuf ou onze picots qui assurent une meilleure stabilité sur l'herbe.

Chaussures sur mesure
Souliers faits main en fonction de chaque pied du client ; ils sont exécutés en tenant rigoureusement compte des informations et des vœux du client et des mesures prises lors de sa première visite.

Cirage
Comprend les crèmes destinées à nourrir et à recolorer ainsi que les pâtes pour faire briller.

Cire
Le cireur polit la chaussure en étendant la cire, légèrement chauffée, au moyen du fer puis termine le lustrage en frottant énergiquement avec un chiffon.

Coffret d'entretien
Tout possesseur de chaussures devrait posséder un kit d'entretien comprenant les accessoires nécessaires à leur entretien : brosses, cirages, crèmes, chiffons.

Colle
Il existe des colles rigides et des souples (dissolution de caoutchouc, par exemple). Parmi les premières, la plus utilisée est la colle de pâte obtenue en mélangeant eau et châtaignes ou pommes de terre broyées. Outre son rôle de fixation, elle raidit et renforce les parties assemblées.

Collection
Toutes les grandes maisons présentent dans leurs magasins une vaste gamme de modèles.

Contour (du pied)
Relevé du périmètre du pied en tenant le crayon verticalement. Ce relevé donne longueur et largeur du pied.

Contrefort
Renfort de la partie postérieure de la tige (l'emboîtage) qui vient entourer le talon du pied ; il relie à l'arrière les deux quartiers.

Copie fine
Méthode de finition des formes qui permet de reproduire à la machine et au millimètre près les dimensions du gabarit.
Copie grossière
Les dimensions du gabarit sont reportées sur une forme brute en utilisant une fraise relativement grosse.
Cordouan
Cuir de chèvre ou de mouton maroquiné travaillé à l'origine à Cordoue.
Cordovan
Cuir de cheval.
Couche-point
Bande de cuir à dessous de 2 cm de large et de quelque 3 mm d'épaisseur placée en fer à cheval sur la première pour rendre plane la surface de l'emboîtage. Constitue la base sur laquelle est monté le talon. Dans un cousu Goodyear, le couche-point est cloué, pour un montage norvégien, il est cousu.
Cousu main
Montage manuel de la chaussure : il en existe deux types principaux, le cousu Goodyear et le cousu norvégien.
Couteau à parer
Lame pourvue d'un manche servant comme son nom l'indique à parer, c'est-à-dire à refendre ou à biseauter le cuir.
Couture semelle
Couture petits points fixant trépointe et semelle d'usure ou trépointe, semelle double et semelle d'usure, suivant les cas.
Couture semelle double
Couture petits points reliant trépointe et semelle double.
Couture trépointe
Couture reliant la trépointe, la première et la tige.
Croupon
Morceau de cuir de bovidé tiré de la croupe ou du dos de l'animal. C'est la partie la plus chère, car la plus dure, la plus massive, la plus imperméable et la plus résistante aux écarts de température. Épaisse de 5 à 8 mm, son tannage a nécessité une séjour de 12 à 15 mois dans des fosses remplies de jus tannant de plus en plus concentré. On y taille semelles d'usure, sous-bouts et bons-bouts.
Cuir de bœuf
Matériau le plus couramment utilisé pour la confection des chaussures. Les morceaux tirés de part et d'autre de l'échine de l'animal sont les plus massifs et les plus solides. Du collet on découpe semelle d'usure et semelle double. Des flancs, la trépointe, le contrefort et le bout-dur. Les peaux tannées à la fosse (tannage végétal) sont destinées à la doublure et aux parties de dessous, celles traitées au chrome conviennent pour la tige. (Voir également croupon).
Cuir à dessous
voir Croupon.
Cuir à dessus
Cuir tanné au chrome, coupé dans les plus belles parties de la peau ; on y coupe les pièces de la tige. Son épaisseur est généralement de 1,2 à 1,5 mm.

D

Découpage
Coupe des morceaux de cuir d'après les patrons.
Dentelure
La découpe en zigzag des bords de certaines pièces de la tige présente un caractère purement ornemental. Le bottier emploie pour ce faire machine à denteler ou des ciseaux à cranter.
Derby
Type de chaussure très répandu en Europe continentale caractérisé par ses quartiers qui passent sur la languette et sont cousus sur l'empeigne. Les cousus norvégiens à semelle double sont généralement des derbys. Les Anglais le nomment blucher et le déclinent en trois versions : plain, semi et full-brogue que l'on nomme en France respectivement à bout droit lisse, à bout droit fleuri et à bout golf fleuri.
Dessin
Se basant toujours sur les traditions classiques, le styliste crée une chaussure en jouant sur la forme, les proportions, la décoration, le matériau et la teinte de la tige. Il tente de nouvelles combinaisons pour donner un air de nouveauté aux solutions d'antan.
Il dessine les nouveaux modèles directement sur des formes, si bien que l'on peut contempler le résultat en trois dimensions.
Doublure
Cuir scié (refendu) tanné au chrome ; d'une épaisseur de 1,2 mm environ, la doublure doit être particulièrement douce mais cependant résistante.
Dissolution de caoutchouc
Colle souple obtenue par dissolution du crêpe avec de l'essence de pétrole ; l'adhérence se fait au bout de 10 à 15 minutes et le lien reste souple et élastique.

E

Ebourroir
Lame en acier courbe très tranchante dont le côté gauche est replié en forme de bordure pour éviter d'érafler la tige.
Embauchoir
Pièce en bois (toujours en bois!) taillée d'après la forme et servant à conserver la plastique des chaussures. Les deux modèles les plus courants sont ceux en trois parties et ceux à ressort.
Embauchoir à vis
Embauchoir utilisé pour élargir une chaussure.
Empeigne
Appelée également « claque ». Partie avant de la tige d'une chaussure, du cou-de-pied à la pointe.
Empreinte (du pied)
Relevé de la forme du pied, essentiellement de ses points de contact avec le sol. Permet de déceler un pied plat et la position des doigts.
Essai (chaussure d')
Chaussure exécutée d'après la forme avec du cuir de qualité moyenne. Elle permet de repérer d'éventuels défauts de la forme et d'y remédier avant la réalisation des chaussures définitives.
Extenseur-élargisseur
Machine pour agrandir les chaussures.
Extraction de la forme
Action de retirer la forme de la chaussure une fois celle-ci montée. Le bottier s'aide du tire-pied et d'un crochet d'acier (appelé tire-forme) de 6-7 mm de diamètre pour exercer la force de traction avec toute la prudence requise.

F

Fer à lisse
Outil métallique employé souvent chauffé et présentant différents profils que le bottier presse vigoureusement sur la lisse de la semelle et du talon pour la raffermir et la teinter le cas échéant.
Fers à talon
Garnitures de métal posées à la place des talonnettes de caoutchouc pour leur résistance et leurs qualités anti-dérapantes.
Fil (tressé ou câblé)
Pour les coutures de la tige, on utilise essentiellement du fil de coton ou de lin. Pour les pièces les plus fines, on a recours au fil de soie. Le fil torsadé utilisé par le piqueur se compose de trois, quatre, six ou neuf brins (ou torons). On établit sa finesse en divisant sa longueur par son poids. Esthétiquement, sa teinte doit être légèrement plus foncée que celle de la tige.

Finissage
Finition de la chaussure une fois celle-ci retirée de la forme. Cette étape comprend le nettoyage, le cas échéant la teinte de la lisse, du talon et de la cambrure, le passage de la crème et le polissage et lustrage de toutes ces parties. Les lisses de la semelle et du talon sont passées au fer ; celles du talon éventuellement décorées à la roulette.

Fleur
Couche hyaline, papillaire ou basale d'une peau formant, avec la couche réticulaire, le derme. Ce dernier est recouvert, du vivant de l'animal, par l'épiderme qui disparaît au cours des opérations de préparation au tannage, en particulier l'ébourrage. La fleur est traversée par les poils et les canaux excréteurs. Le grain d'une peau varie en fonction de la partie du corps, de l'âge de l'espèce, etc., de l'animal. Les deux faces du cuir sont appelées côté fleur et côté chair.

Forme
Moule en bois sur lequel on monte la chaussure. C'est la reproduction des dimensions extérieures du pied du client en fonction du modèle désiré.
Formes asymétriques : Elles tiennent compte de la différence entre pied gauche et pied droit. Courantes dans l'Antiquité, elles ne réapparaissent qu'à partir du début du XIXe siècle.
Formes symétriques : Du début du XVe siècle jusqu'à la fin du XVIIIe, on ne prenait que les mesures d'un seul pied et les formes étaient indifférenciées au détriment, bien sûr, du confort.
Formes sur mesure : réalisées sur la base des mesures des deux pieds prises séparément, elles reproduisent exactement la forme de chacun.

Formoir
voir Mailloche.

Fosses à tanner
Cuves en béton ou en chêne servant à tremper les peaux. Celles-ci sont empilées avec une couche de tan (végétal) entre chacune d'elles puis recouvertes d'un jus tannique dans lequel elles séjournent plus ou moins longtemps.

Full-brogue
Terme anglais désignant une chaussure à bout golf fleuri.

G

Garant
Fine bande de cuir ornant et renforçant les bords des quartiers.

Goodyear (montage, cousu, etc.)
Procédé inventé par Alfred Goodyear permettant de monter en sandwich une épaisseur de liège entre deux épaisseurs de cuir, d'y ajouter un joint pour garantir l'étanchéité et d'assembler cette trépointe à la tige et à la première par une couture, ce qui en garantit la souplesse. Cette couture n'est pas apparente. La couture petits points, par contre, reliant trépointe, semelle double (le cas échéant) et semelle d'usure , reste parfaitement visible.

Gravure
Incision dans le cuir.

L

Laçage
Le laçage horizontal plus élégant est typique du richelieu, alors que le laçage en croix est souvent utilisé pour les derbys ; mais le non-respect de cette coutume est fréquent.

Languette
Patte en cuir fixée sur l'empeigne pour protéger le pied du frottement avec le laçage ou de l'intromission de corps étrangers. Elle n'est souvent qu'un élément décoratif.

Lèvre (de la gravure)
Bande de cuir résultant (dans le cas qui nous occupe) de la gravure dans la semelle d'usure, gravure permettant d'y enfouir la couture reliant semelle d'usure et trépointe pour lui éviter de venir au contact avec le sol à chaque pas et donc de s'user très rapidement. La lèvre est rabattue et collée par-dessus la couture, une fois celle-ci terminée.

Lisse
Tranche du talon et de la semelle. Dans la plupart des cas, elle est teintée en noir ; elle peut aussi être de la couleur de la tige. Quand elle n'est pas teintée, les différentes couches de cuir sont parfaitement visibles.

Loafer
Synonyme de mocassin.

M

Mailloche
Un des fers « à déformer », c'est-à-dire à lisser semelle, talon et lisse en faisant pénétrer la cire. Ces formoirs sont souvent chauffés à la flamme pour faciliter l'opération.

Marque-point
Genre de poinçon à deux pointes émoussées séparées par une partie concave. Le bottier l'utilise pour marquer les points sur la trépointe (en France, on a plutôt tendance à utiliser une roulette) car ils doivent être parfaitement réguliers. Une fois la couture faite, il se sert du même instrument pour peaufiner l'apparence des points.

Marteau à rabattre
Marteau de cordonnier dont la tête a une forme bombée et lisse et dont la panne se termine en queue de poisson. Il pèse environ 500 grammes et a différents usages.

Mocassin
Type de chaussure basse, nommée loafer en anglais, caractérisée par son absence de laçage ou de boucle. À l'origine chaussure souple en peau non tannée des Indiens d'Amérique du Nord. Il en existe aujourd'hui des variantes cousues Goodyear. Un des modèles les plus connus est le penny loafer (voir ce mot).

Modèle
Dans chaque type de chaussure, il existe de nombreux modèles que le chausseur se fait un plaisir de proposer au client.

Monk
Ou Monkstrap : Terme anglais pour chaussure à boucle (il peut y en avoir deux). Son dépouillement serait à l'origine de son nom qui signifie moine. Son chic réside dans la longueur de son empeigne.

Montage de la chaussure
Phase de la confection d'une chaussure comprenant l'affichage de la première sur la forme, l'affichage de la tige sur la première, la couture de la trépointe, puis celle de la semelle et enfin le montage du talon.

Montage du talon
Assemblage et fixation des différentes parties du talon, couche-point, sous-bouts, bon-bout qui viennent se superposer les unes aux autres.

Mur de gravure
Relief de quelque 6 mm de large et d'à peu près 2 mm de haut qui fait le tour de la première à environ 3 mm du bord – côté extérieur parfois à seulement 3 mm, à la cambrure côté intérieur parfois à 1 cm, cela pour éviter de sentir la couture car, généralement, on porte le poids du corps davantage côté intérieur – obtenu en creusant deux rigoles de part et d'autre. Ce mur sert à exécuter une couture à larder reliant première, trépointe et tige.

N

Norvégien (cousu, montage)
Procédé de montage d'une chaussure où toutes les coutures restent apparentes, deux en cas de semelle simple, trois s'il y a une semelle double. Ce sont surtout les souliers robustes, de sport par exemple, mais aussi des bottines, voire des bottes, que l'on confectionne ainsi. Le montage norvégien présente deux variantes : l'une où la trépointe va de talon à talon, l'autre où elle fait tout le tour de la chaussure. Dans le second cas, le débord du talon est plus grand qu'à l'accoutumée. On utilise généralement un cuir robuste, lisse ou alors une peau chamoisée dans une vaste gamme de coloris.

O

Œillet
Pièce métallique évidée qui sert de renfort à une perforation. On en munit parfois les trous de laçage.

Oxford
Appellation anglaise du richelieu.

P

Papier de verre
Papier dont la surface est recouverte d'une substance abrasive plus ou moins grosse. Le bottier s'en sert pour enlever les bavures des tranches.

Parements de la tige
Eléments servant au renfort et à la décoration de la partie supérieure de la chaussure : sus-œillets, passe-poil, garant, doublure, etc..

Patron
Les patrons de chaussures s'établissent d'après les « empreintes » de la forme que l'on plaque sur celle-ci et découpe en fonction des creux et des bosses. Avec ces empreintes, on peut confectionner deux « chemises », l'une pour le pied gauche, l'autre pour le pied droit. Et cette chemise permet à son tour d'établir des patrons de chaque pièce de la tige en fonction du modèle désiré.

Patronage
Les artisans bottiers emploient la méthode « sur forme » qui leur permet de réaliser des patrons qui collent impeccablement ; ces patrons en papier, relevés sur la forme, servent à découper les différents morceaux de la tige.

Peau
Cuir détaché du corps de l'animal. Avant de pouvoir la tanner, il faut la reverdir, la nettoyer et la racler.

Penny loafer
Mocassin à barrette de cou-de-pied. Selon la petite histoire, il doit ce nom aux étudiants américains qui glissaient sous la barrette une pièce d'un penny pour payer le bus.

Perforations
Petits trous de différents diamètres exécutés à titre d'ornement, généralement le long des coutures de la tige. Sur le bout, ils décrivent des motifs géométriques.

Petits-points (couture à)
Couture apparente faite de petits points absolument réguliers reliant trépointe, semelle double (le cas échéant) et semelle d'usure. Sous cette dernière, afin de ne pas s'user au contact du sol, elle se niche au fond d'une gravure que l'on referme soigneusement.

Pied-de-fer
Masse de fer ayant approximativement la forme d'un pied sur laquelle le cordonnier place les chaussures quand il veut clouer. C'est, en quelque sorte, son enclume.

Piqueur
Ouvrier spécialisé dans l'assemblage des différentes parties de la tige par une ou deux coutures, suivant la résistance et l'esthétique désirées.

Plain
Dans la terminologie anglaise, brogue à bout lisse.

Pointure
Donnée par un numéro indiquant la longueur de la chaussure. Ces numéros diffèrent selon les pays, car chacun utilise un autre point ou mesure de base : point français, anglais, américain et système métrique.

Première
Sous-entendu semelle première. Taillée dans du col et d'une épaisseur de 2,5 à 3,5 mm (selon la robustesse désirée), elle constitue la base sur laquelle on monte une chaussure. L'étape initiale de ce montage est l'affichage de la première sur la forme. On y effectue alors un mur de gravure à l'aide du tranchet ou d'un couteau à parer.

Preneur de mesures
Spécialiste de la prise des mesures. Pour une chaussure faite sur mesure, on prend généralement, en plus de l'empreinte et du contour, les dimensions suivantes : longueur et largeur totales, tour des doigts, du cou-de-pied, de l'entrée et de la cheville.

Prise de mesures
Lors de la première visite du client, un preneur de mesures note toutes les particularités physionomiques de ses pieds. Il convient de le faire à un moment choisi pour que l'état des pieds soit idéal. Cette opération revêt un caractère nettement cérémoniel.

Prêtant
L'élasticité de la peau disparaît en grande partie avec le tannage. Elle est remplacée par le prêtant, c'est-à-dire la possibilité de s'allonger dans certains sens mais sans, ensuite, se rétracter. Il faut donc veiller au sens du prêtant lorsque l'on dispose les patrons sur les morceaux de cuir, principalement ceux de la tige. L'empeigne, par exemple, doit toujours être taillée dans le sens de la longueur, au contraire des quartiers ; sans cela, on court le risque de voir la chaussure s'élargir de 1-2 cm et perdre tout chaussant et maintien.

Q

Quartier
Chacune des deux parties de la tige qui entoure le pied, du cou-de-pied au talon où elles se rejoignent la plupart du temps. Dans une chaussure basse, les quartiers mesurent quelque 5 cm pour rester en dessous des os de la cheville ; pour des bottines, ils monteront de 5 à 10 cm de plus.

R

Registre
Document où sont consignées toutes les informations concernant pieds des clients, mesures, empreinte, croquis et désignation des formes.

Remplissage
Généralement en liège, il vient combler le creux formé par l'épaisseur de la tige et de la trépointe entre la première et la semelle d'usure (la semelle double, le cas échéant) ; constituant un lit anatomique pour le pied, il confère à la chaussure souplesse et confort de marche.

Ressemelage
Tout bon bottier offre à ses clients un service de réparation. Pour assurer la pérennité des chaussures, un bon entretien est nécessaire. Une bonne chaussure peut vivre plus de vingt ans et recevoir plusieurs semelles au cours de son existence.

Richelieu
Type de chaussure élégante fermée par un laçage. Elle se distingue du derby par les quartiers cousus sous l'empeigne.

Roulette
Pour imprimer dans le cuir des motifs décoratifs, par exemple, sur la lisse du talon, on utilise une roulette métallique.
Ruban de cordonnier
En toile vernie, il est gradué sur une face en points et demi-points, sur l'autre en centimètres.

S

Sandale
Type de chaussure constituée d'une semelle fixée au pied par des lanières. D'origine grecque, la sandale est aujourd'hui réservée aux loisirs estivaux.
Semelage
Ensemble des pièces constituant le dessous de la chaussure. Taillées dans le croupon, elles sont cousues et/ou collées les unes aux autres.
Semelle double (ou intercalaire)
Semelle intermédiaire placée entre la première et la semelle d'usure, pour mieux isoler le pied du sol.
Semelles orthopédiques
Il est possible de compenser dans une certaine mesure l'affaissement de la voûte plantaire par des surépaisseurs placées entre la première et la semelle de propreté. Mais pour de vraies semelles orthopédiques, il est nécessaire de s'adresser au podo-orthésiste.
Semelle de propreté
Semelle intérieure taillée dans du cuir de doublure qui vient en contact direct avec le pied. En fonction des vœux du client, elle peut être entière ou recouvrir seulement le talon.
Semelle d'usure
Semelle proprement dite, elle vient au contact du sol.
Semi-brogue (ou half-brogue)
Termes anglais désignant une chaussure à bout droit fleuri.
Sous-bout
Un à trois morceaux de cuir taillés dans le collet et dont la superposition constitue le talon.
Sur-contrefort
Ou contrefort extérieur : pièce de cuir à dessus recouvrant parfois le contrefort. Suivant les modèles, c'est une bande étroite (alors appelée baguette) ou un empiècement de la largeur du talon.
Sus-œillets
Bande de cuir fixée sur les ailes des quartiers pour renforcer la partie devant servir au laçage.

T

Talon
1. Partie de la chaussure, composée de plusieurs (de 4 à 6) épaisseurs de cuir (les sous-bouts et le bon-bout), qui rehausse son extrémité postérieure pour donner une meilleure assise durant la marche. Pour les chaussures d'homme, sa hauteur idéale est de 2,5 cm.
2. Partie postérieure du pied.
Talonnette
Pièce généralement en caoutchouc durci, antidérapant, de 6 mm d'épaisseur clouée à l'extrémité postérieure du bon-bout, ou venant le remplacer à cet endroit.
Tannage
Traitement des peaux avec une substance tannante pour les rendre imputrescibles, plus dures, plus résistantes et plus souples. Il existe trois sortes de produits tannants :
1. Les substances végétales, à savoir les écorces ou les bois (épicéa, chêne ou aulne), les feuilles ou les fruits et excroissances (galles et glands du chêne) ; elles servent pour les mises en fosse. Il en résulte essentiellement des cuirs à dessous.
2. Les substances minérales, essentiellement l'alun (un sel double d'alumine grâce auquel on mégissait les peaux) et les sels de chrome. Ces derniers permettent un tannage rapide en six à sept semaines qui donne essentiellement des cuirs à dessus.
3. Les substances animales, telles que huile de phoque, de baleine, de sardine ou de foie de morue. Ce procédé s'appelle chamoisage ; on le connaît surtout grâce au daim.
Tige
Dessus d'une chaussure, le dessous étant le semelage. Elle peut être en un seul morceau (dans le cas du mocassin, par exemple) ou en plusieurs (empeigne, bout, plateau, quartiers, sus-œillets, ailettes, sur-contrefort, baguette, etc.).
Tranchet
Outil principal du cordonnier-bottier. C'est une lame d'acier plate, légèrement bombée dont un des bouts est aiguisé. Il sert à couper les cuirs à dessous durs et épais (6-8 mm).
Trépointe
Bande de cuir à dessous d'environ 60 cm de long sur 2 cm de large et épaisse de 3 mm qui assure le maintien de l'assemblage. Elle relie tige, première et semelle.
Tripe (peau en)
Peau reverdie, nettoyée, etc., prête pour le tannage.

Bibliographie

Asensio, F. (éditeur) : *The Best Shops*, Barcelone, 1990.
Baynes, K. u. K. (éditeur), *The Shoe Show. British Shoes since 1790*, London, 1979.
Blum, S., *Everyday Fashions of the Thirties as Pictured in Sears Catalogs*, New York, 1986.
Borel, France, *Le Vêtement incarné*, Calmann-Lévy, 1992.
Centre technique du cuir : *Les Formes*, Paris Lyon, 1990.
Crawshaw, Jullien, *Made to last. The History of Church's Shoes*. Eastboure, East Sussex, 1998.
Dobbs, Brian, *The last shall be first. The colourful story of John Lobb*. The St. James's Bootmakers. Londres 1972.
Drumez, Emile : *Manuel technique du cordonnier-bottier*. Éditions Eyrolles, Paris 1955.
Flórán, M., *Tanners. The Tannery from Baja in the Hungarian Open Air Museum*, Szentendre, 1992.
Friedrich, R., *Cuir. Tradition, création*, Dessain et Tolra, Paris, 1980.
Gillespie, C.C., *Diderot Pictorial Encyclopedia of Trades and Industry*.
Jullien, I., *Le Tannage au chrome*, Centre technique du cuir, Lyon, 1981.
Jullien, I., *Le Tannage végétal, les tannins synthétiques*, Centre technique du cuir, Paris, 1980.
L.V.M.H. (éditeur), *Berlutti. History of a Family of Artists*, Paris, 1997.
McDowell, Colin, *Haute pointure. Une histoire de la chaussure*. Thames & Hudson 1998.
The Museum of Leathercraft (éditeur), *A Picture Book of Leather*, Londres, 1959.
O'Keeffe, Linda, *Chaussures*, Könemann, Cologne, 1998.
Probert, C., *Shoes in Vogue since 1910*, Londres, 1981.
Weber, Paul, *L'Histoire de la chaussure*. Musée Bally, Schoenenwerd, Suisse, 1980.
William Rossi, *L'Érotisme du pied et de la chaussure*, Payot, 1978.
Cordonnier, Cours de technologie. Éducalivre, Paris, 1984.
Manufacturing and Technical Arts in Plates, New York, 1993.
The Swenters Shoe Art, *Shoes or no Shoes*, Anvers, 1997.

Catalogues et revues

Allen Edmonds, catalogue, collection de printemps 1997
Cheaney, catalogue 1997
Church, catalogue 1997
Dunkelmann und Son, catalogue 1998
Grenson Shoes, catalogue 1997
Himer & Himer, catalogue 1998
Industrie du cuir IDC, Société des publications, mensuel, Neuilly
Style, « Le Guide de la chaussure », numéro hors série septembre 1997
Institut de calcéologie du Musée international de la chaussure, Romans, France (« Chaussure et cinéma », « Chaussures et souliers ecclésiastiques », « Le pied et l'image du corps », etc.)
John Spencer's, catalogue 1997
John Lobb, catalogue 1998
Ludwig Reiter, catalogue 1996
Joh. Rendenbach, catalogue 1998
Tanneries du Puy, catalogue 1998
Vogel, catalogue 1998

Remerciements

Les auteurs tiennent tout d'abord à remercier, pour les informations sur leur métier, leurs conseils avisés, leur patience et leur soutien inconditionnel, les personnes suivantes :

À l'atelier László Vass de Budapest, Ottó Lang (designer), Györgyné Szkala (patronnier), Józsfné Süle (maître piqueur), Bertanlanné Szabó, Istvánné Simmon, Dóra Gaál (piqueurs), Ferenc Varga (maître), Lázsló Kovács, Károly Kardos, Dénes Biró, Sándor Kocsis, Albert Szabó, Arpád Ungvári, Ferenc Juhász, Dénes Mihály, Bálint Dobai, Dénes Boga, Csaba Nemes, János Soltész, József Zsatyi (ouvriers de pied), Attiláné Turcsányi, Eniki Cserhalmi, Andrea Elias (finisseurs), Robert Magyar, György Haris (mannequins).

Les auteurs et l'éditeur expriment également leur gratitude aux entreprises et institutions suivantes pour leur aimable soutien : Joh. Rendenbach (Altgerber Verband e. V., Trêves, János Csillag (Pécsi Börgyar Rt., Pécs, István Gál (Finombörgyártó Rt., Budapest), Kálmán Berta et Kálmán Berta junior (formiers, Pápa), Ledermuseum d'Offenbach, Fritz Minke (grossiste en cuirs et matériel orthopédique, Duisbourg), Silke Dworak-Schneider et Manfred Schneider (orthoprothésiste, Kiel), Helfried Trost (bottier et bottier-orthopédiste, Offenbach), Zoltán Nagy (Musée de la chaussure, Körmend), Lajos Bálint (bottier, Vienne), Axel Himer (bottier, Baden-Baden), Jack Lynch (atelier de cordonnier-bottier E. Vogel, New York), John Hunter Lobb (bottier, Londres), Paul Moorefield (atelier Moore, New York), Benjamin Klemann (bottier, Bathorst).

Le photographe remercie en outre :
Umberto Angeloni, Brioni, SpA ; Oliver Bialowons ; Edward's à Cologne ; Albert Kreca ; la maison Macho à Vienne ; Peter von Quadt. Ainsi que Imke Jungjohann ; Zoltán Miklóska ; Holger Rogge ; Peter Solmavi (assistants à Cologne et à Budapest) ; Ruprecht Stempell (studio à Cologne).

L'éditeur remercie également :
Sybille Carmans (rewriting), Sonja Nieß, Tom Oellerich (préparation de copie), Thomas Ristow (corrections), Bernhard Roetzel (consultant), Kirsten Skacel (corrections et index).

Index

Crédits photographiques

À l'exception de celles mentionnées ci-dessous, la plupart des illustrations reproduites dans cet ouvrage sont des prises de vue récentes du photographe Georg Valerius.
Nous nous sommes efforcés jusqu'à la dernière minute de retrouver les ayants droit de toutes les autres œuvres. Que les personnes ou les institutions qui possèderaient des droits sur certaines d'entre elles, et que nous n'avons pas réussi à contacter, veuillent bien nous en excuser et se mettre en rapport avec la maison d'édition.
(h = haut, b = bas, g = gauche, d = droite, m = milieu)

© Archiv für Kunst und Geschichte, Berlin : 13 b. ; 33 h. ; 120; 121 h. ;
© Archiv für Kunst und Geschichte, Berlin / Cameraphoto Epoche : 70 b. ;
© Musée de la chaussure Bally, Schönenwerd : 35 h.d. ; 54 b.d. ; 121 b. ; 122 ; 162 m. ;
© Bayerisches Nationalmuseum, Munich ; 54 b.g. ; 56 d. ; 57 h. ;
© Bernd Obermann, New York : 186;
© Deutsches Archäologisches Institut, Rome : 33 ;
© Deutsches Ledermuseum, Offenbach/Main : 90 ;
© Giles, Sarah: Fred Astaire – His friends talk. Doubleday, New York, 1988 : 60 ;
© Helga Lade Fotoagentur, Francfort/Main : 24 ; 133 (Photo : Kirchner) ;
© Otto F. Hess, New York : 85 ;
© Himer & Himer, Baden-Baden : 99 ;
© Clem Johnson, Dominica : 68/69 (Arrière-plan) ; 71 (Arrière-plan) ;
© György Olajos, Budapest (dessins): 16 ; 24 ; 34 h. ; 38 ; 54 h. ; 58 ; 59 b. ; 77 ; 99 ; 125 ; 128 b. ; 129 b. ; 133 h. ; 143 g. ; 145 h.g. ; 158 b.g. ;
© Photobusiness – Artothek, Peissenberg : 57 b.d. ; 162 h. ;
© Pirmasenser Museum und Archiv, Pirmasens : 40 ;
© The Royal Photographic Society Collection, Bath: 22/23;
© Schweizerisches Landesmuseum, Photothèque, Zurich : 119 (Nég. N°. CO-5903);
© Sipa Press, Paris : 4 (Photos, de g. à d., de h. en b. : Ruymen, Glories, Gaia Press, Amanta, Amanta, Paparo, Lazic, Barth, Xavier) ;
© SLUB, Dresde / Dezernat Deutsche Fotothek : 55 h. ; 55 b. (Photo : Loos) ;
© Staatliche Graphische Sammlung, Munich : 56 g .;
© András Szunyoghy, Budapest (planches) : 19; 20; 21;
© Tod's, Milan : 69 h. ;
© Georg Valerius, musée de la fabrique de chaussures Marc, Körmend, Hongrie : 118 ; 123 g. ;
© Russel West/ Photographers International, Guildford : 167 g. ;
© László Vass, Budapest : 29 b.g. ;
© Würtembergisches Landesmuseum, Stuttgart : 34 b. ; 45 b.

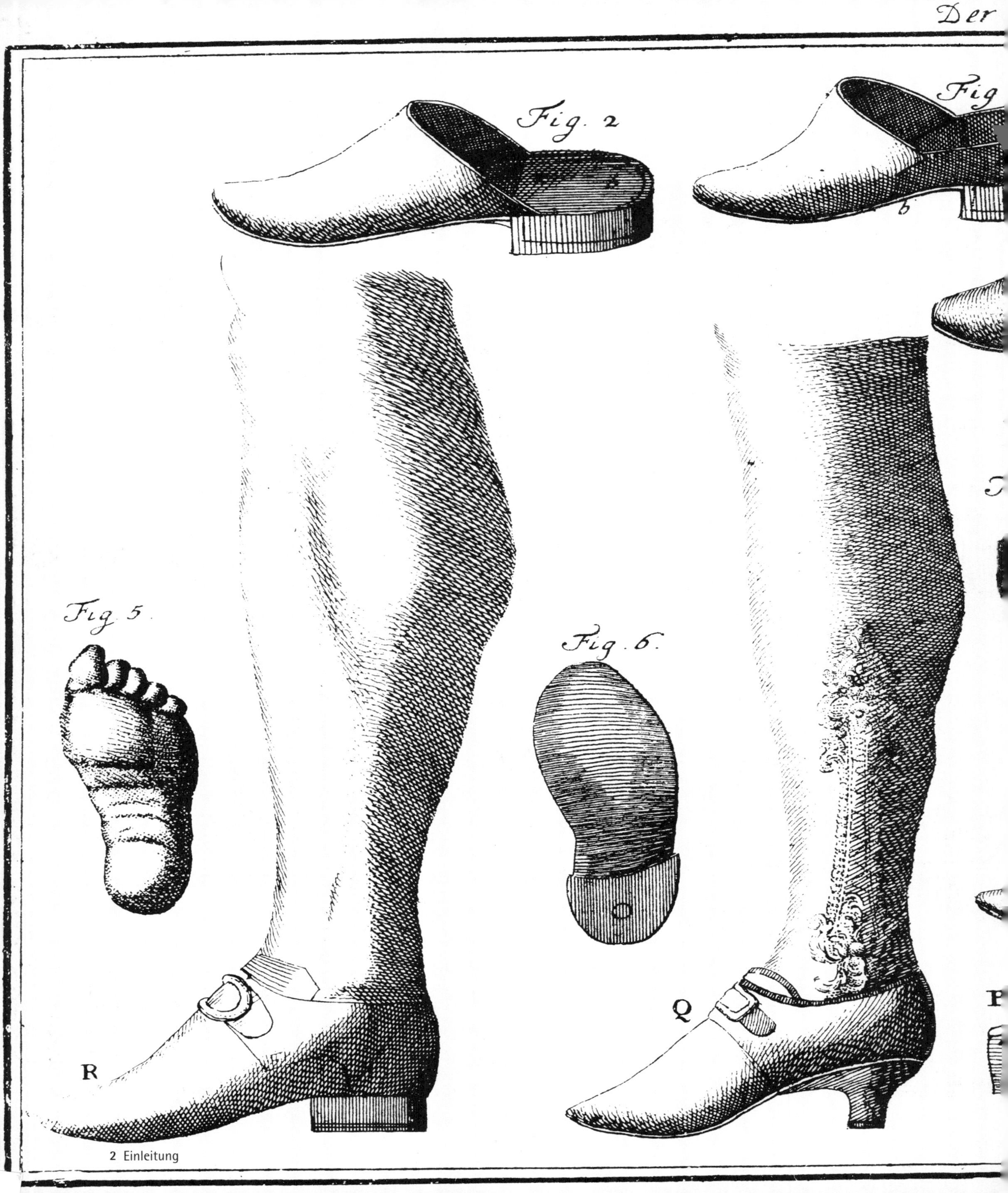
Der
Fig. 2
Fig
Fig. 5
Fig. 6.
R
Q